초소통사회
대한민국 키워드

초소통사회
대한민국 키워드

—— 넥스트 코리아를 읽는 13가지 정치·사회 핫이슈

김헌태
지음

21세기북스

인류가 가보지 못한 새 길을 걷고 있는 길목에서
우리 삶을 근본적으로 바꿀 대한민국의 핫이슈는?

촛불혁명은 대중들의 모든 관심을 집중시킨 이 시대의 일대 사건이
다. 촛불을 들었던 사람들의 '이게 나라냐?'라는 물음은 혁명정권으로
하여금 '이것이 나라다'라는 답을 하도록 요구한다. 그만큼 촛불 이후
의 한국 정치가 어디로 향하는지에 대한 대중들의 관심은 여전히 높을
수밖에 없다.

　이 책은 촛불혁명 이후의 우리 정치 흐름을 조망해보기 위한 것이
다. 한국 사회 및 정치의 거시 트렌드를 총체적으로 파악하는 것은 사
실 엄두가 나지 않는 일이다. 다만 촛불 이후의 정치 흐름과 현상에 대
한 마땅한 분석과 비평이 충분한 것 같지 않아 용기를 내서 거칠게 스
케치라도 해보는 자세로 시도해보았다. 효과적으로 트렌드를 이해하기
위해 정치적, 사회적 현상 13가지를 키워드로 꼽았다. 트렌드 전체의

윤곽을 한 번에 그리는 것은 능력 밖의 일이므로, 각 현상이 가지는 의미와 특징들에 접근함으로써 전체 흐름을 이해하려고 시도했다.

각각의 키워드들은 어렵거나 낯선 것들이 아니다. 일상적으로 뉴스를 통해 접하고 있고 또 정치적, 사회적으로 논란이 되고 있는 것들이다. 이러한 현상들은 2020년 총선과 2022년 대선에 이르는 과정에서도 핵심 쟁점이 될 것으로 보인다. 각 키워드들로 대표되는 현상들은 전혀 다른 성격의 것으로 보일 수도 있고, 또 밀접한 연관성이 있어 따로 떼서 보는 것 자체가 적절해 보이지 않을 수도 있다. 그런 맥락으로 키워드들이 가지는 연결점에 유의해서 정치 흐름을 설명하려고 노력했다.

이번에 정치 흐름을 읽어나갈 때 가장 주목한 것은 디지털, 모바일, SNS가 결합된 새로운 소통 플랫폼으로서의 스마트폰이다. 우리의 몸과 통신 장치 그리고 컴퓨터가 결합함으로써 생겨나는 변화들은 우리의 삶, 나아가 사회와 정치 흐름 전반을 바꿀 만큼 근원적일 수도 있다. SNS혁명으로 인해 "인류가 가보지 못한 새 길을 가고 있다."는 영국의 사회학자 앤서니 기든스Anthony Giddens의 통찰력은 소통 패러다임의 변화로 인한 정치 변화의 가능성에 주목하도록 한 시작점이다.

2009년에 필자가 펴낸 『분노한 대중의 사회』는 한국 대중의 여론 흐름을 여론조사와 통계 수치를 중심으로 측량하듯 분석해 여론 지도를 만들고자 한 시도였다. 당시 대중 연구자로서 분노한 대중들이 이후의 한국 정치를 어떻게 바꿀 것인지 궁금했다. 그 답은 2016년의 촛불혁명을 통해 눈으로 확인할 수 있었다. 지금에 와서 생각해보면, 촛불혁명 자체가 대중의 분노와 디지털 소통혁명의 만남 속에서 탄생한 현상이었다는 생각이 든다.

　서두에 한 가지 일러둘 것은 대중^{mass}이란 단어의 의미이다. 이 글에서 시민이나 국민과 같은 표현을 가급적 피한 것은 의도적이다. 여러 사람이 모였다고 개인이 달라질 수도 없고, 그들이 집단적으로 새로운 정체성을 형성한다는 것을 부정하는 프로이트$^{Sigmund\ Freud}$와 라캉$^{Jacques\ Lacan}$의 정신분석학 개념을 수용했기 때문이다. 라캉에 의하면 집합성^{collectivity}은 궤변이다. 그래서 이 글의 대중은 '나를 포함해 함께 살아가는 여러 사람들'을 의미한다. 사람이 꼭 국민이어야 하고 시민이어야 하는 것은 아니다. 국적이 없고 주권이 없어도 사람은 사람이다. 사람을 꼭 어떤 가치를 경유해서 정의하려는 것은 언제나 과잉된$^{over-determination}$ 호명이다. 또 근대에 와서 등장한 진리 개념들에 누군가의 삶을 구겨 넣는 것 역시 상징적 차원에서 일어나는 폭력이라는 생각이다.

2019년 새해맞이를 며칠 앞둔 날

김헌태

CONTENTS

키워드로 전망하는
초소통사회 대한민국

2016년, 분노한 대중[1]들의 선택은 촛불혁명이었다. 낡고 병든 사회, 무능한 정부, 불안한 민생에 대한 불만들이 '이게 나라냐?'라는 격렬한 구호로 표출되었다. 하지만 이에 대한 평가는 여전히 진행 중이다. 촛불정신의 의미에 대한 다양한 해석과 함께 그것으로도 모자라 가짜라는 비난까지 이어지고 있다.

2016년의 대중항쟁은 혁명의 일반적 조건을 갖추고 있다. 혁명은 대중들이 구질서에 저항해 일상 정치를 중지시키면서 시작된다. 이로써 기존 제도권력에 공백이 생기게 되고, 새로운 세력이 등장해 질서를 복원한다. 이것이 혁명의 보편적 흐름이다. 2016년에는 촛불시위를 국회가 수용하고 대통령에 대한 탄핵 의결을 헌법재판소가 승인했다. 그럼으로써 제도상의 최고 권력인 대통령을 퇴진시켰다. 이어 새로운 대통령이 선출되었고 헌정 질서는 다시 세워졌다. 그 과정에서 과거와는 달리 무리한 진압과 유혈 충돌은 없었다. 대중의 저항을 제도권력이 수렴해 정치 변동이 이뤄진 것은 수준 높은 민주주의의 결과이다. 촛불혁명이 한국 대중들의 명예로운 승리인 이유이다.

촛불혁명 이후 새로운 나라의 새 질서를 기대했지만

촛불혁명에서 대중들이 무너뜨리려 했던 구질서는 적폐라는 말로 응축된다. 2017년 대선에서 적폐 청산을 내건 문재인 후보가 당선되었다. 새로운 정부가 탄생한 것이다. 촛불혁명이라는 바람을 업고 문재인 정부는 거침없이 앞으로 나아갔다. 취임 후 1년여 동안 문재인 대통령의 지지도는 역대 대통령 중 최고 수준을 유지했다. 2018년 연초부터 크고 작은 악재들도 나타났지만 평창 동계올림픽을 계기로 대부분 대중의 시야에서 벗어났다. 무엇보다 남북이 한반도 평화를 모색하는 과감한 행보들이 대중들의 열렬한 관심과 환호를 받았다. 대중들은 70년간의 긴 분단 체제 속에서 쌓인 불안과 긴장으로부터 벗어나길 원했던 것이다. 결국 2018년 6월 지방선거에서 더불어민주당은 유례없는 압승을 거둔다. 반대로 집권 여당이던 자유한국당은 참혹한 패배를 감당해야 했다.

그런데 끄떡없을 것만 같았던 대통령 지지도가 지방선거 이후부터 불안정한 흐름을 보이기 시작했다. 가슴 설레던 평화 이벤트가 지나간 후 대중들은 일상의 현실로 되돌아왔다. 그들의 시야에 들어온 것은 달라지지 않은 노곤한 삶이었을 수 있다. 최저임금제로 인한 갈등, 아파

트값 폭등, 소득주도 성장 추진을 둘러싼 논쟁들이 쉼 없이 불거졌다. 거리에서는 탄핵 무효와 박근혜 전 대통령의 무죄를 주장하는 보수 대중들의 태극기 집회도 계속됐다. 잠깐 하다 말 것 같았던 이들의 움직임은 시간이 지나도 사그라지지 않았다.

한편 검찰 내부에서부터는 이른바 미투Me Too 파동이 점화됐다. 여당의 유력한 대선 주자가 그 당사자가 되면서 관심은 최고조에 달했다. 그의 재판이 1심에서 무죄로 결론이 나자 이에 따른 불만도 분출됐다.

혁명 그 다음날의 아침이 과연 찾아오는가?

혁명이 끝나면 금방이라도 다가올 것 같던 '새로운 나라'는 과연 어디쯤 와 있는 것일까? 많은 혁명이나 대중항쟁이 사후에 의미를 두고 논란이 된다. 하지만 지식인들이나 정치인 또 일부 대중들에 의한 문제 제기가 혁명의 기념비를 허무는 경우는 많지 않다. 사실 혁명을 훼손할 수 있는 힘은 대중 스스로에게만 있으며, 일상의 영역에서는 불가능하다. 쿠데타와 마찬가지로 혁명 역시 법과 제도의 바깥에서 이뤄지기 때문이다. 혁명이 가지는 이러한 초법적 성격을 발터 벤야민Walter Benjamin은 신神적 폭력이라 불렀다. 또 광기와 폭력도 혁명의 의의를 훼손할 수는 없다. 오히려 칸트Immanuel Kant는 프랑스혁명에 대해 "만행과 비참함으로 가득 차 있어도 인류의 도덕성을 입증하는 시대적 사건"이라고 단언했다.[2]

혁명에 대한 시시비비는 과거에 대한 재평가에서 오는 것이 아니다. 진짜 혁명이 맞았다면 대중의 삶을 바꾸고 새로운 나라를 만들어야만

한다. 그래서 혁명은 보통 사람들이 일상 속에서 새로운 질서를 느끼기 전까지는 미완의 혁명이 된다. 슬라보예 지젝$^{Slavoj Žižek}$은 이를 다음 날 아침$^{morning after}$으로 설명한다. 낡은 것을 깨부순 위대한 저녁 다음에 반드시 새로운 질서가 등장해야 한다는 것이다. 그렇지 못하다면 그 혁명은 구세력을 쫓아내고 권력을 장악한 엘리트들만 신나는 반쪽짜리가 된다. 따라서 촛불혁명으로 세워진 문재인 정부가 새로운 나라를 염원하는 대중의 기대에 제대로 부응하지 못하면 그 의미는 축소될 수밖에 없다. 조금 이른 정권 교체 정도로 그 가치가 대폭 퇴색될 수도 있다. 게다가 문재인 정부의 실패는 진보 전체의 실패로 이어질 가능성도 있다. 보수 정권 10년 동안 외쳤던 '우리는 바꿀 수 있다'라는 비장한 구호들이 자칫 허언이 되기 때문이다. 혁명의 가장 큰 위험성은 '채우지 못한 갈증'에 있다. 혁명을 일으켰던 열기가 또 다른 광기로 바뀔 수 있다는 얘기이다. 혁명 이후 기다렸던 욕구를 채우지 못한 대중들의 조급한 배신을 테르미도르 반동$^{Thermidor coup d'État}$이라고 한다. 새벽이 빨리 오지 않으면 긴 밤은 계속된다. 4·19혁명 이후의 박정희 집권, 서울의 봄 이후의 전두환 집권, 6·10항쟁 이후의 노태우 집권 등은 새로운 아침을 제대로 맞지 못한 한국 대중의 '긴 밤'이었다.

2020년 총선과 2022년 대선을 보는 관점

촛불혁명이 일어난 지 2년이 지났지만 대중이 애타게 갈구했던 새로운 나라의 모습은 명확히 드러나지 않고 있다. 과거에 대한 응징과 청산이 아닌 새로운 질서의 도래라는 측면에서 보면 판단은 더 어려워진다. 지금으로서는 2016년의 촛불혁명이 성공한 것인지 아니면 실패해가고 있는 것인지 판단하기 쉽지 않다.

그런 의미에서 다가오는 2020년 총선과 2022년 대선까지의 여정은 무척 중요하다. 다음 총선과 대선 결과를 통해 촛불혁명의 성패와 의미가 더욱 명확해질 공산이 크기 때문이다. 현 시점에서 이 두 선거를 예상하는 것은 결코 쉬운 일이 아니다. 물론 상투적 예측이나 정치공학적인 분석이 불가능한 것은 아니다. 야당에는 지도자가 없어 여당이 이길 것이다, 당리당략으로 인해 선거제도의 개편과 개헌은 실패할 것이다, 소선거구제의 특성상 더불어민주당과 자유한국당이 국회를 다시 양분하게 될 것이라는 등등의 전망들은 어느 정도 예측이 가능하다.

다만 최근 세계 곳곳에서 나타나고 있는 정치 현상들은 상식 수준의 예측을 벗어난 것들이 많다. 그런 점에서 서구의 여러 민주주의국가들에서 나타나는 파격적이고 불안정한 정치 흐름에 주목할 필요가 있다. 트럼프의 당선과 영국의 브렉시트^{Brexit}, 미중 간 무역 전쟁과 유럽의 포퓰리즘 정치 부상 등을 서로 따로 노는 스캔들로 보기 어려운 점이 있다. 진리와 휴머니즘에 기반을 둔 근대적 민주주의의 가치들을 부정하는 측면이 있기 때문이다. 이러한 현상 속에서는 대중의 열망과 광기가 함께 드러난다. 오히려 이것들이야말로 21세기 초반에 전 지구적으로 부상한 새로운 흐름이자 본격적 변화일 수도 있다. 무엇보다 이 새로운 변화들이 가지는 역동적 특징들과 의외성은 교과서적 지식으로 훈련된 평론가나 전문가들의 전망을 신뢰하기 어렵게 만든다.

예측불가의 본격적인 디지털 대중시대 개막

이 책에서는 급격한 정치 변동의 중심에 디지털 소통혁명이 있다고 본다. 누구나 알듯이 우리의 일상에는 디지털 콘텐츠들이 엄청난 양과 규모로 재생산된다. 게다가 이 방대한 디지털 정보량은 3G, 4G, 5G로 업그레이드되는 첨단 통신망을 통해 과거와 비교할 수 없을 만큼 엄청난 속도로 유통된다. 그 수많은 콘텐츠들은 개인 모바일 기기를 통해 곧바로 전송되고 이용된다.

디지털 커뮤니케이션의 진화는 여기서 끝나는 것이 아니다. 디지털 콘텐츠와 모바일이 결합된 새로운 플랫폼, 즉 스마트폰은 사회관계망 서비스Social Network Service, SNS를 통해 자신의 위력을 기하급수적으로 배가시키고 있다. 사람들은 디지털 공간에서 자신의 의견이나 감정을 곧바로 표출해 무서운 속도로 여론을 만들어낸다. 여론이 만들어지면 이에 동의하는 실천력 있는 여론 대중이 엄청난 속도와 규모로 뒤따라 조직된다.

이처럼 디지털과 모바일 그리고 SNS가 결합한 새로운 커뮤니케이션 구조의 변동을 특징지어 초소통혁명 또는 디지털 소통혁명이라고 부를 만하다. 소통이 활성화되어 공감대가 형성되고 그 기반에 대중이 조직되는 것이 새로운 현상은 아니다. 그런데 스마트폰은 이 같은 과정을 극단적으로 촉진시키고 확대시키고 또 증폭시킬 가능성이 있다. 다시 말해 초소통ultra communication 은 초공감ultra identification 을 촉발하고 있다. 그 결과 초조직ultra organization 사회를 등장시킬 수 있다. 따라서 과거에는 서로 연결될 수 없었던 새로운 가치 집단들이 새롭게 조직된다. 또 이로 인해 생각지 못했던 갈등과 충돌이 발생하고 이와 맞물려 사회 현안에 대한 여론이 급변할 수 있게 되었다.

이런 현상이 정치의 새로운 가능성을 열어 유토피아를 가져오게 할 것이라는 긍정적 전망을 하는 것은 아니다. 또한 대중에게 정보권력이 넘어가 그로 인한 디지털 중우주의가 정치적 파멸을 초래할 것이라고 진단하는 것은 더더욱 아니다. 중요한 것은 초소통혁명으로 인해 우리 정치와 사회에도 큰 변화가 오고 있다는 것이다.

이 책에서 선택한 키워드들은 촛불혁명 이후 한국 정치·사회에서 불거질 수 있는 쟁점들을 이해하기 위한 것이다. 주의 깊게 봐야 할 점은 정도의 차이는 다르지만 이들 현상들이 초소통혁명과 상당한 연관성을 가지고 있다는 점이다. 디지털 소통혁명과 결합한 정치·사회 현상들을 전문가들이 예측하거나 규범론적으로 접근하는 것은 별 의미가 없다. 대중들은 이미 진리와 대의, 윤리와 규범의 정치에서 벗어나고 있다. 그들은 과거 엘리트나 전문가들의 지식을 곧이곧대로 수용하거나 의존하지 않는다. 또 제도와 문화 속에서 그들이 만들어놓은 권위와 기득권에 휘둘리지도 않는다. 바야흐로 예측불가의 본격적인 디지털 대중시대가 열리고 있는 것이다.

---

1. 「분노한 대중의 사회」는 2009년에 발행된 저자의 또 다른 책이다. 김대중 정부에서 노무현 정부 그리고 이명박 정부 초기까지에 이르면서 대중의 분노가 응집되는 과정을 여론조사 결과를 중심으로 정리했다. 이 책의 1부 마지막 단락은 다음과 같다. "이명박 정부 출범 이후 촛불로 분노를, 조문으로 슬픔을 보여준 대중이 다음 국면에서 보여줄 수 있는 감정

이 무엇인지를 지켜보는 것은 중요하다. 그것은 파괴적 저항이 될 수도 있고, 생존에 대한 광적인 집착이 될 수도 있으며, 절망 속의 자포자기가 될 수도 있다." 결국 대중의 분노와 슬픔은 혁명으로 귀결되었다.

2.   임마누엘 칸트, 오진식 옮김, 「학부들의 논쟁」, 도서출판b, 2012, 131쪽

1

#SNS 포퓰리즘

SNS 광풍이 연출한
새로운 세상, 초소통사회

경계를 허물어버린
초소통혁명의 파괴력

몸과 스마트폰이 하나가 됐다. 정보통신혁명이 시작된 것은 오래됐지만 우리의 삶을 가장 획기적으로 변화시킨 것은 스마트폰의 등장이라 할 수 있다. 스마트폰은 우리의 신체와 통신 그리고 컴퓨터를 하나로 결합시켰다.

해방의 방향인가, 디지털 중우정치의 범람인가?

이 새로운 커뮤니케이션 혁명은 우리의 일상은 물론 사회적 관계를 전면적으로 바꾸고 있다. 나아가 정치 그 자체도 혁명적으로 변화시키고 있다. 전 세계적으로 맹위를 떨치는 포퓰리즘 열풍의 한가운데에도 디지털 소통혁명이 그 중심에 있다. 이 새로운 혁명이 우리로 하여금 우리의 삶과 정치의 주인이 되도록 하는 해방의 방향인지, 아니면 디지털 중우주의의 범람으로 이끌어 끝없는 광기와 갈등의 사회로 끌고 갈지는 아직 알 수는 없다.

최근 10여 년 사이에 스마트폰은 개인 정보 소통의 중심이 되었다. 유튜브^{YouTube} 동영상, 포털사이트의 대문뉴스 등 우리가 애용하는 디지털 콘텐츠가 주로 소비되는 곳 역시 스마트폰이다. 트위터^{Twitter}와 페이스북^{Facebook} 같은 사회관계망서비스, 카카오톡의 단톡방 역시 마찬가지이다. 스마트폰은 개인이 획득하는 거의 모든 정보의 문이자 통로가 됐다. 스마트폰을 통해서 세상의 모든 콘텐츠를 만나는 세상이 벌써 시작된 것이다.

디지털 소통 플랫폼인 스마트폰이 소통 대부분을 장악

이제 정치의 중심이 오프라인이 아닌 온라인으로 옮겨가고 있다는 주장은 점점 더 설득력을 가진다. 반면 사람들이 직접 만나 정치에 대해 의사를 교환하고 토론하는 시간은 눈에 띄게 줄어들었다. 자신의 정치적 주장을 말하고 상대방을 설득할 때도 옆 사람을 상대할 필요가 없다. 얼굴과 이름을 드러내지 않고도 얼마든지 의견을 제시할 수 있다. 즉각적인 토론도 마음만 먹으면 가능해졌다. 특정 조직활동도 언제든 할 수 있게 되었고 자신이 지지하는 조직에 후원할 수 있는 방법도 다양하게 열려 있다. 또 우리는 다른 사람의 스마트폰 안에서 일어나는 일을 전혀 알지 못한다. 심지어 가족, 친구, 연인일지라도 말이다.

민주주의 정치는 근본적으로 소통과 조직 그리고 실천에 근거해 작동한다. 물론 소통 그 자체가 사회의 근본적 토대, 즉 경제적 조건이나 상황을 바꾸지는 않는다. 하지만 세상을 바꾸는 실천이 소통이나 공감 없이 이뤄지는 것은 불가능하다. 따라서 신념의 확산을 포함해 사회적 관계가 바뀐다는 것은 곧 물질적, 경제적 관계도 함께 바뀌는 것을 의미한다. 특히 소통이 미치는 영향이 가장 큰 곳은 바로 정치이다. 무엇보다 대통령과 국회의원 등을 선출하는 선거 국면에서 소통이 가지는 영향력은 막대하다.

대중의 공감까지 디지털화시키는 소통 플랫폼

선거는 소통, 공감, 조직이 동시에 이뤄지는 공간이다. 소통 없이는 공감을 만들 수 없다. 또 공감이 만들어지지 않는데 지지하는 유권자 집단이 만들어질 리도 없다. 스마트폰과 같은 디지털 소통 플랫폼의 등장은 소통의 대부분을 장악하여 대중의 공감까지 디지털화시킨다. 이어 조직도 온라인 내에서 이뤄지도록 만들고 최종적으로 득표에 큰 영향을 미친다. 다시 말해, 디지털 초소통혁명은 근본적으로 여론 또는 여론의 네트워크가 만들어지는 과정 그 자체를 변화시키고 있다.

이제 온라인상에서 특정한 지도자나 정당에 대한 지지층을 만드는 것은 물론 혐오층을 의식적으로 조직하는 것도 어려운 일이 아닌 세상이 되었다. 대중이 환호할 만한, 그리고 대중이 필요로 하는 콘텐츠나 인물이 있다면 빠른 속도로 강력한 여론 형성이 가능하다는 얘기이다. 과거에는 사회 여론을 만드는 일이 신문이나 방송 등 미디어를 생산하는 엘리트의 손을 거치지 않고는 불가능했다. 또 정치적 지지를 조직하기 위해 정치 당사자가 직접 나서야 했다. 당연히 그만큼의 돈이 들었다. 그러나 이제는 컴퓨터 앞에 앉지 않고서도 아무데서나 혹은 걸어가면서도 여론을 만들고 지지를 조직할 수 있다. 반대로 정치인 역시 정당이나 지역 관리자 그리고 미디어의 도움 없이도 지지자들을 조직할 수 있게 되었다.

SNS 공간에서 펼쳐지는 가공할 여론 형성

미국의 트럼프 대통령은 트위터로 전 세계 여론을 움직인다. 기자들은 물론이고 정치 전문가나 심지어 각국의 주요 정치인들조차 그의 트윗 Tweet 메시지를 기다린다. 그의 트윗 메시지 구독자, 즉 팔로워 follower 는 전 세계에 걸쳐 5천만 명 이상의 규모를 자랑한다. 정치 구독자가 5천만 명 이상이라는 것은 SNS가 가지는 특성상 논리적으로 수억에서 수십억 명의 사람들이 그 메시지를 볼 수 있다는 의미이다. SNS 미디어의 장점은 단순히 메시지를 전달하는 것만이 아니다. 글을 한 번 올리면 거기에 달리는 댓글은 수천, 수만 개를 기록하기도 한다. 일종의 강력한 여론장을 형성하는 것이다.

우리나라의 문재인 대통령, 일본의 아베 총리 등 주요 국가의 지도자나 정치인들 역시 대중과의 소통에 트위터를 적극 활용한다. 사회 이슈가 될 만한 각종 사건이 터졌을 때 언론이 가장 먼저 확인하는 것 중 하나가 바로 유력 인사들의 SNS 메시지가 된 것은 이미 오래된 일이다. 무엇보다 빠르고 정확하기 때문이다. "트위터에 들어가서 '트럼프'라고 치면 필요한 모든 걸 얻을 수 있다."고 한 메르켈 독일 수상의 말은 SNS 공간에서 일어나는 이 새로운 현상들을 단적으로 정리해준다.

SNS가 여론을 형성하는 법

초소통혁명을 이해하기 위해서는 SNS가 여론을 형성하는 과정을 알아볼 필요가 있다. SNS는 물론 인터넷과 스마트폰 이용을 하지 않는 사람도 SNS 여론 형성에 자유롭지 못할 정도로 새로운 소통혁명은 우리 사회를 압도적으로 장악해가고 있다. SNS 여론 형성의 출발점은 누군가의 콘텐츠 및 메시지 생산이다. 이를 기점으로 그 메시지를 직접 받아보는 사람들이 생긴다. 중간의 '큰손'들을 통해 그 정보를 전달받는 사람들도 있다. SNS를 통한 정보 확산이 특히 빠른 이유는 애초부터 네트워크가 짜여 있기 때문이다. 이 네트워크는 다양한 '아무나'가 아니라, 비슷한 종류의 메시지를 소비할 의향을 가진 사람들의 집합이다. 공동의 정체성 또는 정치적 성향을 공유하고 있는 경우가 대부분이다. 이처럼 초기 여론의 형성은 평소 만들어져 있던 디지털 관계망을 중심으로 정보를 함께 공유하고 공감하면서 이뤄진다.

정보 생산자 및 유통자들에 의해 초기 여론장이 형성된 이후 이것은 그들만의 네트워크 밖으로 확산되기 시작한다. 즉 평소 트럼프에 관심 없는 SNS 이용자들 역시 큰 사건이나 소동을 메시지 형태로 접하게 된다. 특히 이 단계에서 대중에게 많이 알려진 사람, 즉 디지털 공간을 넓게 점유하고 있는 유명인인 디지털 셀럽celebrity들에 의해 대량으로 확산된다. 그들이 재전달, 즉 리트윗하고 공유하게 되면 그야말로 불에 기름을 붓는 격이 된다. 평소 특정 아이돌의 팬은 아니지만 초기 팬들의 적극적 활동으로 인해 본래의 팬이 아닌 사람들에게까지 콘텐츠를 소비하게 만드는 것도 같은 맥락에서 이해할 수 있다.

기존 매스미디어까지 가세하는 사회적 공론화 과정

다음 단계는 기존의 매스미디어 참여이다. SNS상의 관심과 논쟁이 뜨거워지면 제도언론이 이를 본격적으로 보도하기 시작한다. 물론 이 단계는 이미 SNS상에서 난리가 난 경우일 수도 있다. 또 SNS 정보 등에 민감한 기자들이 초기부터 이를 취재해 난리를 확산시킨 것일 수도 있다. 언론인들은 정보의 생산자인 동시에 헤비 유저heavy user 이다. 항상 정보에 목마른 이들은 사건을 찾기 때문에 온라인상의 소동은 이들에게 중요한 정보 소스가 된다.

온라인 공간에서는 새로운 소동이 쉽게 만들어지곤 한다. 또 눈에 훨씬 더 잘 들어온다. 언론의 속성상 사람들이 모여 웅성거리면 취재가 따라붙기 마련이다. SNS를 사용하지 않는 일반 사람들이 뉴스를 보면서 이 새로운 정보에 반응하는 것은 이쯤부터이다. 이렇게 대중매체를 통해 특정한 정보가 본격적으로 생산되고 대량으로 유통되면, 그 이후부터는 사실상 사회적 공론화가 이뤄지게 된다.

공론화 과정이 만들어진다는 것은 디지털 배틀, 즉 여론전이 일어난다는 것을 의미한다. 포털사이트의 뉴스들이나 SNS상의 메시지에는 수많은 댓글이 붙기 시작하며, 때로는 서로를 격려하고 비판하기도 한다. 이 과정에서 조롱이나 비방, 욕설 등 언어적 폭력이 행사되기도 한다. 중요한 것은 이때 더 큰 규모를 형성한 디지털 정보 네트워크 집단은 반대편에 선 여론 집단을 공격해 여론 흐름을 바꿀 수 있다는 점이다. 이 같은 온라인상 전투 상황은 다시 미디어 생산자들에게 관찰되고 분석되어 뉴스를 만드는 기준이 되거나 참고가 될 수 있다.

정보권력의 독점 시대에서 공유의 시대로

초소통혁명의 큰 의미 중 하나는 대중이 여론 형성에서 중요한 역할을 한다는 것이다. 과거처럼 미디어의 기사를 보면서 자신의 생각을 정리하고 여론조사 회사의 전화를 받고 나서야 여론이 되는 것과 또 다르다. 디지털 소통세계에서는 개인이 온라인상의 뉴스 흐름에 개입하고 자신이 참여해 만들어갈 수 있게 되었다.

과거 한국 사회에서는 청년부터 고연령층까지도 "나는 정치에 대해 관심이 없다."는 말을 마치 고상한 것처럼 말하던 시대가 있었다. 특히 그래서는 안 될 지식인들조차 정치에 대한 무관심을 자랑스러워할 때가 있었다.

물론 이는 정치의 부정적 측면이 부각되었던 시대에, 정치적 목적을 위해 자신의 입장이나 양심을 양보하지 않겠다는 의미라고도 볼 수 있다. 하지만 정치에 관한 일에 입을 닫거나 마치 정치를 협잡인 양 무시하는 태도가 현대 민주주의 시스템에서 결코 바람직한 태도나 가치관이라고 보기는 어렵다.

어느덧 정치 정보가 그 어떤 정보보다 사람들의 중요한 관심사가 되었다. 그리고 보다 왕성한 활동력이나 참여 의지를 가진 측은 자신의 스마트폰을 통해 적극적인 정치 정보 소통에 나선다. 디지털 소통혁명이 만들어짐으로써 한국 사회에 고질적으로 만연했던 정치 냉소주의가 약해지고, 대신 대중들의 정치 참여가 높아지고 있다. 이제 정치에 냉소적인 사람은 정치에서 소외될 뿐이다.

입을 다무는 사람은 생각이 없는 것으로 취급받거나, 아니면 다른 사람들이 이끌어가는 현실 정치의 방관자가 되어 구경할 수밖에 없다. 고상하게 대학교 안에 들어앉아 최고의 전문가인 양 초연하게 있는다면 과거와 마찬가지로 현실 정치에 참여할 수는 없다. 초소통혁명 시대가 가지는 의미 중 가장 중요한 것은 전통적으로 지식 엘리트들을 중심으로 독점해왔던 정보권력을 대중들이 공유했다는 점이다.

스마트폰 하나만으로도 뉴스 콘텐츠를 생산하는 시대

의제 설정agenda setting 기능은 매스미디어가 사람들로 하여금 무엇을 생각하게 할지를 정해주는 역할이다. 과거에는 이 같은 기능을 언론사의 간부나 기자들만 가지고 있었다고 볼 수 있다. 그러나 SNS 소통시대에는 누구나 자신의 콘텐츠를 생산해 사람들에게 생각할 거리를 제공할 수 있다. 문지기gate keeping 기능 역시 마찬가지이다. 무엇이 뉴스가 되어야 할지 또 어떤 정보를 뉴스로 취급할지를 결정하는 기능 역시 엘리트와 대중이 나눠 갖게 되었다.

이제 특정한 뉴스가 발생하면 곧바로 온라인상에서 반응이 나타나고 논쟁이 만들어진다. 반대로 SNS를 통해 이슈화되지 못한다면 언론사가 아무리 기사를 띄워도 더 이상 사회적 쟁점으로서의 생명력을 가지기 어렵다. 지나치게 밀면 자칫 뉴스를 의도적으로 키운다는 욕을 먹기 십상이다. 따라서 권력이나 자본이 대중으로 하여금 특정한 방향대로 생각하도록 만드는 것, 또 어떤 이슈를 살릴지 죽일지를 정하는 것이 과거처럼 쉽지 않게 된 것이다.

이런 현상은 정치적 사건에서만 일어나는 일이 아니다. 비정치적인 사회적 사건들도 SNS 소통 덕분에 곧바로 여론이 형성된다. 그리고 새로운 현상으로서의 디지털 이슈화 또는 여론화 과정은 포털사이트의 실시간 검색 기능을 통해 더욱 빠른 속도로 확산될 수도 있다.

최근에 발생한 서촌 족발집 사건이나 인천의 주차장 입구를 막은 운전자 사건은 좋은 사례이다. 자신이 한 일은 언제나 누군가에게 기록될 수 있다. 또 누군가를 고발하고 문제를 폭로하는 것도 가능하다. 스마트폰 하나만을 가지고도 사진, 동영상, 음성 등을 통해 누구나 뉴스 콘텐츠를 생산할 수 있게 되었다. 최근에 대중들의 분노를 사는 어처구니없는 사건들이 매일 쏟아지는 것도 꼭 과거보다 사건 사고가 많아져서가 아닐 수 있다. 과거라면 묻히거나 은폐될 수도 있던 일들이 더 많이 공개되고 유통된다는 얘기이다. 이 중 대중의 관심이나 이익과 결부된 민감한 사건들은 곧바로 공감 또는 분노를 형성토록 한다. 특히 사건 자체가 비정상적이고 폭력적이라면 여론의 심판은 물론이고 결국 법의 심판까지 불러온다.

디지털 연옥이 되어가는 사이버 소통공간

밝은 면이 있는데 어두운 면이 없을 리는 없다. 정보권력의 분산이 디지털혁명의 긍정적 측면인 반면 그에 못지않는 부정적 단면도 존재한다. 여론 재판과 언어폭력, 이에 따른 개인 프라이버시 및 인격권 침해 등은 디지털 소통시대의 대표적 문제점들로 꼽힌다.

서촌 족발집 사건의 건물주는 온·오프라인상에서의 자신에 대한 비난과 공격을 비판하면서 "이것은 인민재판이다."라고 주장했다. 디지털 인민재판은 그것에 대한 윤리적 판단을 떠나 디지털 소통시대의 중요한 특징임은 사실이다. 물론 과거에도 여론 재판은 언제나 있었지만 현재 나타나는 상황은 그 이전과는 비교할 수 없을 정도로 일상적이다. 대중의 관심의 범위에 든 사건들이 먼저 온라인상에서 여론 재판을 거친 후 사법 당국에 정식으로 기소되는 일이 비일비재하다.

정보 공개나 폭로 역시 부작용이 만만치 않다. 특정 사실의 폭로가 공익에 기여하는 일종의 사회 고발적인 성격을 가진다면 순기능이 역기능을 앞지르는 경우이다. 하지만 보호되어야 할 사생활이 폭로되거나 특정 사실을 왜곡하고 조작하는 것이 너무나 일상화되고 있다. 최근에 논란이 되고 있는 일반 여성 및 여성 연예인들을 대상으로 일어나는 리벤지 포르노 등은 대표적이다.

정치인이나 연예인들을 조롱하고 욕설을 퍼붓는 언어폭력 역시 가벼운 문제가 아니다. 문제가 된 사람을 악마로 규정하고 공격하고 신상을 턴다. 두드려 맞아도 할 말이 없어야 한다는 공인에 대한 공격도 마찬가지이다. 상호 존중의 원칙이 지켜지는 가운데 논리적 비판을 받는 것과, 욕설은 물론 "자살해라."와 같은 막말을 듣는 것은 분명히 다른 차원의 문제이기 때문이다. 이처럼 '죄 있는 사람마다 잡아다 돌로 치는' 디지털 응징이 정말 선을 실현할지는 미지수이다. 정신적 고통이 생물학적 고통보다 덜한 것이 아니라면, 언어를 통해 타인에게 정신적 폭력을 행사하는 것 역시 악할 만큼 악하기 때문이다. 개인의 사회적 관계를 붕괴시키고, 수치심으로 정신적 고통을 주고 최악의 경우 자살에 이르게 한다면 그것은 물론 범죄이다. '마녀'를 찾아다니며 보는 대로 돌을 던지는 당사자가 스스로 죄책감 없이 가학성 괴물로 변해가는 것은 또 다른 차원의 문제이다. 지금의 디지털 정치공간은 톨레랑스tolerance는커녕 휴머니즘이 끼어들기조차 힘든 선과 악의 처참한 대결장이다.

자본이나 권력의 정보 조작 개입과 독점의 위험성

디지털 소통혁명에 대한 회의론 중 가장 의미 있는 것 중 하나는 디지털 소통 그 자체가 자유로운 소통을 억압하는 현실이다. 소통의 억압은 여러 수준에서 일어날 수 있다. 그중에 반지식인, 반엘리트 담론이 가장 두드러진다. 우리 편과 너희 편 혹은 선과 악이라는 이분법적 구도가 강한 SNS 여론공간이 엘리트와 대중 간의 갈등을 극대화시킨다. 따라서 사회 전반에 대한 자유로운 비판을 수행해야 하는 지식인이나 학자들조차도 입을 다물거나 시류를 따를 수 있다. 즉 스스로를 스마트몹smart mob으로 규정한 대중이 지식인이나 전문가의 권위나 지식을 쉽게 부정해버리는 현상이기도 하다. 물론 효율을 중심으로 판단하는 관료들의 습성은 언제나 현상 유지를 부추기는 문제가 있다. 그러나 국가관료 시스템이 가지는 전문성과 책임성마저 대중들의 감성정치에 희생되는 것도 만만치 않은 위험을 내포한다. 엘리트들의 침묵과 책임 회피는 곧바로 중우정치의 함정으로 나타날 수 있다.

　SNS상의 감정적이고 격렬한 여론 형성 과정을 엘리트들의 독점을 걷어낸 자유로운 공론장의 형성 과정으로 보아야 할지, 아니면 언어적 폭력이나 테러로 봐야 할지 정의하는 것은 쉽지 않다.

다만 이 지점에서 문제가 될 또 다른 부분은 언제나 그렇듯이 생태계를 교란하는 강한 포식자들의 존재이다. 즉 특정한 자본이나 권력이 정글 같은 SNS 공론장에 개입하지 않는다면 모든 사람의 의견이 자유롭게 교환되는 '그 날'을 기다려보는 것도 의미가 있다. 그러나 만일 온라인상의 여론 생성 메커니즘을 정치적으로, 그리고 경제적으로 활용하기 위해 누군가 개입하고 왜곡하려 한다면 문제는 달라진다. 사실상 그것은 조작·통제 그리고 정보 독점을 의미하기 때문이다. 공권력의 여론 조작은 물론 온라인 조작 기계 시스템, 또 조직적으로 구축된 특정한 세력이 '작전'을 시도할 경우, 정보 생태계가 이를 버텨내는 것은 결코 쉬워 보이지 않는다.

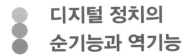

디지털 정치의
순기능과 역기능

영국의 사회학자인 앤서니 기든스^{Anthony Giddens}는 디지털 공간에서 나타나는 크고 작은 논란들을 법률적 시각이나 윤리적 관점에서만 보지 않았다.[1] 대신 어쩔 수 없이 받아들여야 할 새로운 정치 패러다임의 등장으로 보았다.

한국은 디지털과 SNS에 기반한 새로운 민주주의의 중심

그는 2018년 초 국내 매체와의 인터뷰에서, 21세기 세계 정치에서 나타나는 주된 현상을 "SNS를 중심으로 만들어지는 새로운 포퓰리즘 현상"이라고 지적했다. 이어 "가장 크고 중요한 구조적 변화는 바로 디지털혁명이다."라면서 "역사상 한 번도 경험해보지 못한 속도와 폭으로 우릴 덮치고 있다."고 강조했다.

기든스는 SNS의 부상 등 새로운 디지털 환경 변화가 포퓰리즘 정치와 연결되고 있는 점을 지적하며 이들을 개별적 현상이 아닌 근본적 구조 변화로 본 것이다.

이러한 그의 주장은 단순하지 않다. 디지털 소통혁명에 의해 정치의 근본적 패러다임이 바뀌고 있다는 것을 뜻하기 때문이다. 그가 "시민들이 의회로부터 탈출하고 있다."라고 지적한 것 역시 서구의 기존 민주주의 시스템, 즉 정당을 중심으로 한 대의 민주주의에 근본적 변화가 올 수 있음을 전망하는 것이다.

기든스는 사이버상에서 넘쳐나는 과열된 의견 표시들을 단순히 인격 침해나 인권 문제 또는 대의 민주주의를 훼손하는 악재로 보는 시각에서 벗어나 있다. 나아가 그는 개인 간 소통이 급속도로 디지털화되는 새로운 소통 환경을 적극적으로 수용해야 한다고 주장한다. 그는 기존 민주주의 시스템이 이를 받아들여야 한다면서 "시민 개인의 역할이 커지는 새로운 민주주의를 의회에 접목시켜야 한다."고 제안한다.

나아가 감정적으로 고조되고 격앙된 정치적 지지 현상에 대해서는 "대중들은 언제나 그랬다."며 이것이 부차적임을 강조했다. 이미 상당한 수의 나라들이 "의회라는 민주주의 절차 밖에서 국정을 운영한다."고 강조했다. 그러면서 트럼프 미국 대통령이 트위터 정치로 지지층을 유지하고 있는 것을 예로 든다. 새롭게 부상하는 디지털 포퓰리즘 정치를 옹호하는 듯한 이 같은 주장은 당연히 근대 민주주의의 발전에 근거한 정당 민주주의나 대의 민주주의를 강조하는 입장과는 날카롭게 대립한다.

전통적 대의 민주주의의 옹호자인 최장집 고려대 명예교수, 박상훈 정치발전소 소장 등은 정치 현장에서 의회와 정당의 역할이 취약해지고 정치인 개인과 대중 또는 지도자와 지지자를 중심으로 정치가 이뤄지는 것에 대해 경계를 표한다. 그들에 의하면 대의 민주주의와 정당 민주주의는 단순히 직접민주주의가 현실적으로 불가능하기 때문에 어쩔 수 없이 선택된 플랜 B가 아니다. 그 자체가 역사적으로 검증된 효율적 시스템이며, 권력의 정상적 교체를 가능케 하는 완성도 높은 게임의 룰로 본다.

SNS에서 촉발된 디지털 권력투쟁의 향배

한편, 기든스는 한국이 디지털과 SNS에 기반을 둔 새로운 패턴의 민주주의 등장에 있어 중요한 위치에 놓여 있다고 덧붙인다. 기든스의 주장대로 우리나라는 디지털 및 모바일 환경에서 세계 첨단을 달리고 있다. 한국의 정치는 단순히 선진국을 쫓아가는 정치도 아니며, 때로는 선행한다고도 할 만한 점들이 있다. 2002년 대선의 노무현 후보를 지지하는 팬덤 현상, 즉 노사모 운동 등은 사이버 경로를 통해 정당 밖의 유권자를 정당 내부로 끌어왔다는 점에서 오바마 현상에 앞선 것으로 평가할 수 있다.

직장인은 물론 학생과 주부까지도 참여하는 페이스북, 트위터, 인스타그램Instagram 은 물론 카톡과 텔레그램Telegram 과 같은 개인 간 메신저까지 사회관계망서비스로 포함시킬 경우 한국은 그야말로 디지털 정치 공화국이라 할 만하다. 동시에 포털사이트의 뉴스 밑에 어김없이 달리는 수많은 댓글 논쟁들 그리고 SNS상에서 정치인들의 적극적 지지자들이 만들어내는 사생결단의 쟁투들 역시 마찬가지이다. 국회에서는 온라인 뉴스시장을 포함한 디지털 소통과 관련한 다양한 현안들이 논란이 되고 있다. 과열된 디지털 권력투쟁에 대한 사회적, 제도적 입장 정리가 필요한 시점이 다가오는 것이다.

좀 더 깊이 있는 논의를 위해서는 기든스가 뭉뚱그려 디지털혁명이라고 언급한 부분을 좀 더 들여다볼 필요가 있다. 기든스가 말한 디지털혁명은 새로운 정치 현상을 이끌어내는 근본적 힘은 SNS 소통혁명에서 나오고 있음을 의미한다. 개인과 개인이 온라인을 통해 이른바 디지털 소통을 시작한 것은 꽤 오래전의 일이다. 많은 학자들이 이미 정리하고 있지만 디지털 소통은 단계별 진화 과정을 거쳐왔다. 먼저 컴퓨터 사용이 대중화되고 인터넷이 보급되기 시작한 시점은 디지털 소통의 초기 단계이다. 당시에는 홈페이지를 통해 공급자 중심의 콘텐츠가 대중에게 전달되거나 개인과 개인이 이메일을 통해 소식이나 문서를 주고받는 정도의 소통에서 벗어나지 못했다.

디지털 소통의 삼두마차, 콘텐츠+모바일+SNS

이른바 쌍방향 소통이 부상한 것은 다음 단계라고 볼 수 있다. 인터넷 이용자들이 홈페이지에 마련된 게시판에 글을 쓰기 시작했다. 또 자신들이 직접 만든 콘텐츠[UCC]를 만들어 웹상에 올렸다. 이때부터는 이른바 포털사이트의 게시판에 글을 올리거나 뉴스에 대한 댓글이 달리면서 디지털 콘텐츠가 정치 여론을 만들기 시작한 초기 단계라고도 볼 수 있다. 다만 이 당시의 쌍방향 소통은 지금과 비교해 상대적으로 정치에 관심이 있는 사람이나 매우 적극적인 정치적 태도를 가진 사람을 중심으로 활동이 이뤄졌다는 점에서 쌍방향 소통이 폭발적으로 일어나 그 여론이 사회 전체로 파급되었다고 보기는 어렵다. 우리나라에서는 대략 온라인 논객의 전성시대였던 2002년 노무현 대통령이 당선될 즈음으로 보는 것이 합당할 것 같다.

트위터와 페이스북이 본격적으로 등장하기 시작한 것은 그로부터 한참 후였다. 대략 2006년경부터 미국으로부터 시작된 SNS는 그로부터 수년 후에야 한국에 본격적으로 확산되기 시작했다. 이후 2010년 이후 출시된 카카오톡과 같은 메신저 프로그램 역시 또 다른 수준에서의 SNS의 기능을 수행하면서 무섭게 확산되었다. SNS는 사람들의 인간관계를 디지털화하기 시작했고, 결국 사람과 사람의 소통을 극적으로 증폭시켰다고 볼 수 있다. 물론 오프라인 관계망과 온라인 관계망은 공통점도 있고 차이점도 있지만 현 시점에 와서는 한 사람의 사회적 인맥 거의 전부가 SNS 내에서 흡수되고 더 나아가 비인격, 비대면적 디지털 인맥을 구축했다.

정치의 근본 패러다임을 뒤흔들어버린 디지털 소통

특히 SNS 서비스가 무서운 속도로 힘을 발휘하기 시작한 것은 무엇보다 아이폰을 시작으로 한 스마트폰의 보급과 맞물려 있다. 즉 사회관계망서비스가 휴대용 모바일 통신, 특히 스마트폰과 결합하면서 이른바 초소통혁명이라고 부를 만한 커뮤니케이션 극대화 현상이 일어났다고 볼 수 있다.

이제 스마트폰을 통해 세상을 보는 단계까지 왔다. 그런 소통 환경의 변화가 정치 그 자체를 바꾸지 않았을 리가 없다. 즉 정치를 근본 패러다임부터 흔든다고 평가되는 디지털 소통혁명의 특징은 크게 세 가지 흐름과 맞물려 있다. 디지털 콘텐츠 폭증과 소비의 증가 그리고 스마트폰을 통해 거의 실시간으로 뉴스를 포함한 정보를 획득하는 것, 마지막으로 SNS를 중심으로 한 디지털 인간관계가 구축되고 활성화된 것 등이다. 짚고 넘어갈 부분은 이와 같은 대용량의 빠르고 확장된 소통이 사람에게 반드시 필요한 것인지, 또 이 같은 소통의 폭증이 과연 긍정적인 것인지를 평가하는 게 쉽지 않다는 점이다. 기계문명과 자본·기업이 제공한 과잉 소통이 만드는 잉여적 인간관계를 말한다. 반대로 얘기하면 초소통혁명 시대가 과연 사람들의 관계, 더 나아가 정치를 더 긍정적으로 만들 것인지 단언할 수 없다.

스마트폰을 장악해야 정치권력을 잡는다

SNS가 중심이 된 초소통 정치혁명의 중심에는 스마트폰이 있다. 이를 정치 또는 선거라는 측면에서 보면 스마트폰을 장악해야 정치권력을 쥘 수 있다는 논리에 도달하게 된다. 따라서 정치인이나 정당의 입장에서는 궁극적으로 개인의 스마트폰과 콘텐츠, 인맥망 등 모바일 콘텐츠를 장악하면, 특정한 유권자가 정보를 받아들이고 이에 따라 자신의 입장을 정하게 되는 이른바 정보의 획득 경로를 장악했다고 말할 수 있게 된 것이다.

이미 자는 시간을 빼면 개인의 일상 활동 중에서 가장 많은 시간을 차지하는 게 스마트폰 들여다보기라는 데에 이의를 제기할 사람은 별로 없어 보인다. 2017년 한국인의 스마트폰 앱 사용 시간이 하루 200분가량 된다는 조사 결과도 있다. 하루 세 시간 이상을 거기에 소비한다는 얘기이다. 이 같은 사용량은 유럽과 남미는 물론 일본과 미국 등을 모두 제친 수치이다.[2] 물론 스마트폰 사용량을 정치 변동을 유발하는 직접적 변수로 보는 것은 무리가 있다. 그러나 많은 국가에서 나타나는 급격한 정치 변동 또는 정치 지형의 변화가 기든스가 언급했듯이 디지털혁명, 더 정확히 말하면 디지털 소통혁명과 맞물려 있는 것 역시 설득력을 가진다.

스마트폰은 확실히 사람의 정신세계를 재창조할 수 있다. 그리고 정치를 보는 프레임을 짤 수 있다. 특정한 앱과 특정한 SNS 및 메신저 서버를 이용하기 시작한 사람은 자기도 모르게 세상에 대한 정보를 그에 의존하기 시작한다. 그리고 어느 순간, 지금 자신의 스마트폰을 통해 보고 있는 세상이 자신이 다운로드한 앱과 콘텐츠 그리고 디지털 공간에 구축해놓은 디지털 인맥을 통해 만들어졌다는 것을 잊게 될 가능성이 높다. 이는 자신이 깔아놓은 정보의 통로 속에 오히려 자신이 갇히게 된다는 것을 의미한다.

가짜뉴스의 경계는 여전히 모호하다

여기서 잠시 기든스가 말한 포퓰리즘 현상에서 파생될 수 있는 현상들을 온라인 디지털 공간 속에서 살펴보도록 하자. 디지털 온라인 공간이 거대해지고 복잡해지면서 이제 디지털 소통공간은 정보로 구축된 정글처럼 누가 키를 쥐고 있는지 도무지 종잡을 수 없게 된다. 마치 영화 〈매트릭스〉와 같은 모습으로 변해가고 있는 것이다. 즉 디지털 소통공간의 관리자는 아예 없다고도 말할 수 있고 또 보이지 않는다고 말할 수도 있다.

디지털 정보 생태계를 누군가 꼭 관리를 해야 하는가 여부를 떠나 책임을 질 사람도 물을 사람도 보이지 않는 것이다. 정보 생태계에 대한 우려는 대체로 가짜 정보, 인격 침해와 공론장 파괴, 정보 생태계를 몰래 교란하는 '보이지 않는 검은 손' 등을 중심으로 제기될 수 있다.

가짜뉴스는 디지털 공간의 혼란상을 보여주는 대표적 사례이다. 악의적이든 짓궂은 장난이든 아니면 무능의 결과이든 수많은 가짜뉴스가 만들어지는 것은 사실이다. 때로 가짜뉴스에 기존 제도권의 엘리트 언론조차 속아 넘어가 톡톡히 망신을 당한다. 반대로 뉴스 이용자들은 뉴스를 접할 때 이것이 진짜인지 아닌지를 확인해야 하는 상황이 되었다. 이러한 가짜뉴스가 고도로 정치적 의도를 가질 경우, 특정한 성향의 커뮤니티를 만들고 유지하기 위한 수단이 될 수도 있다. 특정한 개인의 명예를 훼손하고 정치적으로 공격할 때도 이용될 수 있다. 이렇게 초스피드, 초대용량의 정보 유통을 이용해 급속히 증가하는 가짜뉴스에 대해 국회에서조차 규제를 둘러싼 논란이 불거질 정도다.

그러나 가짜뉴스의 경계는 여전히 모호하다. 특정한 통계를 둘러싼 뉴스에서 전문가들끼리 이에 대한 해석이 엇갈릴 경우 과연 가짜뉴스인지 아닌지 알 수가 없다. 같은 뉴스라도 다른 관점에서 바라볼 경우,

그리고 어떤 주장이 과장되고 과격하다 해서 이를 가짜뉴스라고 할 수 있는지도 논쟁거리이다. 가짜뉴스를 구분하는 주체나 관점, 그로 인한 피해 증명 등 모두가 불확실하다. 게다가 자칫 가짜뉴스에 대한 검열 그 자체가 특정 정권이 정보 생태계를 장악하는 수단이 될 가능성도 여전히 있다. 정치권에서는 이 같은 새로운 디지털 정치 흐름의 순기능과 역기능을 중심으로 본격적으로 논쟁을 시작하고 있다.

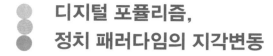

디지털 포퓰리즘,
정치 패러다임의 지각변동

2012년 대선을 앞두고 박근혜 후보의 선거운동을 지원한 댓글 알바단 사건이 폭로되어 논란이 된 적이 있다. '십알단'이라는 이름으로 세간에 알려진 이 사건은 페이스북과 트위터 등 SNS 메시지를 통해 여론을 만들어내려 했던 대선 후보의 온라인 선거 프로젝트였다.[3]

여론 왜곡의 검은 손, 십알단과 드루킹

당시 김어준 씨는 〈나는 꼼수다〉에서 윤모 목사가 주도하는 이 SNS 여론 장악 조직을 폭로하면서 십자군 알바단, 즉 십알단이라고 이름 붙였다. 이후 언론 기사를 통해 보다 상세한 사실들이 알려지고 결국 사법 처리까지 되었다.

박근혜 후보가 당선되면서 이 사건의 배후 등 정확한 사실관계는 묻힌 채 넘어갔다. 당시 기사들을 보면, 선거 승리를 위해 이들 사이버 특공대가 SNS를 중심으로 얼마나 치밀하고 조직적으로 움직였는지 알 수 있다. 십알단은 선거조직이었지만 정치권력이 온라인상의 여론을 장악하고 통제하기 위해 조직적으로 움직인 것은 사실 그보다 훨씬 이전부터이다. 한국 정치에서 자율적이고 시민 참여적인 온라인 생태계가 사실상 황폐화되고 온라인상의 여론 조작이 본격적으로 나타난 것은 이명박 정부 때부터라고 볼 수 있다.[4] 이후의 사법 처리 과정에서 드러나게 되지만, 광우병 촛불시위로 인해 취임 초부터 위기를 맞은 이명박 정부는 사이버상의 여론을 조작하고 통제하기 위해 불법적으로 공권력을 움직였다. 당시 이명박 정부는 자신들에 저항하는 불온한 좌파 대중들이 온라인 네트워크를 통해 조직되고 활동한다고 보았다.

이미 진행된 관련 수사와 재판에서 드러난 사실을 보면, 당시 공공의 안보를 책임지는 주요 국가권력 기구인 국정원과 기무사는 물론 경찰 공무원들까지 조직적으로 댓글 작전에 가담해 온라인 여론을 조작한 사실이 여실히 드러났다. 이명박 정권이 이처럼 디지털 여론공간에 대한 대대적 관리에 들어간 것은 광우병 촛불시위의 전개 과정을 지켜보면서 느낀 위기의식 때문이다. 특정한 지도 집단이나 조직 체계 없이도 대중들이 온라인을 통해 대규모의 군중들을 결집시킬 수 있음을 확인했기 때문으로 볼 수 있다. 쇠고기 수입과 관련, 당시 촛불시위에서 몰릴 만큼 몰리다 결국 비굴한 양보를 해야 했던 이명박 정부의 사이버 여론 통제에 대한 집착은 어떤 면에서 공포나 히스테리 수준이었다고 볼 수 있다.

디지털 생태계를 권력의 힘으로 파괴했던 이명박 정권

광우병 촛불시위 당시 비판적 토론장의 대명사였던 다음의 아고라에 대한 탄압 시비, 촛불시위 현장을 실시간으로 중계한 아프리카TV 문용식 사장의 구속 그리고 온라인상에서 이명박 정부의 경제를 비판하면서 논객으로서 인기를 얻은 닉네임 미네르바에 대한 사법 처리 등은 당시 논란이 되었던 대표적 사건들이다. 이것으로 끝난 것은 아니었다. 이후 유튜브의 실명제를 둘러싸고 구글과 일전을 불사했다. 또 청소년 게임 시간 제한을 내용으로 하는 셧다운제 역시 디지털 정치에 대한 권위주의 정권의 정서를 잘 보여주는 것이었다. 이 정권은 디지털 자유를 억압하는 일련의 조치를 조직적으로 진행했다. 더욱이 디지털 여론을 장악하기 위한 댓글 부대를 대대적으로 조직했다. 자유로운 공론장으로서의 디지털 생태계를 권력의 힘을 빌려 무자비하게 파괴했던 것이다.

정치권력을 둘러싼 쟁투에 있어서 이제 온라인 영역은 결코 양보할 수 없는 핵심적인 전장이 되었다. 정치권력 당사자 또는 정치권력을 쥐려는 이들은 여론 형성 과정에서 사이버 소통이 가지는 중요성을 깨닫기 시작했다. 물론 온라인 공간에서 사이버 여론을 장악하기 위한 조직적 개입은 보수 진영만이 한 것은 아니었다. 이명박 정부가 공권력을 사이버 여론 형성에 투입하거나 박근혜 캠프가 십알단을 통해서 선거 캠페인을 전개했듯이, 디지털 정치의 원조 격인 민주당 역시 가만있지는 않았다.

네이버 대문을 장악하면 한국 여론을 장악한다?

2017년 대선을 앞두고 당시 국민의당 박지원 의원이 민주당을 향해 박근혜 십알단의 부활이라며 맹비난을 퍼부은 적이 있다. SNS상에서 안철수 후보에 대한 네거티브 지침을 내린 민주당 측 내부 문건이 공개된 이후의 일이었다. 박 의원은 해당 문건에 "안철수의 갑질과 부패 등에 대한 공세를 강화하고, 당의 공식 메시지와 함께 SNS 등에서는 비공식 메시지를 확산하라."는 흑색선전을 조장하는 내용이 있다고 폭로했다. 이어 문재인 민주당 대통령 후보의 사과를 요구하기도 했다. 사이버 공간에서 막강한 지지 세력을 형성한 민주당 및 문재인 후보 측이 이를 받아들일 리는 만무했다.

자연스럽게 만들어진 디지털 지지자들이야 문제될 것은 없지만 상황은 꼭 그렇지 않았다. 문재인 후보를 지지하는 온라인상의 여론 장악 시도 또는 조작 의혹이 불거진 것은 대선이 끝난 이후였다. 이른바 드루킹 사건이 대표적이다. 국회 특검까지 이르게 된 이 사건의 핵심 요지는 이렇다. 대선 기간 등에 드루킹 및 그 일당으로 알려진 특정 조직이 문재인 후보를 위해 불법적 인터넷 여론 조작을 했고, 이러한 활동에 최측근이었던 김경수 현 경남도지사가 관련되었다는 것이다.

드루킹 김씨와 그 일당들의 주요 혐의는 매크로라는 특정한 소프트웨어를 활용해 포털사이트의 뉴스 댓글을 달고 순위를 조작해 업무를 방해했다는 것이다. 그들이 실제로 문 후보 측 인사와 연결되어 있었는지는 법정에서 가려질 일이니 여기서 왈가왈부할 일은 아니다. 중요한 것은 드루킹과 같은 온라인 활동 조직들이 지난 대선에서 온라인상의 정치 운동을 수행했다는 사실이다.

실제로 2017년 대선을 앞둔 시점에서 반기문 전 유엔 사무총장이 입국한 직후 인터넷 뉴스를 뒤덮었던 '턱받이 사건' 등을 많은 사람들이 지금도 기억하고 있다. 또 기계적 방법으로 뉴스의 검색 순위를 올릴 수 있다는 것은 디지털 공간에서부터 여론을 실제 조작하는 것이 가능하다는 것을 보여준다. 이런 점에서 드루킹이 구속된 직후 그가 했던 "네이버의 대문(뉴스창)을 장악하면 대한민국의 여론을 장악할 수 있다."는 주장을 단순히 허풍으로만 보기는 어려운 측면이 있다.

조롱과 욕설 그리고 인격 모독으로 가득한 SNS 메시지

현재 우리 정치에서 온라인이 차지하는 비중은 평가절하할 수 있는 수준이 아니다. 이미 대선 주자는 물론 미래의 거물급 정치인을 꿈꾸는 많은 이들이 온라인 여론을 조직적으로 움직이거나 장악하기 위해 노력한다. 이를 뒤집어 얘기하면 결국 특정 선거에서 온라인 여론을 제대로 장악한 후보나 정당이 최종적으로 선거에서 승리할 가능성이 높아질 수 있다는 것이다. 또 선후 관계를 떠나, 온라인 여론을 장악하지 못하는 후보가 실제 대선에서 승리하는 일은 일어나기 힘들다.

각 정당이나 후보의 지지자들 간에 이른바 '댓글 전쟁'으로 표현되는 메시지 경쟁이 벌어지고, 또 그 같은 메시지들의 대부분이 욕설과 조롱이 섞인 악플의 성격을 가진 것에 대한 논란이 계속되었다.

이러한 온라인상의 메시지전에 대한 정치인들의 입장은 대체로 '내로남불' 수준의 대응으로 나타났다. 공권력을 동원해 불법적인 SNS 여론을 조작한 이명박 정부의 책임자들은 자신들의 댓글을 국가 안보 업무의 일부라고 강변해 빈축을 샀다. 반대로 대선 과정에서 자신들이 신상이 공개되고 비난의 대상이 될 때는 규제를 주장했다. 그러나 대선 이후 가짜뉴스를 규제하자는 여당의 움직임이 나타나자 오히려 이를 저지하기 위해 나섰다.

문재인 대통령과 여당인 민주당 역시 크게 다른 자세를 보여주지는 않았다. 대선 중간 문재인 후보 역시 "적어도 정치인이라면 그런 문자를 받을 줄도 알아야 한다."면서 이를 소극적으로나마 옹호했다. 언론 인터뷰에서는 "대통령이 되어도 이 같은 악성 글들을 참겠다."고 응답했다. 또 문 대통령은 연초 기자회견에서 악플의 고통을 호소하는 기자에게 "너무 신경 쓰지 말라."는 말로 공적 업무를 담당하는 엘리트들의 책무를 강조하기도 했다. 문 대통령은 후보 시절 때때로 악플을 경고하고 칭찬하는 댓글을 달자는 선플 운동을 호소하기도 했지만, 대체로 이에 대한 전반적인 입장은 너무 심각하게 보지 말자는 쪽이었다. 또 무엇보다 중요한 것은 너무 심하게 하지 말라는 정치인들의 만류 제스처에도 불구하고 여전히 온라인 뉴스에 대한 댓글이나 SNS상의 의견들은 조롱과 욕설, 인격 모독으로 가득 차 있다. 이런 상황이 바뀔 만한 조짐은 아직 우리 사회에 거의 없어 보인다.

성난 민심인가, SNS 테러인가?

대선 이후에는 온라인상에서 문재인 대통령에 대한 거칠고 저급한 표현들이 확산되자 당시 민주당의 대표였던 추미애 의원은 "온라인상 표현의 자유를 축소해야 하며, 포털사이트에도 책임을 묻는다."는 등의 강성 발언을 해 오픈넷 등 정보 자유주의를 옹호하는 단체들로부터 항의를 받게 된다.

정보 자유주의를 주장해온 오픈넷은 "쥐박이와 닭근혜를 말할 자유가 있다면 문재앙을 말할 자유도 있어야 한다."라고 논평을 내고, 공적인 인물이나 사안에 대한 거친 표현들이 범죄행위가 될 수 없다고 주장했다.[5]

온라인상의 여론전은 윤리적으로 문제가 있을 수도 있고, 아예 범죄 수준의 것일 수도 있다. 범죄 수준의 문제들은 대체로 국민의 세금으로 봉급을 받고 정치적 중립을 지켜야 할 공무원이 사이버 여론전에 직접 뛰어들거나, 특정한 소프트웨어 등을 동원해 불법적으로 뉴스 등의 순위를 조작하는 것들이다.

반면 윤리적 측면의 문제점은 대개 특정 후보나 정당 지지자들이 SNS 등을 통해 특정한 대상을 공격 목표로 삼고 '테러'라고도 표현되는 비상식적 수준에서 욕설과 조롱, 정보 공개 등을 하는 경우라고 할 수 있다.

범죄의 경우에는 실정법대로 처벌하는 것은 당연하지만, 윤리적 문제로 초점이 모아지면 논란이 벌어질 수밖에 없다. 이와 관련해서 두 가지 의견이 여전히 팽팽하게 맞선다. 하나는 온라인상의 악성 메시지들은 성난 민심을 반영하는 것으로서 그 자체를 폄훼해서는 안 된다는 것이다. 다른 하나는 익명성이 강한 온라인 공간에서 다른 사람들에 대해 행해지는 언어적 폭력은 사이버 테러라는 의견이다.

가보지 않은 길의 끝, 초소통혁명의 미래

기든스는 초소통혁명과 관련해 "인류가 가보지 못한 길을 가고 있다."고 기대와 우려가 섞인 전망을 내놓았다. 디지털 소통혁명은 엘리트들이 지배하고 독점했던 정치와 권력을 대중들이 찾아오는 본격적 계기가 될 수도 있다. 반대로 너와 나, 선과 악으로 패를 갈라 싸우는 이분법적 감성정치가 디지털 중우주의를 확산시킬 수도 있다.

앞서 설명한 것과 같이 과거처럼 특정한 엘리트 집단이 정보를 독점하거나 정보의 흐름에 개입하여 정치적 목적을 달성하거나 정보를 왜곡시키는 것은 이제 쉽지 않다. 또 지금까지 한국 사회는 소수 엘리트들의 지나친 권력 독점과 왜곡이 만연되었다고 판단할 수 있다. 특히 한국처럼 보이지 않는 데에서 서로 밀어주고 당겨주는 엘리트 카르텔이 강한 사회에서는 디지털 공간에서 만들어지는 대중들의 동맹이야말로 이를 견제할 수 있는 유일한 대안일 수도 있다. 따라서 먼 거리에서 조망해보면 초소통혁명 이후 등장한 디지털 민주주의의 순작용이 부작용보다 더 커 보인다. 기득권 카르텔을 깨는 대중동맹의 출현 없이는 소수의 파워 엘리트들이 자신들의 공공성을 스스로 회복하고 탐욕을 자제할 가능성이 없어 보이기 때문이다.

그러나 또 다른 측면에서 보면 '마녀사냥'과 '편 가르기'가 반복되는 현재의 디지털 정치공간이 과연 더 나은 사회의 거름이 될지는 확신할 수 없다. 지금 디지털 공간에는 분노가 증폭되고 갈등이 전면화되고 있다. 새로운 사회를 만들기 위한 증오가 혐오의 번짐으로 나타날 수도 있다. 힘없고 정의로운 디지털 순수계급이 넘쳐나며 도처에서 '악'

을 찾아내 '돌을 던지는' 것도 우려스럽다. 폭력성에 대한 염증과 두려움이 새로운 세상보다 먼저 찾아오면 그들은 외부적으로는 고립되고, 내부적으로는 분열하게 된다. 권위주의 정권의 정치권력 대신 대중권력이 공론장을 파괴할 수도 있다. 특히 소수의 엘리트 집단이 향유하던 여론 형성 기능의 빈자리를 '작세(작전 세력)'들이 장악한다면 결과는 더욱 비관적일 수밖에 없다. 이렇게 되면 디지털혁명은 특정 분파의 정치적 이익이 극대화되고 자유로운 소통을 가로막는 살벌한 인민재판의 장으로 바뀔 것이기 때문이다.

초소통혁명이 만들어낸 정치 패러다임의 변동을 디지털 포퓰리즘이라고 부를 수 있다. 이 새로운 길은 지배계급의 생각이 대중의 지배적 생각이 되는 악순환을 막고, 탐욕스러운 엘리트들로부터 대중의 권력을 되찾아오는 해방의 날을 앞당길 수도 있다. 그러나 혐오와 갈등의 확산 속에서 우리 사회가 축적해온 지식과 이성을 마비시켜 자멸적 파국으로 나아갈 수도 있다. 다만 어떤 경우이든지 디지털, 모바일, SNS가 만들어내는 초소통혁명을 이제 막을 수도 되돌릴 수도 없다. 또 그래서도 안 된다. 정치가 이 새로운 변화를 긍정적 방향으로 나아가도록 끌어안는 것 외에 다른 선택지는 없어 보인다.

1.   앤서니 기든스는 영국의 사회학자로 1990년대 중도적 진보주의를 표방한 '제3의 길'을 제안한 것으로 유명하다.

2.   모바일 앱 인텔리전스 플랫폼 업체인 앱 애니(App Annie)는 2017년 1분기 세계 모바일 앱 사용 현황을 분석한 「소비자 앱 사용량 집중 탐구 보고서」에서 한국 사용자의 하루 평균

총 사용 시간은 200분쯤으로 가장 많았으며, 브라질, 멕시코, 일본이 그 뒤를 이었다고 밝혔다(유진상 기자, 「스마트폰에 코 박고 사는 한국인, 모바일 앱 사용 세계 1위… 25% 게임에 집중」, IT조선, 2017년 5월 10일).

3. 시사인, 2012년 12월 12일 기사.

4. 노사모의 노무현 열풍 이후 당시 새누리당 등 보수 진영에서 온라인 캠페인을 하지 않았던 것은 아니나 국가권력이 개입하거나 후보 차원에서 법적으로 또는 도덕적으로 문제가 될 수 있는 사이버 여론 조작 조직이 본격적으로 활동한 것은 2008년 이후로 보는 것이 타당하다고 본다.

5. 「여당 대표의 '대통령 모욕 금지령'은 표현의 자유에 대한 위협 - 추미애 대표의 '문재앙' 비난 엄정 대응 발언을 규탄한다」, 오픈넷 홈페이지(opennet.or.kr), 2018년 1월 25일 논평 중에서.

2

#예능정치

정치예능주의와
새로운 저항문화의 콜라보

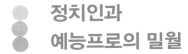

정치인과
예능프로의 밀월

정치인이 예능프로에 나오고, 예능인이 시사프로그램을 맡고 있다. 정치와 예능, 시사와 오락의 경계가 허물어지고 통합되고 있다. 정치예능프로그램은 웬만한 일반 예능프로그램의 인기를 훌쩍 뛰어넘었다. 정치와 예능 사이의 스타들도 배출했다.

죽이려고 달려드는 공권력에 웃음으로 상대하는 신대중

이 새로운 현상은 케이블TV와 종편방송 등의 콘텐츠가 진화하면서 함께 부상했다. 그러나 정치예능주의의 등장은 단순히 새로운 방송포맷의 개발에서 시작된 것만은 아니다. 권위주의 정권의 시대착오적 억압은 대중들의 문화적 감수성을 자극했다. 시위대의 손에는 이제 화염병과 각목 대신 촛불과 손카드, 풍선이 들렸다. 21세기 신新대중은 죽이려고 달려드는 공권력을 웃음으로 상대하기 시작했다. SNS에서는 디지털 저항 지도자들이 앞에 나서 권력을 비판하고, 저항 대중을 독전^{督戰}했다. 한편 제도언론이 정치권력과 결탁해 스스로의 입에 재갈을 물리고 질식해가는 사이 새로운 디지털 미디어가 탄생했다. 〈나는 꼼수다〉 등 여러 팟캐스트^{Podcast} 프로그램들은 스마트폰을 통해 사무실, 지하철을 가리지 않고 도처에서 저항 대중을 학습시키고 무장시켰다. 그들의 무기는 입담과 조롱, 풍자와 해학이었다. 보수 정권이 이들 대항 세력의 입을 꿰매겠다며 만든 블랙리스트는 훗날 자신들의 포승줄이 되었다.

〈나꼼수〉 등을 통해 대중들에게 정치 콘텐츠를 재미있게 들려주는 이들의 모습은 어찌 보면 연예인 같기도 하다. 또 정치인 같기도 하다. 그들은 정치예능인이다. 초소통혁명 이후의 한국 정치에서는 언론인과 예능인 그리고 정치인의 구분이 쉽지 않게 된 독특한 문화가 새롭게 자리를 잡게 되었다. 그야말로 재능 융통합^{convergence} 현상이다. 사실 국회의원은 서구의 근대 민주주의 제도의 근간을 이루는 삼권분립에 있어 국민의 뜻을 대변하는 핵심 엘리트이다. 이들 국회의원들은 행정부나 사법부와 달리 대중들의 선거를 통해 선출된 사람들이다. 따라서 정치인들이나 국회의원들은 선거에서의 당선을 위해, 때로는 대중의 주목을 받기 위해 연예인처럼 자신만의 매력을 과시하려고 노력한다.

정치예능 분야에 속속 뛰어드는 정치인들

대중들이 보는 정치인은 연예인 같지만 그들의 본 모습은 전혀 다를 수 있다. 대중들이 좀처럼 볼 수 없는 영역에서의 정치인들은 자신들의 활동을 유지하기 위해 반드시 돈과 조직을 필요로 한다. 여의도 국회 주변 정가의 오랜 정치 메커니즘에 익숙한 사람들은 정치인이 가지는 직업적 특성을 두고, 조폭과 연예인이 합쳐진 모습이라고 비하해 표현하기도 한다. 그런데 디지털과 모바일, SNS 등을 중심으로 한 초소통 혁명은 이러한 정치인들의 행태도 변화시키게 된다. 다시 말해 정치인이 가지는 속성 중 연예인적 측면이 과거보다 더 중요해졌음을 의미한다. 동시에 일반 대중들과는 유리된 공간에서 진행되어오던 조직 만들기나 돈 모으기의 패턴에도 변화가 생긴다.

즉 오프라인에서 조직책에 의해 만들어지던 밑바닥 로컬 조직 대신 온라인상에서 자발적으로 만들어지는 디지털 정치조직에 대한 의존도가 높아졌다고 할 수 있다. 특히 이러한 변화는 이명박, 박근혜 정권에서 꽃피운 정치예능주의와 맞물리면서 정치인들의 예능화 혹은 예능 정치인의 등장을 촉발시켰다.

실제로 디지털 정치문화 이전의 국회의원들은 원내 의정활동과 당내 활동을 중심으로 자신의 실력을 동료 의원과 거물급 정치인들에게 인정받으려 했다. 또 기존의 신문과 방송 인터뷰와 같은 제도언론이 마련해준 공간 속에서만 움직였다.

그러나 디지털에 기반을 둔 정치예능주의가 등장한 이후에는 그 양상은 대폭 변화했다. 제도언론이 아닌 정치예능 범주의 팟캐스트나 이와 밀접하게 연동된 SNS를 중심으로 자신의 대중 정치활동을 수행하는 정치인들이 크게 늘었다.

이명박, 박근혜 정권에서 당시 야당 정치인들은 정치예능 분야에서 두각을 나타내는 것을 대중성을 획득하고 자신의 영향력을 키우는 데 가장 중요한 요소로 인식했던 것이다. 물론 많은 정치인들이 SNS 공간을 자신의 정치활동의 주 무대로 삼게 되면서 원내 활동이나 당내 활동의 비중이 줄어든다는 우려를 자아내기도 했다.

정치와 예능 사이의 부적절한 어깨동무

또 정치인이 대중성을 확보하는 데 가장 중요한 것이 '입담'이 되는 기이한 형상이 대세로 자리 잡기도 했다. 레토릭의 정치, 즉 '말발 정치'의 중요성이 점점 더 커지게 된 것이다. 특히 야당 시절 민주당의 경우 당시 할 수 있는 일 중 가장 중요한 것은 정권 및 여당을 비판해 대중의 분노를 조직하는 것일 수밖에 없었다. 그에 따라 정부와 여당을 앞장서서 비판하는 입담 좋은 말발 정치인들의 역할이 중요해졌다. 신랄하고 기발한 표현으로 정부 여당을 조롱하고 비판함으로써 대중들의 환호를 이끌어내는 말발 정치인들의 활약은 크게 부각되기도 했다.

이러한 현상은 더 많은 뉴스 클릭 수를 위해 포털사이트의 대문에 어떤 뉴스를 걸지를 결정하는 언론의 편집 프로세스에도 영향을 미쳤다. 또 현역 국회의원인지 아닌지를 떠나, 말 잘하는 정치인들의 촌철살인이 주요 뉴스로 다뤄지는 현상도 등장하게 되었다. 바야흐로 정치 원맨쇼 시대가 열린 것이다.

전통적 정치 보도에는 정치인 개인의 원내 입법 활동 또는 당내 역할과 영향력 등을 보도 가치의 기준으로 정하는 경향이 있었다. 그러던 것이 날마다 일어나는 어떤 사건에 대한 촌철살인의 멘트가 더 중요한 기준으로 바뀌는 시대로 급변했다. '사이다 발언'이라는 신종 표현도 역시 이러한 맥락으로 볼 수 있다. 또 SNS를 통해 메시지를 관리하면서 팬들을 조직하고 자신의 말을 확산시키는 것은 자신의 정치적 잠재력을 키우는 중요한 수단이 되었다.

그리고 특정 인물의 말에 의존한 뉴스 비중이 커지면서 정치인과 정치예능인의 구분이 모호해지는 현상이 가시화되었다. 상당수 정치인들이 지명도를 중심으로 셀럽이 되기 위해 애타게 매달리는 모습이 현저히 늘어난 것과 무관하지 않다. 그렇지 않아도 바쁜 정치인들은 이제 그날의 '쇼'를 준비하느라 더 바빠졌다.

선거를 통해 국가권력을 생성하는 민주정치는 그 자체가 대중주의에 의존하는 특성을 가진다. 그러하기에 정치예능주의 현상은 긍정과 부정의 양면적 측면을 가질 수밖에 없다. 그럼에도 불구하고 국회의원의 본분은 행정부에 대한 견제와 감시, 입법과 예산 결산 과정을 원활히 수행하는 것이다. 특히 야당이 아닌 집권 여당의 정치인이 되었을 때에는 대중의 심금을 울리는 신랄하고 발랄한 발언들이 독이 될 가능성도 적지 않다. 힘을 가진 자의 농담은 때로는 겁박으로 느껴질 수도 있고 실제 폭력이 될 수도 있기 때문이다.

그러나 근본적 문제는 정치를 소재로 예능화하는 것에서 발생하는 것은 아니다. 반대로 정치인들이 자신의 정치활동을 예능적 측면에 과하게 집중할 때가 문제이다. 물론 논리적으로야 둘 다를 잘하면 되겠지만, 대통령과 집권 여당의 책임은 이 같은 예능 수준의 말놀이로 감당되는 것은 아니다.

셀럽 정치인으로 변신한 종편 토론 패널들

정치와 예능이 만나는 데 이정표 성격을 가진 프로그램은 셀럽 정치인 시대를 연 JTBC의 토크프로그램 〈썰전〉이었다. 이 프로에서 날카로운 통찰력과 입담으로 인기를 모은 이철희 씨는 이후 국회의원으로 당선되었다. 또 다른 인기 출연자였던 전원책 씨는 이후 자유한국당의 내부 개혁 작업에 발탁되는 등 중책을 맡기도 했다. 강용석 전 의원의 경우, 개인적 문제로 공천을 받지 못하고 여러 스캔들에 휘말리고 구속까지 되었지만 여전히 셀럽의 반열에 올라서 높은 뉴스가치를 유지하고 있다. 악명이 무명보다 나은 시대이다.

이와 별도로 미디어 상업주의가 만들어낸 또 다른 신종 장르로서의 종편 패널 역시 정치예능주의와 일정 수준 맥이 닿아 있다. 이명박 시대에 문을 연 종합편성 방송들은 특히 초기에 뉴스 토크 방송에 많은 패널들이 출연했다. 이들은 거칠지만 흥미를 끌 만한 발언을 통해 나름대로 시청률을 높이며 자신의 존재감을 드러내는 데 성공했다. 이른바 이들 종편 패널 또는 뉴스 패널들은 기준이 엄격하고 방송 시간이 제한된 공중파에서의 활동과는 거리가 먼 인사들이 대다수였다. 그런 이유로 패널들의 자격에 대한 시비가 끊이지 않았다. 또 적절치 못한 발언 등으로 물의를 빚기도 했다. 그럼에도 그들의 상당수가 나름의 인기를 끌기도 하고 사회적 영향력을 행사했다. 실제 종편과 보도 전문 채널의 뉴스 패널에 참여한 인사들은 이후 총선 등에서 방송을 통해 만들어진 지명도 등을 바탕으로 현역 국회의원에 당선되는 등 기염을 토했다. 이후 국민의당으로 국회의원에 당선된 김경진 의원이나 더불어

민주당의 강훈식 의원 등도 이와 같은 뉴스 토론의 패널 출신으로 인기를 모은 경우에 해당된다.

방송뉴스 패널은 국회의원 선거 이후에도 낙선한 국회의원이나 정치 지망생들의 주요 활동 무대로 인기를 끌고 있다. 이는 뉴스 패널로서의 미디어 활동이 대중과의 접점을 유지하는 데 매우 유용하기 때문이라 할 수 있다. 물론 온라인 등에서 뜨는 셀럽 정치인이 항상 국회의원이 될 수 있는 것도 아니다. 하지만 분명해진 것은 정치권 내부의 제도적 차원에서의 역할보다 대중적 지명도를 얻는 것이 훨씬 더 중요해졌다는 사실이다.

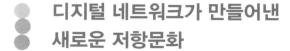

디지털 네트워크가 만들어낸 새로운 저항문화

공권력은 그대로였지만 대중은 변했다. 다시는 오지 않을 것 같던 공안 통치가 시작되자 대중들은 돌 대신 꽃을 들었다. 이명박 정부가 탄생한 이후 당시 민주당 지지자들은 충격과 실의에 빠졌다. 이 같은 상실감과 분노는 결국 2008년 광우병 쇠고기 수입 반대를 둘러싼 촛불시위로 번지게 된다.

2008년 광우병 촛불시위에 등장한 풍자와 해학

청계천과 시청에서부터 시작된 이 촛불시위대의 행진은 하루가 다르게 늘어났고 수십만 명 규모로 발전하였다. 당시 광우병 촛불시위는 이전의 유신 및 5공 때의 학생운동을 중심으로 한 시위와는 그 양상이 많이 달랐다. 전면적 대항의 현장에는 폭력 대신 놀이가 등장했다. 저항을 조직하는 지도부의 부재는 이명박 정부를 크게 당황케 했다. 공안 권력의 추억으로는 지도부를 잡아넣어야 시위를 막을 수 있기 때문이다. 그러나 광우병 촛불시위는 사전에 기획한 지도부가 명확하지 않았다. 물론 정치적 학습을 미리 받은 운동권이 따로 만들어져 있었던 것도 아니다. 당시의 시위는 일부 인터넷 사이트와 다음 아고라 등 사이버 토론공간을 중심으로 해서 조직되었다.[1] 한국 대중항쟁사의 새로운 장을 연 디지털 저항 대중의 탄생이라 할 수 있다. 여고생들이 "대한민국은 민주공화국이다!"를 외치며 거리로 나왔고, 유모차 부대와 가족 단위의 시위대가 거침없이 가세했다. 시민 단체를 중심으로 시위 지도부의 역할을 자임한 조직이 없었던 것은 아니었지만 대규모 시민들을 거리로 불러낸 것이 그들의 조직력에 의한 것은 결코 아니었다. 인터넷상에서 끝없이 퍼져나간 시위 글들과 사진 그리고 동영상 등에 시민들이 적극적으로 호응하면서 대규모의 자발적인 시위가 만들어졌다고 보는 것이 더욱 적절하다.

집권 세력의 심기를 거슬리는 뉴스 보도에 신중해질 수밖에 없었던 제도권 언론들은 초기에 침묵했다. 그럼에도 시위 전개가 위축되지 않았다. 당시 아프리카TV나 오마이TV 등 인터넷 기반의 포털이나 언론들은 이를 영상으로 중계했다. 많은 시민들이 스마트폰을 들고 나와 시위 현장의 사진을 찍고 이를 각종 온라인 게시판에 올렸다. 또 일부는 개인방송을 직접 해 온라인을 통해 많은 이들이 시위 현장을 보게 만들었다. 그 결과 더 많은 시민들이 끝없이 거리로 쏟아져 나왔다. 시위 현장의 상황을 보도하는 제도권 미디어는 사실 필요하지가 않았다.

결국 5월 29일에 예정되었던 미 쇠고기 수입 관련 정부의 고시는 당시 여당이었던 한나라당의 요구와 함께 중단되었다. 이후 정부는 30개월령 이상 쇠고기의 자율적 수입 규제 검토를 발표하고, 6월 6일에는 대통령 비서실장과 수석들이 일괄 사표를 내는 등 적극적 진화에 돌입한다.

이런 상황에서 1987년 6·29선언의 도화선이 되었던 6·10항쟁 기념일에는 서울에서만 수십만 명을 헤아리는 최대 규모의 인파가 촛불시위에 참여했다. 2008년의 항쟁이 정점에 도달한 것이다.

대중을 광장으로 모은 디지털 저항운동과 비폭력 문화제

디지털 저항 대중의 탄생은 새로운 시위 형태를 동반했다. 광우병 반대 시위에서는 시위 참여자들의 노래와 박수소리가 행진 내내 끊이지 않았다. 해학적이고 풍자적인 복장과 시위 소품들도 등장해 마치 놀이와 시위가 합쳐진 듯한 축제형 시위가 연출됐다. 당시 쥐를 잡는 고양이의 복장을 하고 나온 아빠와 아들의 모습이 포착되었다. 정상적인 시민들임을 주장하기 위해 보라는 듯이 하이힐에 미니스커트를 입은 여성들의 퍼포먼스도 이색적이었다. 이른바 '명박산성'에 수북이 꽂힌 수많은 꽃들과 메모들 같은 기발한 패러디와 풍자가 넘쳤다.

또 다른 편에서는 예비군복을 입고 나온 청년들이 시민을 보호하고 과격한 행동을 자제시키는 모습을 보여주었다. 노동자와 학생들이 주도하여 몽둥이를 휘두르며 경찰과 대치하는 불법 시위의 현장이 가지는 스테레오 타입은 더 이상 볼 수 없었다.

촛불시위대는 비폭력적 행진과 퍼포먼스를 통해 자기들만의 시각적 스펙터클을 만드는 것을 스스로 즐겼다. '우리는 저항한다'라는 하나의 기호를 전체 사회에 전달하려 애썼고 또 성공했다. 당시 촛불시위는 시위와 축제가 합쳐졌다. 이 결과 새로운 세대들은 말로만 듣던, 영화 속에서 보던 '데모의 추억'을 대거 공유할 수 있게 되었다. 이 같은 비폭력 문화제의 성격은 이후 더 많은 대중들이 광장으로 몰려들 수 있게 한 원동력이 되었다.

그런 점에서 2008년 촛불시위는 디지털에 기반을 둔 자발적 참여와 자율적인 비폭력을 유지했다는 점에서 2016년 촛불혁명의 원형이라 할 수 있다. SNS 등 디지털 네트워크가 중심이 되어 시위를 조직하고 확장시켰다는 점, 집결 장소는 말이 필요 없이 시청 광장과 광화문이었다는 점, 근본적으로 비폭력을 유지했고 촛불의 행진으로 저항의 스펙터클을 스스로 연출했다는 점 등 새로운 시위 포맷의 특징을 공유한다. 물론 차이도 있었다. 2008년 광우병 촛불시위에서 나타난 풍자와 해학이 넘치는 재기발랄한 시위 대신 2016년에는 상대적으로 엄숙하고 절실한 분위기가 흘렀다. 광화문 광장 옆에는 아직도 세월호의 천막이 찬 바람에 울고 있었기 때문이다.

강권 통치 속에 등장한 새로운 대중운동, 문화적 저항

광우병 촛불시위가 잦아든 이후 이명박 정권이 꺼내든 카드는 신공안 통치였다. 이명박 정부의 억압적이고 폭력적인 공권력의 행사 방식은 사회 곳곳의 분위기를 빠르게 얼어붙게 만들었다. 후일 문제가 되었듯이 당시 이명박 정권은 민간인 사찰로 물의를 빚은 총리실 공직윤리지원관제를 신설하는가 하면 검찰의 공안 업무를 강화하고 국군 사이버사령부를 창설하는 등의 조치를 취했다. 또 경찰과 검찰 그리고 국정원 등의 공안 기관들은 강경 일변도로 공권력을 운용했다. 가장 논란이 되었던 4대강 사업은 물론 정치 보복 논란을 불러일으킨 노무현 대통령에 대한 무리한 수사를 강행했다. 과다한 공권력 투입으로 인한 용산 참사도 이어졌다. 방송을 장악하는 과정 중에 일어난 각 방송사들 내부의 반발과 투쟁이 계속됐다. 사회 곳곳에서 이루 말할 수 없는 저항이 일어났다. 억압적 정부 운용 방식과 방송 장악 등에 대항해 수많은 인사들이 불복종과 내부 고발 그리고 양심선언을 하면서 불이익을 당했다. 또 SNS상에서도 수많은 셀럽들이 자신들의 팔로워를 조직하고 메시지를 만들어 이명박 정권과 날을 세웠다. 그러나 이들이 저항의 불이 꺼지지 않는 데 큰 기여를 했지만, 집권 세력의 힘을 이길 수는 없었다. 사회 전반의 분위기가 경직되었다. 특히 민주당을 비롯한 진보적 경향을 가진 유권자들의 박탈감과 실망감은 더욱 커져갔다. 또한 민주주의의 퇴행 등에 대한 분노와 위기감도 높아졌다.

이러한 이명박 정권의 강권 통치 흐름 속에서 등장한 새로운 대중 현상이 '문화적 저항'이었다. 이 중 G20 쥐그림 사건은 당시에 발생한 대표적 사건이었다. 2010년은 당시 이명박 정부가 단군 이후 최대 행사라며 G20의 한국 개최를 열을 올리며 홍보하던 때였다. 그러나 행사를 며칠 앞두고 시내 곳곳에 원래의 행사 포스터와 쥐 그림을 합친 풍자 포스터가 나붙어 이명박 정권을 비판하고 조롱한다.

공안 당국은 작가인 박정식 씨에 대해 구속영장을 청구하는 등 단호한 강경 대응을 했다. 그런데 웃자고 하자면 웃고 넘어갈 일인 쥐 그림에 모든 국가기관들이 나서서 펄펄 뛰는 그 모습에 대중들이 웃지도 울지도 못하는 상황이 연출됐다. 즉 말로만 듣던 유신시대에서나 볼 법했던 '신성한 권력놀이'는 정권 자체의 퇴행적 권위주의와 폭력성을 여지없이 보여준 셈이 됐다. 그럼에도 불구하고 시간이 지나 권력에 대한 모욕 자체를 별것 아닌 것으로 여기는 높은 문화 수준이 정착된 시대에는 이 같은 권력의 협박 자체가 시대 정서와 맞지 않았다. 한마디로 많은 이들이 겁을 먹기보다는 어이없어했던 것이다.

디지털 레지스탕스, G20 쥐그림 사건과 빵꾸똥꾸

당시 한 드라마에서 아역 배우가 즐겨 썼던 '빵꾸똥꾸'라는 말이 공식 심의를 거쳐 지적을 받은 것도 이명박식 권위주의 통치를 웅변하고 있었다. 그런 점에서 이명박식 통치란 근본적으로 시대착오적 노장정치 gerontocracy의 특성을 가졌다고 볼 수 있다. 즉 이명박 정부는 자신들의 통치 스타일이 새로운 세대가 보기에 무섭기도 하지만 우습기도 했다는 것을 인식하지 못했다. 물론 이명박 정부는 점점 억압의 강도를 더해갔다. 그들의 조치들은 마치 "이래도 웃을래."라고 말하는 것처럼 살벌하게 느껴졌지만 그것이 이후 촛불혁명의 거름이 될 것이라는 사실을 그들은 전혀 모르고 있었다.

2012년 대선이 끝난 후에도 영화 〈레미제라블〉이 큰 흥행을 거두면서 영화의 OST 중 하나인 〈민중의 노래〉가 소리 없이 인기를 끌었다.[2]

홍대 거리에서는 이를 재현하는 퍼포먼스를 펼치는 장면 등이 등장했다. 이러한 모습들은 21세기 대중들이 새로운 놀이를 만들어 권력의 칼에 대항하는 방식을 보여준다. '주먹으로 대하면 죽음으로 저항한다'는 구호는 사라진 것이다.

이명박 정권의 공권력이 서슬이 퍼레질수록 새로운 세대를 중심으로 대중들의 조롱과 야유는 커져만 갔다. 그리고 국가 공권력의 대중에 대한 억압은 결국 시민들의 저항을 제도권이 아닌 문화적 공간으로 이동시키게끔 만들었다. 물론 이 같은 문화적 저항은 근본적으로 디지털 저항이며 디지털 네트워크와 떼어내 보는 것은 불가능하다. 정치권력이 자신들의 힘이 엄숙한 것임을 강조하면 할수록 21세기의 새로운 대중들은 일상 속의 다양한 디지털 미디어와 네트워크를 통해 놀이와 웃음으로 저항한 것이다.

저항의 진원지가 된
디지털 미디어의 숙제

억압적 사회 분위기 속에서 산발적이고 개별적으로 이뤄지던 개인 수준의 조롱과 풍자의 저항문화는 디지털과 모바일과 결합했다. 특히 오디오를 중심으로 한 디지털 콘텐츠인 팟캐스트가 등장해 인기를 끌었다.

이명박근혜 억압에 빛과 소금이 된 〈나는 꼼수다〉
팟캐스트는 디지털 콘텐츠를 스마트폰 등 이동통신 기기를 중심으로 소비한다는 점에서 탁상용 컴퓨터에 앉아 인터넷을 하는 기존의 콘텐츠 소비 행태보다 훨씬 더 진화한 것이었다.

이제 저항의 지도부도 학습도 조직도 필요 없이 디지털 미디어가 저항 대중의 큰형이 된 것이다. 당시 대항 미디어로서 팟캐스트라는 새로운 장르를 흥행시킨 것은 김어준 씨의 〈나는 꼼수다〉였다. 김어준 씨는 당시 비판적 패러디 저널리즘을 지향했던 '딴지일보'를 운영해오고 있었는데, 이 같은 패러디 저널리즘은 이명박 정권의 억압적 공안 통치 국면에서 저항 대중들의 정서와 결합해 큰 반향을 일으켰다.

2011년부터 시작한 이 인기 팟캐스트 프로그램은 김어준 딴지일보 총수와 함께 정봉주, 김용민, 주진우 씨 등이 출연하여 방송을 진행했다. 눈에 띄는 점은 이와 같은 팟캐스트는 정치적 성향이 확실한 조직된 민주당 지지자나 진보 유권자만을 청취자로 하는 것이 아니었다. 오히려 이명박 정부의 국정 운영에 대해 반감을 가지기 시작한 일반 시민들에게 더 큰 영향을 끼쳤다고 볼 수 있다. 많은 시민들이 지하철에서 이어폰을 끼고 그들의 입담과 재치에 이끌려 〈나꼼수〉를 청취하였다. 그들에게 〈나꼼수〉는 정치에 눈뜨게 해준 통로가 되었다.

대항 플랫폼이자 콘텐츠로서 팟캐스트 방송이 가지는 가장 큰 의미는 정치에 대해 상대적으로 무관심하던 보통 시민들을 정치 세계로 끌어들인 것이다. 즉 정통 뉴스 보도나 저널리즘은 하지 못했지만 〈나꼼수〉는 권위주의적 정치권력을 비웃고 조롱했다. 이를 통해 시민들이 정권에 대한 문제의식과 분노 등을 공유하도록 함으로써 정치예능주의를 부상하게끔 한 장본인이다. 당시 서슬 퍼런 이명박 정권하에서 많은 언론들이 자의반 타의반으로 정권의 입맛에 맞는 방송으로 재빠르게 변신해갈 때 나꼼수는 마치 빛과 소금처럼 절망과 분노에 빠진 대중들과 저항적 문제의식을 공유했다. 이런 정치적 기능은 마치 조선시대에 양반들의 위선과 부도덕성을 고발했던 탈놀이나 인형놀이와 궤를 같이한다고 볼 수 있다. 또 박정희 정권을 포함한 군부독재 시절의 지하언론이나 저항가요, 민중예술의 기능과도 일부 겹친다고 볼 수 있다. 이들의 가장 큰 전략은 존엄한 것을 파괴하는 것이었다. 즉 비판과 조롱, 해학 등을 함께 섞어 정치권력의 권위와 존엄성을 비웃었다. 당시 〈나꼼수〉가 초기부터 '이명박 대통령 헌정 방송'이라는 멘트 등을 내보낸 것 역시 권력의 위엄을 조롱함으로써 대항 담론을 퍼지게 하는 효과적인 문화 저항이었다.

SNS상 핵심 지지층 한 명이 오프라인 100명 이상의 몫

정권을 빼앗긴 지 얼마 되지 않은 당시 제1야당인 민주당 등은 대중들로부터 상대적으로 관심을 받지 못하거나 오히려 무시당하는 일이 빈번했다. 대신 정권에 저항하는 대중 동력이 스마트폰과 주류 언론 바깥의 장외 콘텐츠를 중심으로 만들어짐으로써 풍자와 조롱이 당시의 정치를 움직이는 주된 무기가 되었다.

시간이 지나며 반보수 또는 반여권 성향의 대중들로부터 〈나꼼수〉가 인기를 끌면서 이들의 대중적 영향력은 점점 커져갔다. 이후 〈나꼼수〉를 진행한 김어준, 주진우, 김용민, 정봉주라는 네 명의 MC들의 대중적 영향력이 어지간한 국회의원을 훨씬 뛰어넘는 수준이 됐다. 당시 야권의 많은 정치인들은 이들의 팟캐스트 프로그램에 앞다투어 나가려 애를 쓸 정도였다. 〈나꼼수〉가 가지는 영향력의 실체는 현실 정치에서 정치인에게 가장 중요한 이른바 핵심 지지층들과의 만남이 가능한 공간이었다는 점이다. 자발적 실천 의지를 가진 몰입 대중들은 특정 정치인이나 정당의 초기 지지층이나 팬을 형성하게 된다.

팬덤정치 부분에서 다시 자세히 설명하겠지만 정치인 개인이 주로 디지털 콘텐츠 및 SNS 등을 통해 자신의 지지층 또는 팬을 늘려 정치적으로 성장할 수 있는 동력을 삼는 것은 최근 대중 정치의 흐름에서 중요한 의미를 가진다.

2002년의 민주당 대선 경선에서 당시 노무현 후보가 선두 후보였던 이인제 후보를 제치고 '노풍'을 만들어낸 것은 디지털 팬덤정치의 효시였다. 이러한 바람이 가능했던 것은 당시 노무현 후보의 핵심 지지층이었던 노사모의 숫자가 많아서라 보기는 어렵다. 오히려 일파만파의 연쇄효과를 만들어낼 만큼 그들의 열정과 충성도가 높았기 때문이었다고 볼 수 있다. 특히 넓은 확장성을 가진 SNS상에서 '총대 매는' 핵심 지지층 한 명이 어중간한 오프라인 지지자들보다 훨씬 큰 몫을 한다는 것을 상기할 필요가 있다.

대중 여론이나 감정의 차원에서 모든 걸 해결할 순 없다

이명박, 박근혜 정부의 시대착오적 공안 통치와 집권 세력의 유불리에 따라 공론의 장을 철저히 차단한 언론 탄압은 역설적이게도 정치예능주의의 꽃을 피우게 했다. 제도언론이 말문을 열지 못할 때 이들 정치예능의 영역에서 대중의 좌절과 분노를 소화하고 여론의 흐름을 만들어낸 것의 긍정적 의미는 상당하다. 다만 이런 정치예능 자체가 국회가 가지는 제도적 역할을 대신하지는 못한다. 정치예능주의가 가지는 문제는 당연하게도 정치를 지나치게 단순화시키고 희화화시킨다는 것이다. 권력에 저항하고 이를 쓰러뜨리기 위해 활용한 이분법적 선악 구도, 너와 나를 철저하게 나누는 진영주의, 감정을 격발하는 구호와 말놀이들은 적과의 싸움에서는 유용한 콘텐츠이다. 하지만 '밭을 갈고 소를 키워야 하는 시대'가 오면 부담이 될 수 있다.

법률 제·개정을 포함한 다양한 정책적 판단과 제도적 결정이 필요할 때는 대중 여론이나 감정의 차원에서만 결정할 수 없는 전문적 영역이 존재한다. 또 합리적이고 이성적으로 결정되어야 할 영역들이 존재한다. 대중 감정을 요동치게 만드는 사회·정치적으로 민감한 큰 사안들은 대부분 명확한 답을 가진 것들이 아니다. 오히려 특정한 문제는 한쪽 면만 도저히 생각할 수 없는 양면적이거나 다면적인 고려가 필요한 문제여서 쉽게 해결되거나 접근할 수 없는 경우가 많다.

예를 들어 한동안 청와대 청원 게시판을 달군 청소년법 폐지 문제 또는 예멘 난민 수용 문제 등도 역시 심도 깊은 사회적 숙의가 필요한 문제들이다. 가해 청소년들의 잔인성이나 예멘 난민에 대한 잠재적 공포로 인해 마치 콜로세움에서 엄지를 올리고 내려 생사를 결정하듯이 대중의 감정에 따라 결정할 만한 일들이 아니다.

나쁜 부모를 만난 게 죄가 될 수는 없다

청소년법 폐지의 경우, 무엇보다 저연령 청소년들의 극단적 행동에 대한 책임 문제에 먼저 접근해야 한다. 만일 가해 청소년의 행동이 심리적으로 그 부모의 행태에 의해 결정되는 것이 사실이라면 과연 해당 청소년에게 죄를 물을 수 있는지 신중히 생각해볼 수밖에 없다. 이른바 일탈 청소년들에 대한 엄벌 여론은 비정상적이고 나쁜 부모를 만나 불행하게 된 아이들에 대한 사회의 갑질로 볼 수도 있다. 나쁜 부모 만난 것이 죄가 될 수 없고, 좋은 부모를 만나는 것이 개인의 노력에 따른 결과도 아니기 때문이다.

즉 이들 청소년들이 나쁜 부모의 영향에서 벗어나 스스로 자신의 불우한 환경을 극복하기를 바라고 요구하는 것은 '정상인들의 폭력'이라는 성격을 가질 수 있다. 따라서 이처럼 아동에 대한 폭행과 추행과 같은 부모의 일탈로 인해 만들어진 비행 청소년을 처리하는 문제는 결코 '사이다' 같아서는 안 되는 사안이다. 또 경험적으로 볼 때, 어린 일탈 청소년을 엄벌에 처하는 것은 교도소에서 더 많은 숙련된 전과자를 배출하는 모습으로도 나타날 수 있다. 범죄율 증가라는 측면에서 보면 소년범 엄벌은 그 사회에서 시간의 간격을 두고 부메랑으로 돌아올 가능성이 있다.

예멘 난민에 대한 인도적 수용 역시 우리나라가 국제적 수준에서 결정되는 인도적 판단을 외면할 경우, 어느 순간 우리 역시 그에 상응하는 국제적 대접을 받게 될 가능성도 생각해볼 필요가 있다. 실제 국내 법원 판결에서 국제인권조약에 의거한 판결은 찾아보기 힘들다는 것이 전문가들의 관점이다. 세계 각국의 난민 인정률 평균은 38퍼센트인데 한국은 지난해 기준 2퍼센트에 불과했다는 지적도 있다. '우리나라만큼 한국전쟁 이후 해외의 원조를 많이 받은 나라도 없다.'와 같은 논리뿐만 아니라 보편적 인권에 대한 국제사회의 합의와 기준이 있다는 점도 고려해야 한다. 그런 일은 안 생기겠지만, 어떤 형태로든 우리 역시 어느 순간 보편적 인권의 다음 수혜자가 될 수도 있다. 북한이 핵을 가지든 아니든 '한반도에서 전쟁만은 안 된다'는 주장을 정당화하는 유일한 논리는 인권밖에 없을지도 모른다.

예능은 예능, 정치는 정치여야 하는 이유

정치 영역에서는 알면 알수록, 깊게 들여다볼수록 선악의 구분이 모호해진다. 또 진실은 가까이 가면 갈수록 복잡해져 어느 것이 진실인지 알 수 없을 때가 많다. 결국 목소리가 크면 클수록, 논리가 강하면 강할수록 진실과 멀어지고 표적으로 몰린 누군가의 입장이나 권익을 짓밟는 결과를 가져올 가능성은 커진다.

예능 같은 정치도 신나고 정치적인 예능도 필요하지만, 그 두 가지 요소가 서로 충돌하는 어떤 지점이 있다는 것도 외면할 수 없다. 즉 정치와 예능이 서로 선을 넘는 문제 그리고 정치인이 정치와 예능이라는 경계를 스스로 허물거나 균형을 잃어버리는 문제에 대해 심사숙고할 필요가 있다.

과거 저항 대중을 지휘했던 정치예능주의는 자신들의 타깃을 거대 권력과 기득권으로 설정할 수 있었다. 그러나 그것은 자신들이 지지하는 정치 세력이 집권했을 때는 무리와 부작용을 낳게 마련이다. 링 밖에서의 개혁보다는 법과 제도의 틀 안에서 이뤄지는 것이 바람직하다. 문재인 정부 이후 유튜브와 각종 SNS를 통해 보수적 콘텐츠가 급속히 확산되는 것은 이제 민주 정권이 수비수의 위치에 섰음을 의미한다.

촛불 이후에도 필요한 정치예능주의의 유연성

그럼에도 불구하고 예능이 정치를 소재로 삼는 정치예능주의는 근본적으로 기존 언론의 기능을 보완한다는 측면에서 큰 문제를 제기할 필요는 없다. 오히려 정치예능주의는 최근 지나치게 위축되어 있다고도 볼 수 있다. 우리 사회는 문재인 대통령과 촛불정부의 적폐 청산 작업을 편하게 비판하고 그것을 코미디의 소재로 쓸 수 있을 만큼 더 유연해지는 것이 맞다. 그러지 않으면 권위주의 통치의 싹이 되는 '존엄 문화'를 남겨놓을 수 있기 때문이다.

그러나 정치가 예능을 끌어안는 문제는 약간 다르다. 예능이 제도정치 및 정치인들의 주된 활동 영역이 되고, 정치예능이 정치로 입성하는 주요 통로가 되는 것은 썩 바람직하지 않다. 정치 엘리트가 되려는 사람들은 대중과 호흡할 수 있는 연기력만으로 차출되어서는 안 되기 때문이다. 정치판 내부에서 동료와 당직자들로부터 자질과 능력을 철저하게 검증받을 필요가 있다. 연예인도 마찬가지이겠지만 대중들에게 드러나는 겉모습과 일상의 모습이 지나치게 다르면 언젠가는 말썽을 빚게 된다.

또 권력을 수탁받은 대표자들인 국회의원이 자신에게 부여된 본연의 책임과 의무에서 크게 벗어나 정치생명을 늘리거나 강화하는 데 지나친 노력을 쏟아붓는 것 역시 정치를 곪게 만든다. 결국 인기는 있지만 무능한 정치가 등장하게 될 것이다.

촛불혁명 이후에도 정치예능주의의 시대가 곧바로 막을 내릴 것 같지는 않다. 다만 지금은 대중들이 자신들이 싫어했던 거대한 권력을 상대로 신명나게 싸울 때와는 상황이 다르다. 적폐에 대한 비판과 조롱이 집권 세력의 청산 작업에 보탬이 될지도 불확실하다. 힘을 가진 자의 오만과 폭력으로 받아들여지고 반발과 갈등을 극대화하는 계기가 될 수도 있다. 자신들이 적폐로 지목한 당사자라 할지라도 그들에 대한 조롱과 풍자는 독이 될 수 있다. 그래서 갈등과 충돌을 강화하는 대신 공감과 동의를 확산시키는 방향을 고민할 필요도 있다. 집권 정치 세력의 사명은 비판하는 것이 아니라 현실을 바꾸는 것이기 때문이다. '입 닥치고 잘하라'는 얘기이다.

1. 김용철은 당시의 상황과 관련, "미국산 쇠고기 개방 반대 1차 촛불집회가 개최된 것은 5월 2일이었다. 이 집회는 포털사이트 다음의 '이명박 탄핵을 위한 범국민운동본부(cafedaum. net/antimb)'에 의해 개최된 것이다. 다음 날인 5월 3일에는 온라인 모임인 미친소닷넷 (michincow.net)과 정책반대시민연대(cafe.daum.net/OutKorea) 등 여러 단체가 독자적으로 촛불집회를 개최하였는데, 온라인 모임들의 경쟁적 집회 개최로 쇠고기 수입 반대 캠페인의 분위기는 참가자들 사이에 혼선이 빚어질 정도로 어수선하였다."고 설명했다(김용철, 「촛불시위의 동학: 온라인과 오프라인의 만남」, 「정보화정책」, 통권57호, 2008년 겨울, 127쪽).

2. 〈레미제라블〉은 당시 2012년 12월 19일 개봉해 500만 명 이상이 관람했다(영화진흥위 자료).

3

#정치팬덤

정치팬덤의 시대,
분열과 갈등의 거점이 되나?

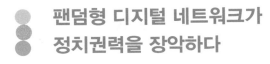

팬덤형 디지털 네트워크가
정치권력을 장악하다

팬^{fan}이면 팬이지 팬덤^{fandom}은 뭘까? 영어의 'fandom'은 광신을 뜻하는 'fanatic'과 땅 또는 영역을 의미하는 '-dom'의 조합으로 이해할 수 있다. 즉 팬덤은 사람이나 어떤 무엇인가를 열광적으로 좋아하는 것을 말한다.

대중정치의 중심 영역을 점령한 정치팬덤

스타덤이 스타의 반열에 오르는 것이라면, 팬덤은 누군가의 팬이 되는 것이다. 대중문화 속의 스타나 아이돌을 쫓아다니는 극성팬들의 모습은 이제 무척이나 익숙한 것이 되었다. 누군가를 혼자 좋아하는 시대의 트렌드는 이미 낡은 것이 된 지 오래이다. 무엇인가를 좋아하게 되면 그 대상과 함께 무엇인가를 만들려고 하는 것이 오늘날 젊은 층의 대세적인 정서이다. 팬들은 함께 다니며 단체로 관람하고 열렬히 응원하는 하나의 네트워크이자 문화 공동체가 되어버렸다. 어느덧 이러한 팬들을 아이돌뿐만 아니라 정치인들도 거느리는 시대가 도래했다. 바로 대중정치의 중심 영역을 점령한 정치팬덤이다.

지난 대선에서 가장 주목할 만한 현상 중 하나는 당시 문재인 후보를 지지하는 강력한 지지층들의 활약이었다. 이들 문재인 지지자들은 각종 온라인 뉴스의 댓글은 물론 트위터와 페이스북 등의 SNS상에서 문 후보에 대한 절대적 지지와 애정을 과시했다. 지금은 경멸적인 어감이 강하다고 해서 자주 쓰이지 않지만 초기에 이들은 '문빠'라는 명칭으로 더 많이 불렸다.

실제 이들 문재인 팬덤은 문 후보의 선거 캠페인에서 큰 비중을 차지했으며 당선에도 실질적인 기여를 했다. 선거 과정에서는 미온적인 지지자 100명보다 한 명의 적극적 지지자가 더 많은 것을 해내기 때문이다. 이들 문빠들은 한국 정치에서 본격적으로 팬덤정치의 시대를 열었다고 평가받는 노무현 지지자들, 즉 '노빠'들과 비교를 해보면 그 특징이 잘 드러난다.[1]

노빠라고도 불렸던 노무현 팬덤, 그중에서도 노사모는 팬덤정치의 초기 출현 과정에서 중요한 의미를 가진다. 팬덤 조직으로서의 노사모가 사실상 대중적 정치 현상으로서의 노빠를 만들어냈다고 봐야 하기 때문이다. 실제 노사모가 결성된 것은 2000년 5월이지만, 온라인상에서 노빠라는 말이 검색되는 것은 그로부터 반년 정도 지난 후부터이다.

노사모는 정치인 노무현이 2000년 4·13 총선에서 부산 북구 강서구 을로 출마해 낙선한 이후 생겨난 자발적 지지자들로 구성된다. 여전히 활발히 운영되고 있는 웹사이트에는 노사모의 탄생 배경이 잘 나와 있다. 이를 보면 당시 노무현 후보의 낙선을 안타까워하면서 "우리 이럴 게 아니라 팬클럽을 만들어보자."라는 제안에서부터 노사모가 시작되었음을 알 수 있다.

논리적으로 정교하고 풍부했던 노사모

노사모의 출범은 한국 현실 정치에서 그 이전과 이후를 나눠야 할 만큼 큰 의미를 가진다. 그때까지 기존 유력 정치인들은 정치를 하는 데 꼭 필요한 자신의 조직을 정치자금을 들여 조직책들을 통해 구축했다. 반면 노사모는 일반 대중과 전문가, 지식인, 때로는 연예인을 포함한 명망가들이 초기부터 함께 자발적으로 결합하면서 전면에 등장했다. 노사모에는 대체로 노무현 후보에 대한 맹목적 지지나 감정적 애착보다는 대체로 논리와 토론을 중시하는 문화가 있었다. 또 온라인뿐만 아니라 오프라인 활동을 활발히 병행했다는 점에서 애초부터 팬클럽인 동시에 목적성이 뚜렷한 정치조직의 성격도 함께 가졌다.

노무현 팬덤은 당시 활성화되기 시작하던 각종 인터넷 뉴스 사이트나 토론 사이트를 중심으로 점차 확산되어갔다. 특히 토론 중심의 온라인 미디어를 통한 활동이 두드러졌다. 이 시기를 한국 정치사에서는 인터넷 논객시대라고 부를 만하다.

당시 사이버 논객들이 활동했던 대표적 사이트로는 서영석 씨가 대표로 있던 '서프라이즈'가 있었다. 서프라이즈에서 활동했던 논객들은 이후 한국 정치 곳곳에서 명성을 날렸다. 그들은 일반인들에게는 잘 알려지지 않은 무명 논객이었다. 하지만 온라인을 중심으로 보수와 진보를 넘나들며 종횡무진 정치 콘텐츠를 생산하는 이른바 '여의도의 선수'들이었다. 이들 중 일부는 공중파의 논객으로도 진출했고 지금까지도 문재인 팬덤을 온라인상에서 이끌기도 한다. 또 일부는 보수 진영에서 활동하기도 했는데, 변희재 씨가 대표적이다. 드루킹 사건의 김동원 씨 역시 서프라이즈 출신이다. 그만큼 온라인 공간에서 정치 메시지를 생산하는 데 이들의 역할이 지난 20여 년간 계속되고 있음을 보여주는 대목이다.

또한 노사모와 친노 논객들은 인터넷 뉴스 매체의 댓글을 통해서도 큰 활약을 했다. 당시 시민 참여 저널리즘으로 크게 활약한 오마이뉴스의 댓글 공간 역시 이들의 주요 활동 무대였다. 당시 이들은 노무현을 단순히 좋다 혹은 싫다는 식의 감정적인 지지 표현을 드러내지는 않았다. 대신 '왜 노무현인가'를 설득하기 위한 논리를 거침없이 전개했다. 그래서 포털, 온라인 미디어, 토론 사이트 등 어디서나 당시 노사모 회원들의 글은 상당한 논리적 정교함이나 풍부함을 수반하고 있었다. 이들이 다는 댓글조차도 어지간한 신문 칼럼 이상의 수준을 가지는 경우도 상당히 많았다.

문팬은 문재인의 정치를 소비한다

반면 문재인 팬덤은 노무현 팬덤의 활동 패턴과는 외견상 차이가 적지 않다. 노사모 및 노무현 팬덤을 기준으로 보았을 때 문팬덤과의 차이는 질적, 양적 모두에서 구체적으로 나타난다. 당시 노사모에서 회장을 역임하며 활동했던 시인 노혜경 씨는 자신의 페이스북에서 "노사모는 노무현과 동지적 관계라고 생각했고(무늬만 팬클럽이고), 문팬은 진짜로 팬덤이다. 노사모는 노무현의 정치에 참여하고 싶어 했고, 문팬은 문재인의 정치를 소비한다."고 말했다(2017년 5월 26일 게시물). 그러면서 "노사모와는 매우 다른 방식이라는 것은 분명히 알 것 같다는 생각이 든다."고 설명한다.

즉 대선 후보 시절의 노무현 팬덤과 문재인 팬덤은 공통적으로 열정적이고 공격적이라는 점에서 겹치는 부분이 있지만 두 팬덤 간의 차이도 만만치 않다는 것이다. 근본적으로 노무현 팬덤에는 엘리트적인 요소가 강하고 오프라인 활동도 함께 이루어진 점이 눈에 띈다. 반면에 문재인 팬덤에는 친노 논객들과 같은 엘리트 인사들의 모습이 잘 드러나지 않는다.

또 노무현 팬덤에는 온라인상에서 집단적 여론전을 주도하는 절대고수의 친노 논객들의 활약이 돋보였다. 반면 문재인 팬덤에는 그러한 논객의 존재가 일반 사람들의 눈에 잘 드러나지 않고 SNS 계정을 중심으로 허브 역할을 한다. 노사모가 정치조직과 팬클럽, 그리고 오프라인 정치운동이 결합된 통합 플랫폼이었다면, 문재인 팬덤은 철저하게 사이버 메시지전을 수행하는 군대와도 같은 양상을 보였다.

노빠와 문빠의 차이를 질적 팬덤에서 양적 팬덤으로의 변화라고 보는 관점도 있다. 당시 대표적 토론 사이트인 서프라이즈의 창립 멤버 중 한 명이었던 공희준 씨는 "당시 우리는 열성 지지자들의 머리, 즉 지

혜를 모으려 한 거였는데, 지금은 머릿수를 채우려고 한다."는 말로 두 팬덤 간의 차이를 지적했다.[2]

문팬덤의 골간은 친노 정서에 기반한 디지털 관계망

물론 노무현 팬덤과 문재인 팬덤이 양적으로 차이가 나는 배경에는 인터넷상의 소통 환경이 달라진 점도 간과할 수 없다. 지금의 디지털 소통환경은 2000년 초반과는 비교할 수 없을 정도로 빨라졌고 영역도 확장되었다. 가장 큰 차이를 만들어내는 것은 역시 SNS와 모바일을 기반으로 하는 초소통혁명에 따른 진화로 설명할 수도 있다. 문재인 팬덤의 골간은 근본적으로는 친노 정서에 기반을 두고 정서적 유대관계를 가진 관계망이었다고 볼 수 있다. 다만 문재인 팬덤의 경우, 노사모 등과 달리 서로의 실명과 신분이 확인되는 오프라인 성격의 코어[cores] 조직 또는 허브가 명확하지 않다. 대신 기존 친노 또는 친문 네트워크는 메신저 대화방 등을 통해 관계가 유지된다고 볼 수 있다.

하지만 SNS 등을 중심으로 형성된 디지털 문팬덤은 논리적 토론보다는 정서적 지지를 표출하는 경향이 훨씬 강했다. 또 오프라인상의 조직에 기반하지 않았다. 대신 SNS 허브 역할을 하는 계정이 논리와 메시지를 제공하면 이에 동조하며 '무조건 문재인 지지' 또는 '우리가 문재인을 지킨다'와 같은 강력한 정서적 애착을 기반으로 활동했다. 이러한 점에서 문팬덤은 확실히 정치조직이라기보다는 디지털 팬덤의 성격이 두드러진 조직이라 할 수 있다.

이처럼 디지털 팬덤이 중요한 의미를 갖는 것은 초소통혁명이 실제 현실 정치에 영향을 미칠 때 핵심적 역할을 하기 때문이다. 다시 말해 초소통혁명 이후의 정치에서는 팬덤 형태의 디지털 네트워크 구축이 정치권력을 장악해가는 과정에서 핵심적인 수단이나 경로가 된다는 것이다.

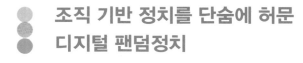

조직 기반 정치를 단숨에 허문 디지털 팬덤정치

문재인 팬덤은 오랜 시간 공격적인 성향으로 인해 논란이 끊이질 않았다. 대단히 열광적인 감성적 지지 형태는 문팬덤만의 사례가 아니라 사실 팬덤 문화 자체의 특징이라 볼 수도 있다.

지난 정권의 폭력적 공권력에 대한 증오심과 분노
대중문화 영역에서도 아이돌에 대한 팬클럽의 열광적 지지와 함께 경쟁 팬클럽에 대한 적대감이 한동안 문제가 될 정도로 격렬한 모습으로 나타났다.

노무현 팬덤 역시 비록 초기적이고 정치조직의 성격이 결합된 형태이긴 했지만, 공격적이고 배타적 모습을 보인 것은 같았다. 문재인 팬덤에서 달라진 점은 노무현 팬덤과 달리 논리와 토론 부분이 약해진 대신 감정적 메시지가 많아진 것이다. 또 SNS를 통해 수적으로 훨씬 많은 공세가 이뤄졌다.

지난 대선 당시 문재인 후보 지지층들이 보여준 맹목적 지지 표현과 거친 공격성은 여러 측면에서 설명해볼 수 있다. 우선 큰 틀에서 보면 그런 감성은 애초부터 분노한 대중의 밑바닥 정서에서 출발한다고 볼 수 있다. 좀 더 구체적으로 말하면 이명박, 박근혜 정부하에서 누적된 대중들의 적대감이 단적으로 표출된 것이다. 한국 사회의 억압적인 현실에 대한 대중들의 고통과 분노가 거친 민심으로 터져 나올 토양이 조성되어 있었던 것이다.

물론 다수의 한국 대중은 노무현 정부 이후 과거로 고개를 돌려 박정희의 화신임을 자처하는 보수 지도자들에게 기대를 걸었었다. 하지만 보수 정권의 무능과 억압적 권위주의로 인해 그 기대는 결국 실망과 분노로 바뀌어버렸다. 보수 정권은 또 과거 박정희 시절과 같은 경제성장을 이루지도 못한 채 권위주의적 통치 방식을 부활시켜 스스로를 궤멸로 이끌었다.

서슬 퍼런 이명박 정부의 공안 통치를 조롱하고 비웃던 대중들은 박근혜 정부에서 일어난 세월호 참사 이후에는 아예 입가에 웃음기마저 사라졌다. 대중은 무능한 정부의 구조를 기다리다 무참하게 죽어간 세월호 희생자들과 그 가족들에 감정적인 동일시를 일으켰다. 세월호 참사는 남의 일이 아닌 국민 모두의 일이 되었다. 이내 한국 대중은 슬픔과 애도 속에서 격정적이고 공격적 정서를 표출하기 시작했다. 때로는 폭력적 공권력에 대한 증오심을 드러내기도 했다. 이러한 상황을 뒤엎을 누군가가 필요했고 또 그런 사람을 기다렸다. 더 나아가 적극적으로 누군가를 찾아 나서기 시작했다.

노무현 전 대통령 죽음이 불러온 집합적 죄의식

친문 팬덤의 공격성을 노무현 대통령의 죽음과 연관시켜 보는 시각도 상당히 설득력이 있다. 2012년 대선 경선 시점까지 정치 경력이 일천했던 문재인 후보가 부상하는 과정의 중심에는 비극적 지도자 노무현을 대신할 상징적 존재에 대한 갈망이 있었다.

물론 노무현 전 대통령 때부터 친노들이 보여준 배타성과 공격성의 오랜 연원에는 '고향에서 정치를 할 수 없는 영남 민주화 세력의 한'이 자리 잡고 있기도 하다. 노사모가 자신들의 창립 배경을 지역주의 타파에서부터 찾고 있는 것과 맥락이 닿아 있다. 이명박 정부에서 일어난 노무현 전 대통령의 비극적 죽음은 자신들의 공격성이 순수하고 정당한 것임을 믿어 의심치 않는 계기가 된 측면도 있어 보인다.

참여정부의 정책에 대한 시비와 별개로 노무현 전 대통령의 인간적 매력은 그를 거친 시대를 풍미한 영웅의 반열로 끌어올렸다. 지도자로서의 그의 공과 평가는 다를 수 있어도 인간적으로 미워하기 힘든 노 전 대통령의 죽음은 많은 이들에게 잊기 어려운 죄책감을 안게 했다. 이런 정서는 '내가 지켜주지 못했다'는 자책과 '문재인, 당신은 내가 지켜주겠다'는 일종의 격렬한 감정적 애착으로 나아갔다고도 볼 수 있다. 즉 노무현 전 대통령의 죽음이 대중들에게 집합적인 죄의식과 강렬한 증오의 정치를 불러왔다고 할 수 있다.[3]

감성적 지지 형태를 만들어간 문재인 팬덤의 격렬함

문재인은 노무현 전 대통령의 동지이자 적자이며, 그의 빈자리를 채우는 대체 기호로서의 상징적 기능을 수행할 최적임자였다. 물론 대중의 정서 내에서 노무현의 빈자리를 차지할 수 있는 후보들인 유시민, 안희정 등의 인물들도 있었다. 그렇지만 이미 정치를 하고 있었던 인물들보다는 정치적으로 복잡하지 않고 인품에 대한 긍정적 평가를 받던 야인 문재인이 여러 면에서 적임자로 꼽혔다. 이후 문재인은 민주 진영 내에서 가장 큰 규모인 노무현의 상징적 유산을 온전히 상속받음으로써 이후 정치 흐름의 중심에 서게 된다.

실제 SNS상에서 문팬이라고 자처하는 이들의 메시지들에서 등장하는 논리 중 중요한 것 중 하나가 과거 노무현 대통령을 비판한 적이 있었는가 없었는가와 관련된 것이다. 즉 노무현 대통령의 정책 실패를 비판한 지식인은 잘못된 것이고, 노무현 대통령 및 정부의 무결점을 믿고 변함없이 지지한 이들은 우리 편이 되는 그런 식이다. 실제 심상정 의원을 비롯해서 참여정부의 노동정책을 둘러싸고 노무현 대통령을 비판한 이들은 노 전 대통령의 죽음 이후에 호된 비난과 공격을 감수해야 했다. 문재인 팬덤은 이해관계나 논리에 기반을 둔 정책 수요층이 아니라 노무현으로부터 유래한 감성 팬덤의 특성이 훨씬 강했다고 볼 수 있다.

문팬덤의 감정적 격렬함은 SNS 환경의 변화에서도 찾을 수 있다. 과거 친노 팬덤이 만들어졌던 때와 달리 종합 미디어 플랫폼인 스마트폰이 보급된 이후 대중들의 정치화는 급속도로 가속화되었다. 더군다나 이러한 정치화 과정에서 노무현 전 대통령에 우호적인 진보적 정치예능주의가 중요한 역할을 했다.

또 SNS 미디어들 자체가 긴 글을 선호하지 않는 매체 특성을 가진다는 점도 무시할 수 없다. 어렵고 건조한 논리보다는 감성 중심의 메시지에 대한 공감이 훨씬 컸다. 디지털 소통에 참여하는 대중들이 짧고 감정적인 메시지를 통해 자신을 드러내는 패턴을 선호했던 것이다. 스마트폰을 들고 머리를 짜내 정성스럽게 글을 다듬는 것 자체가 번거로운 일이므로 SNS 대중들은 새로운 미디어 환경에 맞춰 '잔말 말고 문재인'과 같은 감성적 지지 행태를 스스로 만들어갔다고도 볼 수 있다.

팬덤 리더그룹 중심의 노사모와 문재인 팬덤의 차이점

물론 또 다른 한편에서는 오랜 기간을 통해 만들어진 친노 정치세력 내부 그룹의 저력으로 보기도 한다. 한국 정치에서 현 시점까지도 대중적 영향력을 강력히 행사하는 대중 자산과 함께 구체적 조직 기반을 가진 양 축은 박정희와 노무현 두 사람뿐이다.

참여정부 청와대 인사들을 중심으로 한 코어그룹은 이명박, 박근혜 정부를 거치면서도 대체로 관계가 잘 유지되고 정비되어왔다. 온라인은 물론 추모재단과 같은 오프라인 거점 역시 탄탄하게 활동을 해왔다. 또한 인적 네트워크 형태로 민주당 내에서의 정치적 영향력도 만만치 않았다. 노무현 정신의 후계자가 문재인으로 결정되면서 문재인 팬덤이 구축되는 온라인상의 일사불란한 흐름들은 이들 기획그룹을 중심으로 수행된 것으로 보는 시각도 상당한 설득력이 있다. 다시 말해 문재인 팬덤은, 대중 수준에서 만들어지고 팬덤 내부에서 리더그룹을 배출한 노사모 조직과는 다소 다른 점이 있다는 것이다. 대신 노무현 대통령에 대한 추모 팬덤을 중심으로 그 측근 그룹들이 팬덤의 중심에 있으며, 이들 팬덤들과 정서적, 조직적으로 밀접하게 연결되어 있는 특성이 엿보인다.

실제 2016년 총선 직전 당대표를 맡았던 문재인 의원이 정치적으로 위기 상황에 처하자 불과 수일 만에 10만 명이 넘는 당원들이 입당을 한 것 역시 근본적으로 이들 친노 코어그룹이 가진 잠재력이 현실화된 구체적 사례로 평가할 수 있다. 또 무엇보다 온라인상에서 보면 중구난방 팬덤 같지만, 비교적 전체 메시지 기조가 허브 계정을 중심으로 일정 수준 통제가 가능한 것도 눈에 띄는 모습이다.

실례로 비대위원장으로서 민주당의 2016년 총선을 치른 김종인 씨는 당시 당내 친문 세력들이 비례대표 공천을 둘러싸고 갈등을 빚자 사퇴 카드를 꺼내 들었다. 그러자 당시까지 온라인상에서 김종인을 공격하고 압박하던 SNS상의 흐름은 이후 문성근, 조국과 같은 거물급 인사들의 SNS 메시지를 통해 하루 이틀 내에 큰 잡음 없이 정리되었다.

이러한 모습들은 정서적이든 조직적이든 문재인 캠프의 핵심과 이들 온라인 팬덤이 서로 공감하고 정서적으로 연결되어 있음을 잘 보여준다. 물론 문재인 팬덤의 공격적 활동이 친노를 공통분모로 하는 핵심 네트워크가 근간이 되었다 해도 이를 가능하게 하는 근본 배경은 노무현 전 대통령에 대한 깊은 정서적 공감이었다.

단순한 소비를 넘어 정서적 공동체를 형성한 아이돌 팬덤

팬덤정치의 기원을 따지자면 사실 고대까지 올라갈 수도 있다. 그리고 가까운 과거에도 팬덤은 있었다. 우리나라의 경우에도 제1공화국 이후 3김 시대까지 수많은 재래식 정치팬덤이 없었던 것은 아니다. 하지만 온라인을 중심으로 한 현재의 디지털 정치팬덤은 정치 내부보다는 대중문화 속의 스타 연예인들에 대한 팬덤에서 그 원형을 찾는 것이 적절하다. 대중문화의 영역에서 팬덤문화가 떠오르는 초창기에는 자신이 좋아하는 가수들의 앨범을 구매하고 콘서트에 참여하는 단순한 형태로 출발했다. 이후 팬덤이 디지털 공간을 통해 서로 소통하면서 팬들 간에 긴밀하고 공고한 형태의 네트워크로 진화하게 된다. 나아가 이들 팬들은 독립적이고 배타적인 공감대를 형성하고 자신들만의 특정한 내부 팬 문화를 구축하게 된다.

특정 아이돌의 팬들은 단순한 소비를 넘어 정서적 공동체를 형성했다고 볼 수 있다. 이 팬덤 네트워크 공동체는 이후 함께 자신이 좋아하는 가수를 위해 서명운동을 하거나 함께 정치적 이벤트에도 참여하게 된다. 서태지와 아이들, HOT, 동방신기 팬클럽의 경우는 정치팬덤을 설명하는 데 매우 유용하다. 잘 알려졌듯이 서태지와 아이들 팬클럽은 지금은 사라진 공윤의 사전심의를 폐지하기 위해 서명운동을 전개하기도 했다. 실제 이들의 공동 행동은 국회에서 관계 법률을 수정하는 데 촉진제의 역할을 했다.

동방신기의 팬들 역시 소속사와의 불공정 계약에 대한 갈등이 불거졌을 때 적극적 활동을 통해 연예인 표준 전속 계약서가 만들어지는 계기를 마련하기도 했다. 특히 이들은 2008년 광우병 반대 촛불시위에 적극적으로 참여해 초기 시위를 확산하는 데 기여했다. 이 역시 팬덤 네트워크가 직접 정치적, 사회적 실천으로 나아간 경우에 해당된다.

HOT 팬덤의 경우에는 특정한 제도나 운동을 위한 실천에 나선 것은 아니지만, 노사모가 노무현 전 대통령 지지활동을 벌이는 데 그 모형이 되었다고 말할 수 있을 정도로 팬클럽 활동은 열렬했고 대단히 조직적이었다.

디지털 팬덤정치가 조직 정치를 뒤엎다

대중적 인기는 물론이고 조직과 자금이 절대적으로 필요한 정치권은 대중문화 속의 팬덤에 알게 모르게 영향을 받았다고 볼 수 있다. 동시에 새로운 세대들의 팬덤 문화가 자연스럽게 정치인을 대하는 방식에로도 옮아갔다고 볼 수도 있다. 이처럼 대중문화에서의 팬덤이 정치 영역을 재점유하면서 만들어진 변화는 결코 가볍지 않다.

이들이 바꿔놓은 한국 정치 내에서의 변화 중 가장 큰 것은 바로 그 이전 한국 정당정치의 기반 메커니즘이 되었던 이른바 당원 조직 정치에서 일어난 변화라고 할 수 있다. 즉 주로 온라인을 기반으로 하는 팬덤정치는 출신 지역이나 사적인 관계 그리고 돈에 의존해 조직된 기존 정당 조직의 힘을 지속적으로 약화시켰다. 특히 자발성과 열렬함은 자신이 지지하는 정치인을 위해 당원 가입이나 후원금 납부를 기꺼이 감수하는 형태로 발전하여 정치 문화에 큰 변화를 주었다. 당원 가입, 후원금 지원은 과거의 일상적 정치 문화에서는 큰일인 양 금기시되던 일들이었다. 대신 당원에 가입할 때는 오히려 가입의 대가로 돈을 받거나 정치인 측이 대납하는 경우가 비일비재했다. 또 스폰서 역할을 하는 지역의 유지에 의해 건네지는 후원금은 대가성과 별개로 정치인에 유무형으로 부담을 줄 수밖에 없었다. 디지털 팬덤은 그런 점에서 정치권 밑바닥의 뿌리 깊은 적폐 그 자체를 청산하는 역할을 한다.

물론 팬덤정치는 대체로 대통령이나 광역단체장급 등의 무게가 나가는 정치인을 중심으로 활성화되어 있다. 그러다가 최근에는 사회적으로 관심을 끄는 이슈나 사건을 통해 대중의 관심을 받으며 팬들이 생겨날 경우 정치에 입문할 수 있는 기회가 주어지기도 한다.

팬덤 현상 없이 정치인의 성장이 어려운 시대로

팬덤정치는 이제 국회의원들의 의정활동에도 영향을 주고 있다. 노숙을 마다하지 않는 치열한 의정활동으로 이름이 난 박주민 의원은 페이스북을 통한 후원금 모집으로 40시간 만에 2억 2천만 원을 모금했다. 당시 3억 원이었던 후원금 한도를 채워 화제가 되기도 했다.

국감에서 유치원 비리를 터뜨린 박용진 의원 역시 소액 후원금이 쇄도했다고 알려졌다. 즉 대중들이 관심을 가질 만한 의미 있는 의정활동을 하게 되면 팬들과 이들의 후원금이 함께 몰리게 된다. 무엇보다 청탁 성격도 없고 큰손에 휘둘릴 가능성도 없는 소액 후원금은 정치의 토대를 바꾼다고 말할 수 있을 정도로 긍정적 요소임에 틀림없다.

지금까지 살펴보았듯이 점점 팬덤 현상 없이 정치인이 성장하는 것은 쉽지도 않고 정치인이 이와 같은 디지털 팬덤을 마냥 외면하는 것이 그렇게 바람직한 현상으로 보기도 어렵다. 정치인의 팬들은 자발적이고 열정적인 지지를 통해 오프라인 조직이 될 수 있다. 이는 정치조직 구축 과정에서 가장 건전하고 이상적 형태라고 말할 수 있다.

특히 상시적으로 구축되어 있는 디지털 정치조직은 정치인 개인과 의정활동 등을 홍보하는 데 큰 강점을 가지게 된다. 이러한 네트워크를 기반으로 해서 정치인은 더 큰 도전을 할 수 있게 된다. 이재명 경기지사 스스로도 밝혔듯이 기초단체장으로서 전국적 지명도를 확보하고 대선 후보까지 되는 데에 SNS상에서의 팬덤의 역할은 절대적인 수준에 이르렀다.

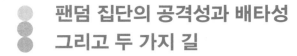

팬덤 집단의 공격성과 배타성 그리고 두 가지 길

문재인 팬덤이 보여주는 감정적 격렬함에 대해 많은 사람들이 우려를 표하곤 한다. 영국의 축구광팬 홀리건과 같은 지나친 공격성으로 인해 자유로운 소통이나 토론을 막는 결과를 낳는다는 것이다.

막강한 영향력을 가진 언론조차 상대하기 버거운 팬덤 파워

문재인 대통령을 지지하는 지식인 등 일부는 이처럼 과격하고 공격적인 지지활동을 하는 것은 일부라고 항변하기도 한다. 하지만 디지털 소통시대에 SNS 여론의 장을 특정한 팬덤 집단이 장악하고 정서적 유사성을 보이는 현상은 그 자체가 하나의 트렌드이므로 그런 식으로 일부라는 논리를 들이대며 넘어갈 일은 아니다.

팬덤정치의 특성 중 중요한 것은 이념적 정체성이나 정책이 아니라

인물 그 자체에 대한 애착이 뚜렷하다는 점이다. 팬들의 책무는 조건 없이 지지하는 것이기에 당연히 건설적 토론 같은 개념은 찾아보기 힘들다. 문재인 팬덤에서 잘 나타나듯이 특정한 인물이나 언론 매체가 민주당 선호 또는 진보적 성향이라고 해서 봐주는 것은 없다.

이념적 스펙트럼이 민주당보다 더 진보적이라고 평가되는 진보 정당 및 소속 정치인들에 대해서도 '까불면 국물도 없다'는 식의 강경 반응을 보여주기도 했다. 문재인 정부 출범 이후 진보 정당들이 노동 등과 관련한 문제 제기를 한 것과 관련해서 이른바 꼴통 진보 또는 수구 진보라는 논리로 공격한 것이 대표적인 사례이다.

조직된 대중으로서의 팬덤은 과거 정치인들에게 막강한 영향력을 가졌던 언론조차도 상대하기가 버겁다. 문재인 팬덤들이 진보 언론 매체들, 즉 '한·경·오(한겨레, 경향, 오마이뉴스)'와 일전을 벌인 사건에서 전형적으로 드러난다. 인터넷 매체인 오마이뉴스는 문재인 대통령의 부인 김정숙 여사의 호칭 문제로 이들 문팬덤과 격돌했지만 결국 사과로 끝났다. 노동이나 통일 등 전통적 진보 가치에 충실한 한겨레 역시 문팬덤과 피할 수 없는 일전을 벌였다. 이른바 '덤벼라 문빠' 사건으로 홍역을 치른 바 있다. 이 사건은 〈한겨레21〉 전 편집장이 표지 사진과 관련해 문빠들과 충돌하고 이어 자신의 페이스북에 '덤벼라 문빠'라는 제목의 글을 올리면서 불거졌다. 이 사건은 한겨레 절독운동으로까지 번지면서 사실상 매체가 백기 항복을 하게 된다. 다시 말해 새롭게 부상하는 디지털 팬덤은 단순히 온라인 공간 내에서 활동하는 일부 과격한 네티즌도 아니다. 더욱이 실체 없는 가상의 존재들도 아니다. 이들은 구독료 등을 매개로 언론사의 기사나 내부 방침의 방향을 바꿀 만큼 막강한 힘을 가진다.

대중 영향력이 커지는 것은 대의 민주주의와의 직접 충돌을 의미
반대로 오프라인에서는 이와 같은 영향력을 가진 존재 자체를 찾아보기도 힘든 세상이 되었다. 특정 인물을 중심으로 각 지역에서 만들어진 오프라인 조직의 효용은 상대적으로 높지 않다. 고비용일 수도 있고 이쪽저쪽에 겹치기 가입도 많다. 그리고 무엇보다 조직을 관리하는 조직책에 대해 정치인 자신이 물질적으로든 정신적으로든 대가를 지불해야 한다. 무엇보다 조직을 오프라인 중심으로 구축하는 자체가 시대착오적인 것이다. 자신에게 직결된 생계가 걸리기 전에는 춥고 더운 야외에서나 휴일에 시위하러 나가는 일은 현대인의 라이프 스타일과 도무지 맞지가 않다. 그들이 익숙하고 선호하는 가장 좋은 활동은 SNS상의 '좋아요'이다.

SNS 혁명이 가지는 핵심적 특징과 영향은 온라인 정치팬덤의 확산과 밀접한 연관이 있다. 디지털 소통혁명은 팬덤을 통해 정치, 특히 선거에 대한 영향을 극대화할 수 있다. 현실 정치가 작동하는 데 대중적 영향력이 조직적으로 커지는 것은 결국 대의 민주주의와 직접적으로 충돌하는 것을 의미한다.

현재와 같은 직선제 대통령제에서는 결국 대중의 영웅으로 자리매김하는 대통령의 여론 장악력이 높아질 수밖에 없다. 대통령이 국회의 권위를 무시할 수 있다. 그럴 경우 국회는 물론 사법부조차도 인기 있는 대통령 앞에서 위축될 수밖에 없다. 아울러 팬덤정치는 관료, 재벌과 부자, 전문가, 나아가 정당과 정치인까지를 포함하는 파워 엘리트들과 근본적으로 대립하게 된다. 한·경·오 사태이든 아니면 사이버 테러이든 대부분 그 대상은 정치 및 행정 엘리트, 지식인, 전문가들에 집중되어 있다.

"인류는 지금 가보지 않은 길을 가고 있다"

팬덤의 근본적 속성은 반지성주의 또는 반지식인주의와 연결되어 있다. 그러하기에 엘리트들과 대중의 충돌 지점이 수시로 만들어지기 마련이다. 엘리트와 대중 간의 정면 대결을 만들어내는 초소통혁명과 이를 수행하는 팬덤의 등장은 혁명적 사건일 수 있다.

사실 우리 사회 또는 현대 산업사회의 근본적 부조리가 발생하는 것은 대개 파워 엘리트들의 과잉 특권 때문이라 말할 수 있다. 사회학자 부르디외Pierre Bourdieu의 아비투스 이론habitus theory이 잘 설명하듯이, 한 사회를 주무르는 특권 엘리트들은 금전(경제자본)은 물론, 학연과 지연을 포함한 연줄(사회자본), 교육 수준과 취미(문화자본)를 통한 공감대, 그리고 종교(상징자본)를 통해서도 특권의 담합을 이뤄낸다. 이들 특권 엘리트 간의 '끼리끼리 네트워크'는 견고하고 촘촘하며 지극히 배타적이다.

그런 점에서 한 명의 지도자를 열렬히 지지하면서 반지성적인 태도를 보이는 것은 엘리트들의 권위 및 공공성 자체에 대한 불신이 그 중심에 있다. 대의 민주주의에 대한 비판 역시 의회가 민생을 해결하지 못하는, '있는 자들을 위한 브로커'로 여겨지면서 신뢰가 저하하는 현상으로 설명할 수 있다.

그런 점에서 보면 팬덤정치는 한국 사회의 '특권동맹'의 대척점에 있지만, 어떤 의미에서는 이들 특권 네트워크와 쌍을 이루는 데칼코마니라고 말할 수도 있다. 정치팬덤 그 자체가 특권동맹에 대항하기 위해 성장해왔다고 말할 수 있는 대목이다.

실제 문재인 정부 초기에 대통령에게 보여준 대중의 열광적 지지가 없었다면 대한민국 최후의 성역이라고 일컬어져온 법원과 군대까지 개혁의 대상이 되기는 어려웠을 것이다.

이와 관련해 기든스가 "인류는 지금 가보지 않은 길을 가고 있다."고 한 지적은 현대 대의 민주주의 시스템 내부에 존재하는 근본적 한계를 SNS 대중들이 바꿀 가능성에 대한 전망이기도 하다. 온라인 소통혁명이 엘리트들이 대학입시나 고시 등 한때의 노력만으로 일생 동안 먹고살 수 있도록 해주는 '어둠의 회랑'을 붕괴시키고 대중들에게 새로운 힘을 부여할 가능성을 말하는 것이다.

유일무이한 문제점은 공격성과 그로 인한 분열이다

정치 지도자의 입장에서 보면 자신에 열광하는 대중들이 있는 한 무서울 게 없기 마련이다. 역사적으로 살펴볼 때, 정치권력이 이른바 지식인이나 엘리트를 거치지 않고 열정적 대중을 직접 선동하여 정치 동력으로 활용할 경우 그것이 비극적 결말로 끝난 예는 사실 적지 않다. 국가나 사회의 개혁을 충성도 높은 지지 집단을 중심으로 밀어붙이는 것이 권력을 잡는 과정에서는 분명히 효과적이다. 반면 집권 이후 성과를 보여주어야 할 때, 즉 최종적 목표라고도 할 수 있는 사회 전반의 개혁 작업을 수행하는 데에는 장애가 되기도 한다. 아무리 충성스럽고 열렬한 지지 집단이라 하더라도 나라 전체로 보면 그들은 결국 소수 집단에 불과하기 때문이다.

소수의 열혈 지지자들에 의존한 개혁이나 운동은 사회 내부의 갈등과 적대를 증폭시키기 마련이다. 최종적으로는 스스로 고립된다. 최장집 교수는 이와 관련해, "정치를 의회와 정당 중심으로 수렴하는 대의제 민주주의 대신 광장에서의 운동을 중심으로 수렴하는 직접 민주주의를 추구하는 건 커다란 방향 착오라고 생각한다."고 자신의 입장을 밝힌 적이 있다.[4]

근대 민주주의가 경계한 것은 독재뿐만이 아니다. 또한 대의 민주주의가 직접민주주의의 한계 때문에만 필요한 것은 아니다. 선동과 증오의 정치를 막을 수 있도록 타협의 공간을 마련하고, 분노한 소수가 침묵하는 다수를 대변할 수 없도록 법치를 구현한 것이기도 하다.

팬덤정치가 정치의 영역에서 가장 위험한 결과를 낳을 수 있는 것은 또 다른 영역이다. 그 사회의 갈등을 증폭시키고 적대를 확산시켜 분열을 초래하는 것일 수 있다. 팬덤정치 그 자체에 대한 회의를 제공하는 유일무이한 문제점은 공격성과 그로 인한 분열이다.

팬덤 집단의 공격성과 배타성은 미화될 일이 아니다

이를 이해하기 위해서는 디지털 정치팬덤보다 앞서 있다고도 볼 수 있는 대중문화 속의 팬덤이 보여주는 부작용을 살펴볼 필요가 있다. 2008

년의 드림콘서트 침묵 사건은 지금도 회자되는 최악의 팬덤 사건이다. 원더걸스와 소녀시대 팬들의 열광적 대결이 빚은 이 참사는 해당 콘서트에서 소녀시대의 공연 중 소녀시대의 팬들 외에 나머지 모든 팬들이 갑자기 침묵하고 쓰레기까지 던져 공연을 방해한 사건이다.

고故 신해철 씨의 말대로 이 사건은 "이른바 저질 삼류 나부랭이들의 집단 이지메"가 본질이었다. 프로이트Sigmund Freud의 설명을 빌려 설명하자면 팬덤 현상은 우러러보는 대상에 대한 사랑(수직적 동일시)이, 그를 함께 사랑하는 이들 간에 동질감을 형성하는 과정(수평적 동일시)이다. 따라서 특정 대상에 대한 사랑이 이들의 정체성이 된다. 또 그 정체성은 다른 대상을 사랑하는 사람들에 대한 공격성으로 변하며, 그 같은 공격성이 결국 대중 내부를 분열시킬 수밖에 없다.

그런데 팬덤의 공격성을 사회 변혁의 숭고한 대의에만 연결시키는 것은 바람직하지 않다. 즉 팬덤 현상을 이해할 때는 형성과 출현 과정 그 자체가 근원적으로 수반하는 공격성과 분열적 측면을 참조해야 한다는 것이다. 그런 점에서 언어적 폭력을 포함해 팬덤 집단이 보여주는 배타성과 공격성은 그 현상 자체에 수반되는 부작용이다. 따라서 그 자체가 미화될 일은 아니다. 또 그것이 정치적 영역이라고 해서 저속한 말들과 정치 이지메가 정당화되는 것도 바람직하지 않다.

국가 운영의 성과를 내는 데에는 큰 장애가 될 가능성

대중의 지혜, 즉 집단 지성의 위대함을 강조하지만 그렇다고 대중이 책임을 지는 존재는 아니다. 또 대부분의 경우 순수한 의지가 교활한 능력을 이기는 것도 아니다. 지식과 전문성이 비웃음을 사야 한다면 엘리트들의 탐욕과 결부되어 왜곡되거나 이용될 때이다. 따라서 대중의 의지 그 자체가 지식과 전문성에 대한 배척으로 나아가서는 안 된다.

복잡다단한 국제 정세는 물론이고 정보의 비대칭성 문제 등을 감안할 때 전문성 자체를 무시하는 것은 위험하다. 무엇보다 나라 안의 진짜 문제는 지혜가 필요한 것들이 아니라는 데 있다. 이른바 사회적 중대 현안은 추구하는 가치에 따라 우선순위를 정한 뒤 어느 한 계층이나 집단의 양보나 희생을 요구하는 경우가 적지 않다.

문재인 정부 이후에 불거진 최저임금제 인상이 영세 자영업자의 반발로 이어지고 정규직-비정규직 간 갈등이 쉽게 가라앉지 않는 것은 대표적이다. 유치원의 문제를 개혁하기 위한 유치원 3법 역시 마찬가지이다. 이처럼 특정 집단의 경제적 생존이 달린 문제를 팬덤 수준에서 해결한다는 것은 사실상 불가능하다. 용맹하고 충성도 높은 팬덤이라 하더라도, 다른 집단의 '밥그릇'에 끼어들어 이를 해결할 수는 없기 때문이다.

대중의 정서적 요구에 맞춰 지식인이나 전문가를 배제하는 것도 위험하기는 마찬가지이다. 자본과 시장의 자체 메커니즘을 무시하고 추진할 경우 과정상의 오류 자체가 만들어낸 부작용이 애초의 개혁 목표를 좌절시킬 수도 있다. 현실에서 법치에 기반을 두고 운용되는 국가 시스템이 개혁을 하는 과정은 아무리 절실해도 결국 외부 질서 그 자체와의 타협으로 나타날 수밖에 없다.

만일 개혁 과정에서 사회적 대의를 위해 개인이 희생되어야 할 경우

이에 대한 당사자의 소극적 동의라도 얻지 못하면 반발과 저항, 개혁에 대한 방관과 체념 속에서 대체로 목표 도달에 실패한다.

또 사람을 걸러내 사회를 개혁한다는 모든 기획은 시작부터 실패가 된다. 적폐는 사람 자체일 수 없다. 그것은 일상적 문화 속에, 그리고 사람과 사람들의 관습화된 관계 속에 있기 때문이다.

따라서 SNS 테러처럼 자기가 지지하는 정치인이나 정당 이외의 대상에 대한 맹목적 공격성이나 배척은 캠페인의 수준에서는 일정 수준 효용이 있겠지만, 국가 운영의 성과를 내는 데에는 큰 장애가 될 가능성이 높다. 관료나 지식인, 전문가들이 아예 침묵하기 시작하면 그것은 국가적 재앙으로 나타날 수도 있다. 특히 이때 팬들의 환호성에 경고가 경고로 들리지 않는 것도 문제이다.

대중 여론을 조작하는 특정한 조작 세력의 존재 여부

이와 더불어 나타나는 또 다른 비판은 바로 이른바 온라인상의 대중 여론을 조작하는 특정한 조작 세력의 존재 여부라 할 수 있다. 이명박 정부와 박근혜 정부 등을 거치며 만들어진 디지털 정치조직은 물론 범죄 수준까지 나아간 드루킹 사건이 보여주는 것은 디지털 정보 생태계 역시 교란이 가능하다는 점이다.

특정한 정치적 목적을 가지고 만들어진 디지털 정치 분파들은 정상적이고 건전한 형태의 소통 자체를 왜곡시키고 또 그럴 힘이 있다. 자연 생태계도 특정 개체군에 의해 훼손될 수 있는 것과 마찬가지이다. 온라인 소통공간 역시 SNS를 통해 다양한 대중들의 의견이 자유롭게 뒤섞인다 해도, 결국 의도적으로 개입하는 보이지 않는 큰손이 존재한다면 파괴되고 황폐화된다.

우리 아니면 모두 적이 되는 팬덤의 딜레마

대중이 한 개인, 즉 지도자에 대한 지지를 통해 자신의 정치적 태도나 지지를 형성할 경우 그야말로 정치가 적과 동지라는 이분법적 대결 구도 속에서 과잉된 감정정치로 나아가게 된다. 만일 정치 과정이 노선이나 정책 또는 개인의 이해관계나 이익을 중심으로 이뤄질 경우, 서로 타협점을 만들어 자신의 권익을 일부라도 증진시킬 수 있다. 그러나 팬덤정치에는 오로지 순정과 변심으로 모든 것을 나누게 되며 결국 우리 아니면 모두 적이 된다.

팬덤은 독선과 분열을 속성으로 하며 타협과 통합의 정치는 허락하지 않는다. 타협은 변절이고, 통합은 야합일 뿐이기 때문이다.

최근 문팬들의 대립은 두 개의 데자뷰를 호출해낸다. 이른바 노무현 팬덤 역시 그와 같은 분열과 갈등을 겪었기 때문이다. 하나는 분열이고, 또 다른 하나는 변질이다. SNS상에서 문팬덤들이 서로 알바 또는 작세(작전 세력)라고 욕하는 모습은 결코 낯선 것이 아니다. 다소 다른 것은 매크로와 같은 조작 소프트웨어에 대한 경고가 '기계'라는 비난으로 새로 나타났을 뿐이다. 사실 '순수'를 따르는 대중이 분열하지 않는 것은 불가능하다. 어느 것이 순수한지를 둘러싸고 사생결단의 전쟁을 치러야 하기 때문이다.

그런 점에서 한국 디지털 논객의 산실이었던 서프라이즈에 대한 온라인 백과사전 나무위키의 내용을 읽어보는 것은 도움이 될 수 있다.[5] 이들은 "진성 친노를 가려낸다며, 조금이라도 노무현 정부의 정책에 반대하거나 비판적인 정치인들은 모두 사쿠라로 몰았다." "커뮤니티의 주요 논객들은 정치 브로커(또는 정치 자영업자) 노릇을 하면서 자기의 영향력을 증가시키기 위해 이런 한두 가지 반대를 가지고 마녀사냥을 일삼고 유저들은 거기에 놀아난 것이다." 트위터와 같은 SNS상에서 나타나는 문팬덤의 분열 양상이 이와 크게 달라 보이지는 않는다. 아울러 극단적 팬덤정치의 해악에 대해 나무위키는 다음과 같이 정리하고 있다. "결과적으로 이렇게 떠나간 이들은 노빠와 노무현 정부의 강력한 안티가 되어 정권에 부담이 되었다."

첫 번째 팬덤 활동이 아무리 순수하다 해도

두 번째 데자뷰는 순수하고 자발적인 팬덤이 자신의 '팬질' 대상을 다른 사람으로 이동할 때 만들어지는 변질이다. 팬들은 자신의 팬덤 활동을 스스로는 좀처럼 멈출 수 없다. 이른바 팬질은 스타가 가진 그 무엇 때문에 하는 것이 아니라, 훌륭한 것을 소유하고 싶은 자신 스스로의 욕망 때문이다. 즉 아갈마agalma에서 비롯되기 때문이다.[6] 이처럼 계속되는 팬덤 활동은 언제나 팬 자신의 허전함을 채우고 열망을 소비하기 위해 계속될 수 있다. 문제는 그 욕망이 정신적 갈망에서 현실적 이해로 점점 바뀔 수 있다는 점이다. 첫 번째 팬덤 활동이 아무리 순수하다 해도 새롭게 흠모할 대상을 정할 때부터는 이해타산적 생각이 개입하는 경우이다. 특정한 팬덤 활동을 통해 자신의 존재감을 확보한 몇몇 이들은 나무위키에서 설명한 '브로커질'을 시작하게 된다. 현재 수사 중인 드루킹 사건이 그 전형을 보여준다. 물론 과거 노사모를 움직였던 수많은 핵심 인사나 논객들은 순수한 공간에 머무른 사람이 적지 않다. 그러나 그중 일부는 현실 정치에 참여했으며, 또 자신의 조직 능력을 바탕으로 굵직한 자리를 얻거나 또 그러기 위해 노력했다.

팬덤정치에 대한 또 다른 비판은 이른바 '구원자를 기다리는' 인물 중심의 정치문화, 즉 지도자 개인에 대한 충성을 미덕으로 하는 봉건주의적 성격을 겨냥한다. 구원자 정치문화는 현대 민주주의 사회가 가지는 복잡성을 외면하고, 특정한 인물이 등장하면 새로운 세상을 만들어줄 것이라는 믿음에 기반을 둔다. 구원자 정치에서는 대중이 자신들이 반신반인의 구원자로 여기는 지도자에 대해 선의 실현을 기대하지만, 현실에서 그것이 가능할 리는 없다. 현실 정치가 정치권력과 대중의 협력 속에서 좋은 방향으로 조금씩 나아가야 하는 것이라면 애초부터 순수한 선이나 구원자 정치는 틀린 것이다.

왜 구원자 정치의 결말은 비극으로 끝나는가?

더 나쁜 것은 '완전한 지도자'가 겪어야 할 불행이다. 완전하지 못할 것이 뻔한 정치 지도자가 내내 받아야 하는 온갖 비아냥거림도 문제지만 결과적으로 개혁에 실패한 채 자신이 가졌던 이상마저도 훼손하게 된다. 지켜주지 못한 미안함과 별개로 집권 이후 현실의 질서들과 타협하지 못하고 순수하고 숭고한 비타협의 길을 갔을 때 정치사 속에서 비극으로 끝나지 않은 경우가 과연 있었는지 되물어볼 필요가 있다. 완전하고 숭고한 구원자는 대개 타락한 자들에 의한 탄압과 죽음으로 완료되는 것은 특이하거나 몹시 당황스러운 내러티브가 아니다. 또 팬덤 현상은 어느 순간에 다다르면 우리들의 스타가 완전무결한지 아니면 불완전할 수도 있는지를 두고 전면적으로 서로 적대하는 지점에 다다르게 된다.

2018년 민주당 전당대회에서 나타난 친문 지지자들 간의 격렬한 반목과 갈등은 이러한 한계를 적나라하게 드러냈다. 새로운 당대표로 이해찬과 김진표 중에서 누구를 지지할 것인가를 둘러싸고 사이버 공간 내에서 문팬들 간에 내전이 일어난 것이다. 현재도 계속되고 있는 이 내전에서 한쪽은 진보적 정체성을 강조했고 또 한쪽은 문심을 더 강조했다.

물론 양쪽 모두 문재인 대통령을 건드리지 않았지만 문재인이 원하는 것이 무엇인지, 그리고 누가 더 문재인을 위하는지를 둘러싸고 극한의 대결을 온라인상에서 벌였다. 나아가 문재인 신격화에 대한 논쟁까지 벌어졌다. 이 와중에 정책이나 노선의 방향이 끼어들 틈은 없었다. 전당대회가 끝난 이후에도 갈등이 수그러들 조짐은 없다.

이런 문제의 해결은 참으로 쉽지 않다. 팬덤 내부에서부터 차근차근 극복해야 할 성격의 문제이다. 팬덤정치의 갈등을 증폭시켜 정치적으로 이용하는 정치인들이나 팬덤 구축 과정에서 중요한 역할을 차지하는 디지털 브로커들 역시 스스로 변화해야 한다. 당장은 달겠지만 결국 파국의 순간은 오기 마련이다. 분열의 부메랑이 궁극적으로 자신에게 돌아오지 않는 경우란 현실에서 사실상 없다.

가장 긍정적 기능은 엘리트 카르텔에 대한 견제

또 폭력적 팬덤 활동 역시 공론장을 파괴하는 수준이어서는 안 된다. 만일 대중의 공감과 동의를 얻기 위한 노력으로 승화되지 못하면 지켜주기는커녕 지도자를 위기에 빠뜨릴 것이 뻔하다. 과거 노무현 전 대통령이 거시경제의 위기를 지적하는 보수 언론들과 싸우다 양극화 경제 자체의 심각성에 다소 늦게 대처한 것은 참여정부의 뼈아픈 기억이다. 당시 노팬덤 역시 이의 심각성에 대해 토론하기보다는 모든 비판을 방어하면서 양극화 문제에 대한 경고를 묵살하며 노 대통령을 지키려 했다.

이와 더불어 팬 스스로 숭앙하는 정치적 대상이나 가치에 대한 갈증에 사로잡힌 채 괴물이 되어가는 문제 역시 결코 가볍지 않다. 동시에 스타덤의 반열에 오른 정치 지도자가 집권 이후에도 팬덤정치에 함몰될 경우 현실에서 작동 불가능한 대의와 명분에 사로잡혀 현실 질서와 타협할 지점이나 시점을 놓치는 것 역시 경계할 만한 일이다.

앞서 지적한 모든 부작용에도 불구하고 정치팬덤은 디지털 소통혁명 이후 주요한 대중 현상으로 자리를 잡아가고 있다. 앞서 설명했지만 팬덤정치의 가장 큰 문제가 적대와 분열이라면, 가장 큰 힘이자 긍정적 기능은 엘리트 카르텔에 대한 견제이다. 기존의 대의 민주주의나 정당 민주주의가 궁극적으로 자본의 힘이 점점 강해지는 후기 산업사회에서 대중의 이익을 지켜내지 못했다는 것이 디지털 포퓰리즘의 밑바닥 정서이다. 또한 과거식 오프라인 정치가 다시 되살아날 리도 없다. 미래의 지도자를 꿈꾸는 수많은 정치인들은 이제 SNS 네트워크 등을 활용해 대중과 만나고 팬덤을 구축할 수밖에 없다. 그런 점에서 앞으로 정치팬덤 그 자체는 디지털 포퓰리즘의 중심적 기능을 수행하는 주체가 될 가능성이 더 높다. 경우에 따라 이러한 흐름은 더욱 커져 서구식 포퓰리즘 정치를 등장시키는 동력이 될 수도 있다.

1. '빠'라는 호칭에 대한 논란이 있다. 그러나 스타 또는 아티스트에 대한 열정적 지지와 감성적 연결이라는 팬덤 현상의 가장 중심적 특징을 고려할 때 이 '팬덤'이라는 말의 번역으로 가장 적합한 것은 오히려 '빠'라고 볼 수 있다. 최근 문재인 팬덤에 대해 이들을 존중하는 의미에서 '문파'라는 호칭을 부여했지만, 이 자체가 팬덤 현상을 설명하는 데 적절해 보이지 않는다. '파(派)'라는 단어 자체가 광장에서 만들어진 대중적 현상을 설명하는 데 적합하지 않기 때문이다. 파라는 명칭은 특정한 가치와 결합한 폐쇄된 분파적 집단을 가리키는 의미가 내포되어 있다. 이를 영어로 번역한다면 '팬덤'이라기보다는 오히려 'faction(당파)'나 'sectism(종파주의)', 또는 소규모의 배타적 집단을 의미하는 'clique(패거리)'에 가까운 느낌이다. 만일 파라는 단어를 팬덤에 대입하게 되면 노무현 팬덤을 '노파', 박근혜 지지자들을 '박파'라고 부르게 되는데, 오히려 빠보다도 더 분열적이고 폐쇄적 뉘앙스를 풍긴다. 포털사이트의 지식사전 등에서는 빠의 유래를 대중문화의 '오빠부대'에서 온 것으로 설명하고 있다. 따라서 지식적 전통이나 폐쇄적 분파성의 느낌을 주는 문파보다는 문빠가 더 자연스럽고 적절해 보인다. 또한 빠 현상, 또는 팬덤 현상은 그 자체가 대중문화 속에서 나타난 개별적 현상이자 특성이므로 부정적으로만 묘사되는 것에 동의하지 않는다. 또 팬덤 스스로도 이를 자연스럽게 수용하는 것이 더 바람직하다고 본다. 다만, 이 글에서는 불필요한 논란을 피하기 위해 원래의 느낌을 전달하기 위한 경우를 빼고는 '팬덤'이라는 용어로 통일해 썼다.

2. "헤드(수장)들이 바뀌질 않는다. 2002년 노사모를 이끌던 분들이 2011년 문팬의 리더가 됐다. 온라인 논객시장이 노령화되다 보니 사이버공간에서 여론이 형성되고 확산하는 메커니즘이 2000년대 초반과 달라진 게 없다. 오히려 퇴보했다. 우리는 그때 열성 지지자들의 머리, 즉 지혜를 모으려 한 거였는데 지금은 머릿수(조회 수)를 채우려고 한다."(「요즘 댓글은 아편… 네이버도 드루킹이 올린 트래픽 덕 봐」, 중앙선데이, 2018년 4월 21일).

3. 노사모와 노무현 팬덤 또한 큰 변화를 겪었다. 노무현 정부의 실패와 노무현 전 대통령의 비극적 죽음 때문이다. 특히 그 죽음은 한국 정치의 정동(情動) 구조를 완전히 바꿨다. 집합적인 죄의식과 강렬한 증오의 정치를 불러왔던 것이다. 노무현을 사이에 두고 특권 세력

과 수구 우파, 그리고 이른바 친노, 노빠라고 불리는 정치인과 일부 시민들은 끝없는 증오의 정치와 감정정치를 되풀이했다(천정환, 「촛불항쟁 이후의 시민정치와 공론장의 변화-'문빠 대 한경오', 팬덤정치와 반지성주의」, 『역사비평』, 2017년 8월, 386~406쪽).

4. 「최장집 교수, 직접 민주주의 추구는 방향 착오」, 한국일보, 2017년 11월 8일, 28면 3단.

5. https://namu.wiki/w/서프라이즈(커뮤니티)

6. 라캉 정신분석학에서는 대상 a(object little a)라고 한다. 즉 이는 대중이 특정한 대상에 대한 욕망을 가지는 것은 애초부터 자신의 '상실'을 채우기 위한 갈망에서 비롯되는 것으로 본다. 그때 대상은 자신이 결여하고 있거나, 상실한 것을 찾아줄 것이라는 믿음을 유지하게 해준다. 라캉은 소크라테스의 아갈마(agalma)를 자신의 이론을 설명하는 데 활용했다.

4

#로컬리즘

지역정치의 재탄생,
이제는 로컬리즘이다!

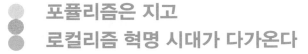

포퓰리즘은 지고 로컬리즘 혁명 시대가 다가온다

올바른 정치 구현을 위해 그 영역을 중앙과 풀뿌리(로컬)로 나누어 접근하는 것은 고전적 구도이다. 우리 정치에서 이른바 중앙정치가 가지는 의미는 절대적이다. 풀뿌리 지방정치와 같은 말은 어떤 면에서 정치적 수사 수준에서 쓰였다고 해도 과언이 아니다.

잘 안 풀리는 중앙정치, 되는 일이 없다?

최근 우리나라에서도 지역공동체의 중요성이 부각되고 그것을 살리려는 노력이 가시화되고 있다. 이미 박원순 서울시장은 취임 이후부터 마을공동체운동을 자신의 핵심 사업으로 삼아 추진하고 있다. 문재인 정부도 지역공동체에 혜택이 돌아가는 지역 밀착형 생활 SOC사업에 예산을 투입할 예정이다. 이미 지난 지방선거에서도 가장 많이 등장한 선거 구호 중 하나가 자치와 분권이었다. 개헌이 이뤄질 경우 가장 중대하게 다룰 문제 역시 지방분권에 관한 논의가 될 것으로 전망된다. 로컬 정치인들이 정책 등을 통해 지역 사람들을 정서적으로 묶을 수 있는 공동체를 구축하게 된다면 그 의미는 적지 않다. 피부에 와닿는 생활정치가 실현되기 때문이다. SNS를 통해 자신의 리더십과 성과를 부각시킨다면 중앙정치마저 움직일 수 있는 강력한 네트워크 기반이 될 수 있다.

로컬리즘localism이라고도 부를 수 있는 지역공동체 중심의 정치는 내 삶을 바꾸는 정치, 즉 생활정치 패러다임에서 가장 핵심적이다. 과연 로컬리즘이 극단적인 이념정치를 넘어서 새로운 정치의 트렌드로 자리 잡을 수 있을까?

철벽같을 줄 알았던 문재인 대통령의 지지도도 1년이 지나면서 조금씩 흔들리기 시작했다. 비록 남북관계에서 큰 진전이 있을 때마다 지지도가 다시 올랐지만 비핵화를 둘러싼 북미 간의 줄다리기가 만만치 않다. 최저임금 인상을 둘러싸고 소상공인과 임금노동자들이 충돌하고 있고 부동산 가격 폭등 역시 중앙정부의 입장을 매우 곤혹스럽게 만든 사안들이다. 급부상하고 있는 페미니즘 행동주의를 포함해 도대체 쉽게 풀릴 만한 사회 갈등이 없다.

포퓰리즘은 지고 로컬리즘 혁명 시대가 다가온다

무엇보다 여소야대의 국회 상황도 문재인 정부로서는 이만저만한 고역이 아니다. 2017년 9월 김이수 헌법재판소장 임명 동의안이 부결된 이후 판문점 회담 국회 비준, 유은혜 교육부총리의 인사청문회 보고서 채택 난항까지 쉽게 넘어가는 법이 없다. 불리한 국회 내 의석 상황을 고려해 애초부터 통과가 어려운 것은 아예 법안 상정을 피한다 해도 마찬가지이다.

중앙정부의 기능과 역할의 특성 그리고 이를 견제하는 국회의 영향력 등을 고려할 때 앞으로도 국정이 원활하고 쉽게 풀려나가기란 그리 쉬운 일이 아니다. 우리 사회가 주요 선진국과 마찬가지로 다양한 이념의 갈등 구조와 함께 집단 및 계층 간 이해관계들이 복잡하게 얽혀 있는 단계로 이미 진입했기 때문이다. 또 대통령과 야당이 이견을 보이며 거리를 좁히지 못해 충돌한 사안들을 보면 대체로 이념이나 노선적 차이에서 비롯된 것이 적지 않다.

〈뉴욕타임즈〉의 저명한 칼럼니스트인 데이빗 브룩스David Brooks는 향후 유권자의 삶에 큰 영향을 미칠 새로운 정치 흐름으로 로컬리즘의 부상을 예상했다. 그는 "로컬리즘은 권력작용이 이웃neighborhood, 도시city 그리고 주state와 같은 지자체 수준에서 더 많이 이뤄져야 한다는 신념이다."라고 설명한다. 다시 말해 지역 중심의 정치, 지자체 중심의 정치가 로컬리즘이다. 그가 주목하고 포착한 것은 중앙정부에 비해 빠른 성과를 내는 지방정부의 효율성이다.

그는 "워싱턴의 정치인들은 상대에 대해 끔찍한 이전투구식의 이념적 공세를 하느라 바쁘지만 시장과 주지사들은 가시적 결과를 생산해내며 유권자들을 충족시키고 있다."고 지적한다.[1] 이어 트럼프 시대가 보여주는 포퓰리즘은 곧 지고 로컬리즘 혁명이 일어날 것이라고 전망하기도 한다. 그리고 지역 중심의 생활 밀착형 정치를 현재 전 세계를 휩쓸고 있는 온라인 중심의 선동적 포퓰리즘의 대안으로 본다.

온라인 공간에서 촉진되는 새로운 정치 흐름

물론 그의 주장을 우리나라에 단순하게 적용한다는 것은 무리가 있다. 1995년 제1회 지방선거가 치러진 지 이미 20여 년이 지나 국내의 지방자치제도 나름대로 자리를 잡아왔다. 하지만 역사적 배경에 근거해 각기 다른 헌법을 가진 미국 주들의 자치분권 전통 자체가 우리나라와 비교하기 힘들다. 또 워낙 큰 땅덩어리 내에서 도시와 촌락들이 물리적으로 뚝뚝 떨어져 있어 지역 단위의 생활공간이 강조될 수밖에 없다.

또 로컬리즘 자체가 초소통혁명에 의한 디지털 포퓰리즘을 완전히 대체하는 차원의 것도 아니다. 전국이 아닌 특정 지역이나 권역에서 새로운 정치 흐름이 나타나거나 인물이 떠오르는 현상 자체가 온라인 공간을 통해 촉진된다고 볼 수 있기 때문이다.

우리 현실에서는 중앙 언론 매체들의 영향력이 막강하다. 따라서 그동안 서울을 제외한 나머지 지역을 기반으로 하는 지역 정치인이 대중들의 관심을 끌고 집중 조명을 받는 것 자체가 어려웠다. 반면 SNS 소통시대에는 지역 단위의 정치인도 자신의 활동을 전국으로 알릴 수 있게 되었다. 따라서 로컬리즘이 SNS 포퓰리즘을 대체한다는 관점은 타당한 것이 아닐 수도 있다.

다만 그럼에도 불구하고 우리 정치에서 지역정치가 과거에 비해 더 많은 조명을 받는 것은 사실이다. 당연히 지자체장 등 지역 행정가 출신의 정치인이 뜨는 추세도 나타나고 있다. 브룩스가 지적한 대로 중앙 정치는 좌충우돌하면서 속도를 내지 못하는 반면 지자체 단위의 인사들이 약진하는 흐름은 우리 정치에서도 이미 나타났다. 당장 지난 대선에서 승리한 민주당의 경우 당내 대선 후보 중 안희정 전 지사와 이재명 현 경기지사 모두가 지자체 출신이었다. 또 다선의원 출신이긴 하지만 홍준표 전 자유한국당 대표 역시 경남지사를 역임했다. 그가 재임 기간 중 상당한 뉴스메이커였던 것도 사실이다.

이제 국민 대중은
생활 밀착형 정치를 선호한다

우리 정치에서 의미 있는 변화 중 하나는 분명 지방자치단체장 출신의 정책들이 주목받는 경우가 많아졌다는 사실이다. 동시에 과거에는 볼 수 없었던 중앙정부와의 충돌이 함께 나타나기도 한다.

국회의원 출신도 기초단체장에 출마

박원순 시장의 용산과 마포 개발 정책은 해당 지역의 부동산 시세를 올렸다는 비난을 받으면서 같은 당 소속의 김현미 국토건설부 장관과 상당한 충돌을 일으키기도 했다. 이재명 현 경기지사는 과거 성남시장 재직 시절 산후조리원에 대한 지자체의 보조금과 관련해 중앙정부와 극심한 충돌을 빚기도 했다.

과거의 기초단체장과 광역단체장이 중앙정부와 갈등을 빚고 대립하는 것은 쉬운 일이 아니었다. 중앙정부에 대한 예산의 의존성과 관행 때문이라도 지자체장이 중앙정부의 정책을 벗어나 자신만의 정책을 추진하는 일은 드물었다. 다시 말해 지금은 지자체장이 마음을 먹으면 얼마든지 대중의 관심이 집중되는 자신만의 정책을 펼 수 있는 분위기가 생겨나고 있는 것이다.

한편, 많은 국회의원 출신 정치인들이 기초단체장에 도전해 자리를 옮기는 것도 주목해볼 만한 현상이다. 대개 정치판에서는 국회의원을 기초단체장보다는 상대적으로 더 높은 위치로 간주하는 경우가 많다. 그러나 최근에는 국회의원 출마를 포기하고 기초단체장으로 출마하는 사례가 점차 늘고 있다.

새누리당(현 자유한국당)의 당대표 출신으로 창원시장을 역임한 안상수 시장을 필두로 국회의원 출신으로 고양시장에 당선되었던 최성, 3선 중진의원인 정장선 의원이 평택시장으로 출마하는 등 이제 더 이상 국회의원의 기초단체장 출마가 희귀한 일은 아니다. 이렇게 기초단체장으로 출마하여 지역 행정을 통해 자신의 능력을 발휘하면서 존재감을 키우는 일은 점차 많아지고 있다.

민주당에서는 기초단체장 출신으로 대선 후보 경선에 출마하고 이어 광역단체장에 당선된 이재명 경기도지사가 가장 대표적이다. 기초단체장 출신이 곧바로 광역단체장에 도전한다는 일 자체는 사실 흔한 일이 아니다. 민주당의 김두관 의원이 기초단체장인 남해군수를 역임하고 경남도지사가 되었지만, 그 중간에 행자부 장관을 역임했으므로 정확히 일치하는 사례는 아니다.

생활밀착형 정치 선호 흐름이 로컬리즘을 부상시켜

한편 과거 김완주 전 전북도지사가 전주시장을 하다가 곧바로 전북도 지사에 출마해 당선한 것도 당시에 흔한 일은 아니었다. 다만 전라북도 에서 차지하는 전주의 비중을 생각하면 어느 정도 납득할 만한 사례이 다. 따라서 이재명 전 성남시장이 중앙무대의 국회의원이나 광역단체 장을 거치지 않고도 대선 후보가 되어 경쟁력을 발휘하고 곧바로 광역 단체장이 된 일은 과소평가할 수 없는 의미가 있다.

무엇보다 이러한 변화는 수도권을 중심으로 매머드 기초단체가 생 기면서 가능한 환경이 조성되고 있다. 서울 인구는 갈수록 줄지만 대신 수도권의 몇몇 기초단체들은 해마다 상당한 규모의 성장을 지속하고 있으며, 이 같은 대형 기초단체의 장들은 상당한 예산과 재량권을 가지 게 되었다. 이재명 전 시장의 성남시 역시 분당 지역을 포함해 국회의 원 4명, 그리고 100만 명에 육박하는 주민을 가진 초대형 기초단체이 다. 3선의 정장선 전 의원이 출마한 평택 역시 급성장하는 기초단체 중 하나이다. 최근 기업들의 투자가 늘고 있으며 각종 군사령부들이 이전 해 왔다. 또 평택항의 확대로 인해 인구도 계속 증가하고 있다.

지자체의 규모를 떠나 지자체나 지자체장에 대한 주목도가 높아진 것은 사람들이 이념적 정체성보다는 생활 밀착형 정치를 선호하는 흐 름이 나타나면서 생긴 현상으로 이해할 수도 있다. 또 정치인 스스로도 중앙정치 무대가 아닌 지역 행정을 통해 자신의 정치철학을 내놓고 동 시에 능력을 인정받으려는 시도가 늘어나는 것으로도 해석해볼 수 있 을 것이다.

비록 경선에서 떨어지긴 했지만 부동산 전문가이자 민간 경제연구소 활동을 해온 선대인 씨가 국회의원 3명을 지역구로 하는 용인시장에 도전한 것 역시 자신만의 철학을 지역 행정에 적용시켜 보고자 한 새로운 시도였다고 볼 수 있다. 실제 지자체라는 독립된 하나의 행정 단위를 잘 운영할 경우 훨씬 큰 규모의 국가 운영을 잘 해낼 수 있는 중요한 경력으로 인정받고 있다.

중국이 전하는 메시지, "지방정부를 먼저 성공시켜라"

데이빗 브룩스는 향후 미국 정치에 대한 전망을 하면서 로컬리즘의 가능성을 점쳤지만 이미 오래전부터 지자체 중심의 정치가 강조되어온 나라도 있다. 중국 공산당은 로컬리즘을 중시하는 리더십 시스템이 확립된 대표적 사례이다. 중국의 공산당 체제와 정치 리더십 시스템의 우수성을 주장하는 학자들은 이 로컬리즘의 중요성을 강조한다. 이들은 중국에서 미래의 국가 지도자를 꿈꾸며 공산당 내에서 승진하고 출세하기 위해서는 자신이 맡았던 지자체에서 뛰어난 운영 능력과 실적을 보여줘야 한다는 점을 강조한다.

대개 중국 공산당의 리더십 시스템이 우수하다고 주장하는 중국 측 학자들의 논리는 크게 두 가지 정도로 압축된다. 하나는 중국 공산당의 최고 정치 의사결정 단위인 정치국 상무위원회 시스템의 우수성이다. 즉 정치국 상무위원회는 사실상 같은 위상을 가진 공동의 국가 지도자들의 회의체로 서로를 견제하면서도 협력할 수 있는 분권 시스템이라는 것이다.

또 다른 하나는 바로 미래의 국가 지도자를 키우고 검증하는 데 지자체 운영 경험 또는 능력을 중시하는 전통을 가졌다는 것이다. 실제 중국 공산당 내에서 출세하기 위해서는 무엇보다 우리의 광역자치단체 개념에 해당하는 성¹과 같은 지방정부의 수장 경력을 통해 객관적으로 검증된 실적이 중요하다.

최근 수십 년간 공산당 주석이 된 사람 가운데 거의 대부분이 지방정부의 장을 통해 자신의 능력과 성과를 보여준 사람들이다. 중국식 리더십 평가 기준은 브룩스가 언급했던 로컬리즘과 일맥상통하는 점이 있다. 이처럼 국가 지도자가 되는 과정에서 지자체장이 성공적 행정 경험과 성과를 통해 대중들에게 능력을 인정받는 것은 나름대로 타당한 기준이 될 수 있음은 분명하다.

보통 중앙정치에서 두각을 나타내려면 당내 이념 및 노선 투쟁 또는 조직 장악 실력을 통해 성장한다. 물론 대중을 움직일 수 있는 말솜씨나 쇼맨십을 통해 자신을 부각시키는 경우도 있다. 그러나 당내 정치를 아무리 잘해도 대중들에게 인기가 없을 수 있다. 또 반대로 대중들의 인기를 얻는 뛰어난 의사소통 능력을 가지고 있어도 훌륭한 리더십과 관리능력을 가졌다고 말하기는 어렵다.

반면 자신이 맡은 지방이나 지역에서 뚜렷한 성과를 낸 정치인들은 능력과 대중성 모두를 어느 정도 인정해줄 수 있다.

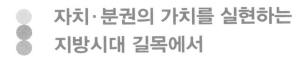

자치·분권의 가치를 실현하는
지방시대 길목에서

이재명 경기도지사는 한국 정치에서 로컬리즘 정치를 상징하는 인물로 꼽을 만하다. 우리 정치에서 드물게 지역정치를 통해 당내 유력한 대선 후보를 거쳐 광역단체장까지 승승장구한 만큼 그의 로컬리즘적 정치 성장을 이재명 현상이라고도 충분히 부를 수 있을 것 같다.

이재명, 가시적 성과가 무기인 SNS 정치인

민주당 소속인 이재명 도지사는 과거 새누리당 보수 정권 내에서 자신의 정치 노선과 철학이 선명히 드러나는 정책을 추진하여 중앙정치 차원에서 차별적 존재감을 보여줬다. 이 과정에서 만들어진 갈등과 충돌은 그의 인지도를 높이는 데에도 상당한 기여를 했다.

그의 성공을 사례로서 분석하면 대체로 몇 가지 특징으로 요약할 수 있다. 먼저 가시적 실적과 성과에 기반을 둔 성공 사례라는 점이다. 즉 빚더미에 있던 성남시의 재정을 재임 중 해결해 채무 제로를 선언한 것은 그동안 선심성, 과시성 예산에 찌든 다른 지자체들에게까지 신선한 충격을 줬다.

또 다른 특징은 그가 SNS 정치인이라는 점이다. 그는 페이스북과 트위터 등을 통해 전국의 유권자들과 직접 소통하면서 자신의 소통 네트워크를 확장했다. 대선 경선 과정에서 이른바 '손가혁(손가락혁명군)'이라고 불리는 이재명 지지 온라인 팬들의 활동은 문재인 후보 다음으로 활발했다고 평가받는다. 이들은 이후 경기도지사 당내 경선 및 본선에서 이재명 전 시장의 핵심 전력이었다.

한국 정치에서 팬덤과 관련한 SNS의 위력은 상당하다. 특히 정당이나 후보의 팬들이 메시지 전쟁을 벌이는 주된 온라인 싸움 공간이 트위터가 되는 경우가 많다. 트위터는 익명을 쓰거나 한 명의 이용자가 여러 아이디를 쓰는 경우가 많고 또 전파 속도가 빨라 이 같은 '선수들의 여론전'에 더 유용하다.

반면 페이스북은 개인의 신분이나 정체성이 정확하게 드러나므로 트위터처럼 과격하고 거친 논쟁이 벌어지는 경우는 상대적으로 적다. 대신 개인이 운영하는 1인 매체 기능을 수행할 수 있는데, 상당한 분량의 글을 통해 자신의 입장과 생각을 밝힐 수 있다. 또 자신의 친구들과 정보를 공유할 수 있으며 자신의 최근 소식 등을 알릴 수 있다.

이렇듯 이재명의 성공은 이제 중앙 언론 매체의 정치면 등에 이름을 못 올려도 전국적 지명도를 획득하는 정치적 경로가 가능하다는 것을 증명했다는 의미를 가진다. 결국 이재명 전 성남시장은 이러한 자신의 초기 정치 자산을 가지고 곧바로 민주당 대선 후보 경선에 뛰어들었다. 비록 안희정 전 지사에 이은 3위에 머물렀지만 차점자인 안지사와는 0.3퍼센트에 불과한 차이, 그리고 20퍼센트가 넘는 득표율을 차지해 괄목할 만한 성과를 거뒀다.

지역에서의 능력과 실적을 바탕으로 하는 로컬리즘 정치

대선 이후 당내 경기도지사 후보 경선을 앞두고, 이른바 친문 세력의 핵심이라고 평가받던 전해철 의원과 맞붙어 고전이 예상되기도 했다. 당시 경기도 지역구의 다수 의원들은 3철(전해철 의원, 이호철 전 수석, 양정철 전 비서관) 중 한 명으로 꼽히는 전 의원에 대체로 우호적이었거나 적어도 소극적으로 중립을 지켰기 때문이다. 그럼에도 불구하고 이재명 현 지사는 과반 득표율을 기록하며 당당히 승리해 후보가 되었다.

사실 2018년 지방선거에서 민주당의 경기도지사 후보 경선은 당내 경선으로는 전례를 찾기 힘들 정도로 이재명 네거티브 중심으로 치러졌다. 민주당 도지사 후보로서의 자질과 도덕성을 둘러싸고 민주당 당원 및 지지자들 사이에 엄청난 갈등과 충돌이 빚어졌다.

약점으로 평가되는 개인 가족사 및 사생활에 대한 공격은 물론 일부 당원들은 이재명 후보를 지지하는 SNS 계정의 부적절한 활동을 지적하며 강력히 문제를 제기했고 이후 결국 법적 싸움으로까지 번졌다. 실제 이재명 공천을 끝까지 반대했던 일부 당원 및 지지자들은 본선에서 민주당 이재명이 아닌 자유한국당의 남경필 후보를 지지하는 입장을 보였다고 해서 이후에 논란이 되기도 했다.

여기서 주목하고자 하는 부분은 이런 사실관계에 대한 것이 아니다. 사생활과 관련한 격렬한 시비와 불리한 당내 정치적 상황에도 불구하고 그가 버틸 수 있었던 이유에 주목할 필요가 있다. 대선 경선에서 축적한 높은 인지도가 경쟁자에 비해 높았다고 하지만 본질적으로 그의 성남시장 시절의 실적이 그의 버팀목이 되었을 수 있다.

다시 말해, 이재명 전 시장이 나름대로 충성도 높은 지지자들을 SNS를 중심으로 확보하고 대선 후보 경선에서 개인적 인지도를 높이는 과정을 거쳤더라도 성남시장 시절의 확고한 성과들이 없었다면 버텨내지 못했을 것이라는 점이다. 이후 이재명 후보는 결국 본선에서 자유한국당의 남경필 후보를 꺾고 경기도지사에 당선된다. 당선 이후에도 그의 자기만의 로컬리즘 정치 실험은 계속되고 있다.

최근 경기도에서 불법 고리대금업자를 자체적으로 고발하고 서민 대출을 직접 지원하는가 하면, 수술실 카메라 설치 등을 주장하여 논쟁을 점화시킨 것은 이재명의 '로컬리즘 시즌 2'라고 부를 만하다. 또 최근 경기도 의회가 청년배당 지급, 산후조리비 지원은 물론 노조의 경영 참여 문제라는 거대 이념 전선의 축과 맞닿아 있는 '노동이사제'마저 조례에서 통과시킨 것도 주목할 만한 일이다.

경기지사 당선 이후에도 계속되는 로컬리즘 행보

물론 이재명 경기지사의 경우, 지방선거를 전후해 불거진 자신의 스캔들 문제 등에서 여전히 자신의 결백을 증명해야 하는 처지이다. 이미 그 같은 논란으로 인해 차기 대선 후보 순위가 떨어지는 등 상당한 정치적 타격을 받았다는 평가도 있다. 그럼에도 불구하고 그의 로컬리즘 행보를 계속 주목할 필요가 있는 것은 그의 정치가 근본적으로 풀뿌리 정책 실적을 바탕으로 하는 로컬리즘 정치이기 때문이다.

비록 지자체 중심의 정치 및 정치인들이 부상하고 있지만, 이러한 흐름들이 꼭 성공적 지도자를 배출하고 훌륭한 국정 운영으로 연결된다는 보장은 없다. 지방 단위의 정치와 중앙정부의 정치가 가지는 본질적 차이와 특성도 무시할 수 없다. 지방 단위의 정치는 대부분 행정적 사안이 많고 상대적으로 국가 단위의 복잡한 갈등이나 이념적 대결에서 비교적 자유롭다.

즉 중앙정치에서는 남북 및 외교정책, 그리고 거시경제정책과 민감한 노동정책 등 가볍지도 않고 그냥 넘어갈 수도 없는 대형 현안들이 산적해 있다. 반면 지역정치는 정치가 아닌 행정의 영역에서 이뤄지는 상시적 업무 비중이 상대적으로 훨씬 높다.

따라서 국가 차원의 거시적 정책이나 쟁점을 다뤄보지 못한 지자체장이 국민 전체를 상대로 한 정치나 국정 운영에서 잘하리라는 보장이 있는 것은 아니다. 이념과 노선에 따른 정쟁을 소화할 수 있는 능력에서 중앙정치와 지역정치는 큰 차이가 날 수 있다.

가장 중요한 필요조건은 해당 지자체의 재정 독립성

한편 지자체장은 대개 지방의회와의 정치적 충돌이라는 면에서는 대통령과 국회와의 관계와 상당히 다르다. 현실적으로는 국회의원과 지방의원이 가지는 위상 차이도 커서 지방의회가 지자체장을 견제하는 데에는 한계가 있다. 또 지자체장과 지방의회 의원은 같은 시점에 선출되므로 특정 지역 내 자치단체장의 당적과 의회의 다수당이 일치할 가능성이 높다. 이는 대통령 선거와 국회의원 선거가 대개 시기적으로 엇갈려 여소야대 현상이 빈번하게 일어나는 중앙정치와는 상당히 큰 차이다.

우리 상황에서 로컬리즘 정치가 가지는 또 다른 한계는 재정 문제이다. 앞서 중요한 사례로 든 성남, 평택, 용인시 등은 대개 수도권이나 경기도에 속한 잘 나가는 대형 기초단체들이다.

결국 수도권 이외 권역의 예산 규모가 작은 중소 지자체 등에서 로컬리즘 혁명을 일으키는 것은 언감생심 쉬운 일이 아니다. 몇몇 특별한 기초단체들 이외에는 중앙정부의 재정 지원에 대한 의존성이 크다. 때문에 중앙정부나 광역지자체의 입김을 무시하고 자신의 목소리를 내며 성과를 만들어 일약 발돋움하기란 쉬운 일이 아니다.

그런 의미에서 로컬리즘 정치를 성공시키는 데 가장 중요한 필요조건은 해당 지자체의 재정 독립성이 될 수 있다. 재정이 넉넉하지 못한 자치단체일수록 중앙정부에 쩔쩔매기 마련이다. 현실적으로도 자신만의 철학이 담긴 예산을 집행하지 못하고 당장 꼭 써야 할 예산 항목이 수두룩하다. 대다수의 지역은 하루가 다르게 낙후되어 가는데 과연 지방 중심 정치가 성공하겠느냐는 것이다.

물론 최근 문재인 정부 들어 지방들 사이의 균형 발전이나 지역 혁신을 과거처럼 토목과 건설의 범주에서만 보는 경향에서 벗어나는 모습들이 나타나는 것은 고무적이다. 당장 생활 SOC에 대한 투자가 지역 경제와 지역 거주자의 삶에 상당한 기여를 할 수 있다. 결과적으로 지방 건설사만 살찌우는 대형 토목, 건설 사업 중심의 예산집행보다 생활 밀착형 시설들이 주민 중심의 민주적 지역공동체를 만들어줄 수 있기 때문이다.

로컬리즘을 주목할 만한 현상으로 지켜봐야 하는 이유

문재인 정부에서 추진되는 콘텐츠 중심형 지역 발전 프로젝트도 주목할 만하다. 사실 노무현 정부까지만 해도 지역 균형 발전은 공공기관 이전 및 토목 건설 사업과 같은 유형의 프로젝트를 중심으로 추진되었다. 이후 이 같은 토지 중심의 균형 정책이 가지는 긍·부정 양면에 대한 논란은 상당했다. 반면 이명박, 박근혜 정부에서는 균형 발전 그 자체를 별로 선호하지 않아 사실상 퇴보했다고 평가받는다.

문재인 정부 출범 이후 2018년 국가균형발전위원회는 기존의 건설 토목 중심의 균형 발전에서 벗어난 기획을 시도했다. 사람 중심의 균형 발전이라는 모토를 내걸고 민간단체인 월드컬처오픈World Culture Open, WCO 과 함께 지역 혁신가를 발굴하는 작업을 한 것 역시 로컬리즘의 새로운 방향을 보여준다. 즉 지역의 고유한 특성을 살린 콘텐츠를 개발하거나 다양하고 참신한 사업 아이디어를 개발하는 콘텐츠 중심의 지역 발전 아이디어를 발굴하는 새로운 시도들이 등장하고 있다.

이미 서구의 많은 나라들은 소프트웨어와 아이디어를 중심으로 한 지역 균형 프로젝트를 더 선호하는 추세이다. 소프트웨어형 지역 발전도 이후 우리의 지역 발전을 이끌어내는 하나의 동력이 될 수 있고 로컬리즘이 꽃피는 토양이 될 수 있다. 지역 리더의 아이디어가 주민들과 교감할 경우 그야말로 끈끈한 정서적 유대 관계가 만들어질 수 있기 때문이다.

그런 의미에서 로컬리즘은 새로운 현상의 하나로서 우리 정치에도 유의미한 참조점을 제공하는 것은 분명하다. 물론 아직까지 지방 중심 정치가 유의미한 정치 흐름이 되어 중앙 정치판마저 흔들 수 있게 될지는 아직 미지수이다. 또 무엇보다 상당수의 지자체들이 예산 자립도가 떨어지고 지자체 간 경쟁력의 불균형이 심하다는 점이나 지방 인구가 계속 감소하는 것 역시 심각한 문제이다.

다만 우리나라의 지자체 간 격차가 주요 선진국들에 비해 크게 나쁜 것은 아니다. 또한 상당수의 많은 나라들 역시 상대적으로 경쟁력이 뛰어난 지자체들이 국가의 지역적 균형 발전을 위해 경쟁력이 떨어지는 지역을 교부금 등의 형태로 지원하고 있다. 따라서 이와 같은 예산 불균형 및 종속성이 지방시대로 가는 방향 자체를 틀기는 어려울 것으로 보인다.

게다가 우리의 상황은 여전히 중앙정부의 권한과 예산이 지나치게 크다고 지적된다. 수도권과 지방권의 경제적 격차가 심각한 것도 마찬가지이다. 이 같은 현실들은 이후 한국 정치에서 자치와 분권이 강화되는 지방시대의 출현을 더욱 촉진시키는 요소들이다.

따라서 정책과 예산 그리고 문화적 자율성 등을 보장하는 지방분권, 거기에 이러한 지방시대를 주도할 지자체장들이 능력을 발휘할 수 있는 영역은 더욱 확대될 것이다. 우리가 로컬리즘을 주목할 만한 현상으로 지켜봐야 하는 이유이다.

1.　"The localist revolution", NYT, 2018년 7월 19일.

5

#페미니즘 행동주의

끝없는 외침,
성난 대한민국 페미니스트

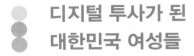

디지털 투사가 된
대한민국 여성들

여성들이 싸우고 있다. 전투적 페미니스트[feminist]들은 착하고 아름다운 여성성을 거부한다. 사회 곳곳에 자신들이 있는 자리에서 전사로 변해 남성들과 싸우기를 주저하지 않는다. 이미 페미니즘[feminism] 책들은 서점에서도 따로 자리를 차지해 팔리고 있다.

우리를 워마드라 불러다오

이제는 메갈리아[Megalia]나 워마드[WOMAD] 등 일상에서 페미니즘을 실천하는 단체들의 이름도 낯설지 않다. 미투[Me Too] 열풍 역시 남성에 대한 투쟁의 최전선이다. 페미니즘에 반발하는 남성들도 늘고 있다. 그녀들의 운동이 상식의 경계를 벗어났다는 것이다. 여성의 말 한마디면 성범죄자로 몰리는 것도 불만이다. 현재의 상식으로 과거를 문제 삼으면 남아

날 남자가 어디 있겠냐고 하소연한다.

그러나 또 다른 한쪽에서는 여성을 대상으로 하는 남성의 극단적 폭력 사건이 거의 매일 들려온다. 기분 나빠 죽이고, 변심해서 죽이고, 때로는 그녀의 가족까지 죽인다. 성별을 경계로 한 긴장과 갈등이 젠더전쟁으로 치닫고 있다. 여성들은 무엇을 위해 누구와 싸우는 것일까?

이 여성들은 자살한 사람을 경멸하는가 하면, 살인 사건의 피해자를 '김치남'이라고 비웃는다. 비폭력 1인 시위에 폭력을 가하고 격려와 위안조차 비웃는다. 낙태 인증 사진을 올리고 남자 화장실에 몰카를 설치한다. 그럼에도 불구하고 이들을 탓하는 '보통 여성'들을 만나기가 쉽지 않다.

나는 못해도 그녀들은 해낸다는 것이 통쾌하고 대견할 수도 있다. 내 주위의 남자들이 마음에 들지 않는 짓을 할 때는 이들을 따라 과감히 일침을 날리기도 해본다. 부부 사이, 연인 사이라 해도 페미니즘에 있어서는 양보란 없다.

우리 사회 내부에서 더 이상 여성에 대한 어떤 모욕과 혐오도 허락하지 않는 여성운동이 등장했다. 이들은 더 이상 조용히 싸우지도, 싸움을 피하지도 않는다. 화제가 되는 모든 사건에 개입해 싸움을 건다. 더 많은 이들에게 제대로 본때를 보이고 싶어 하는 이 여성들은 "우리들을 워마드로 불러다오."라고 당당히 말한다. 이처럼 여성에 대한 혐오를 남성에 대한 혐오를 통해 물리치고 극복하려는 현상을 '페미니즘 행동주의'라고 부를 수 있다.[1]

사실 그동안 페미니즘에 대해 남자들은 잘난 여성 엘리트들이 강의

실 안에서 자기들끼리 모여 남성을 성토하는 별난 이벤트쯤으로 여겼다. 또 여성 단체나 국회, 정부 부처를 중심으로 호주제 폐지와 같은 제도적 여권신장운동을 해온 것에 대해 일부 유림이나 보수 단체를 제외하면 특별한 반발이 있었던 것도 아니다. 언론상에서 학자나 운동가들의 남성 중심 사회에 대한 비판도 이를 심각하게 듣기보다는 사회문제를 다룰 때 양념처럼 끼어드는 것 정도로 인식했다.

하지만 상황이 달라졌다. 페미니스트들의 투쟁은 집과 사무실 그리고 거리 곳곳에서 보통 여성들이 참여해 이뤄지고 있다. 조용했던 여성들은 온라인 공간에 삼삼오오 모여들어 남성들을 성토하기 시작했다. 이내 목소리를 키우고 행동에 나섰다. 그들은 '남성의 짝'이라는 정체성을 버리는 대신 여성이 스스로 당당하게 존재함을 선언했다.

성별이라는 축에서 약자인 여성들이 자신들의 저항을 실현한 공간은 디지털 공간이었다. 페미니즘 행동주의는 그래서 온라인 페미니즘이다. 사실 메이저들이 질서를 장악한 일상 현실에서는 약자가 자신들의 고통과 불만을 쉽게 말할 수 없다. 그런데 온라인에서는 여성이든 비정규직이든 억압된 자라면 누구나 트랜스포머처럼 디지털 투사로 변할 수 있다. 그런 점에서 페미니즘 행동주의는 디지털에 기반한 운동이라는 성격을 가진다.

눈에는 눈 이에는 이로 싸우는 미러링 전략

'메갈'이라고 통칭되는 메갈리아 사이트는 우리나라 페미니즘 행동주의의 출발점으로 불린다. 현재는 폐쇄된 메갈리아의 운동 모토는 '여성 혐오에 대한 혐오'였다. 당시 본격적 싸움의 도화선이 된 것은, 해외여행을 다녀온 여성들이 메르스에 감염되었다는 뉴스에 대한 남성들의 조롱이었다.[2] 일도 안 하면서 사고만 치는 '김치녀'들에 대한 비웃음이 온라인 게시판을 통해 여성들의 분노를 격발시킨 것이다.

사실 이 같은 조롱은 하나의 사례일 뿐이다. 여성에 대한 사회적 조롱은 '된장녀', '김여사'라는 말들의 등장에서 알 수 있듯이 그 이전부터 있었다. 일과 시간에 비싼 커피를 마시는 여성들에 대한 비하가 넘쳤고, 온라인 동영상을 통해 여성들의 미숙한 운전 실력이 웃음거리가 되기도 했다.

여성 혐오의 문화가 확산되면서 메갈리아는 미러링mirroring이라고 불리는 공격적 방식을 택했다. 미러링은 '눈에는 눈 이에는 이'처럼 상대가 하는 행동을 똑같이 모방하는 공격 방식이다. 이로써 상대방도 혐오의 대상이 되는 이들의 고통을 느껴 자신의 부당한 행동을 깨닫게 하는 것이다.

페미니즘 행동주의의 출발점은 여성들에 대한 모욕과 편견, 조롱과 비하에 대해서 참다못해 일어난 봉기에 가깝다. 이들이 주목한 사회 이슈 역시 시도 때도 없이 저질러지는 여성에 대한 일상적 위협이다. 여성들의 소비에 대한 조롱도 그렇지만 남성에 의해 저질러지는 여성에 대한 가해가 그 대상이다. 폭력과 살인, 몰카 촬영, 성관계 동영상 폭로 등은 나와 큰 관계없는 유별난 사건이라기보다 일상적으로 여성을 불안과 공포에 떨게 만드는 것들이다.

페미니즘 행동주의는 여성성을 지키기 위한 최선의 방어이자 불안으로부터 벗어나고자 하는 몸부림이다. 몰카나 동영상 그리고 살인과 같은 남성들의 행위는 보통의 남성들과는 어느 정도 거리가 있는 일탈 행동이다. 그렇지만 여성에 대한 조롱과 폭력, 집안에서의 강압적 가사 부담 그리고 억압적 성 문화 등에서는 일반 남성들 역시 그 비판으로 부터 자유로울 수 없다.

여성 전사들이 선택한 미러링은 대부분이 온라인 콘텐츠를 통한 언어적 투쟁 방식이다. 일부는 직접 몰카를 설치하거나 거리 시위에 참여하지만, 대부분은 글과 사진을 통한 과격한 성토들이다.

전문가들도 대체로 페미니즘 행동주의를 여성에 대한 남성 혐오에 대응하는 문화 현상으로 파악하는 경향이 있다. 이에 따라 투쟁 방식 역시 남성의 폭력을 고발하는 언어적 성격이 강하다. 이 중 강남역 살인 사건을 둘러싼 충돌은 젠더 대결에서 가장 중요한 사건 가운데 하나로 꼽힌다.

여혐 대 남혐 논쟁을 불러일으킨 강남역 살인 사건

2016년 한 여성이 강남 모처의 화장실에서 조현병 환자로 알려진 남성에 의해 살해됐다. 이른바 강남역 살인 사건이다.[3] 이 사건의 주요 내용은, 20대 여성이 주점에서 술을 마시다 화장실을 갔는데 미리 숨어 있던 30대 남성에 의해 단지 여성이라는 이유로 살해된 것이다.

평범한 여성 누구라도 희생자가 될 수 있었던 이 사건 자체도 충격적이었지만, 당시 이 여성을 추모하는 과정에서 일어난 성별 간 충돌이 큰 관심을 모았다.

당일 SNS에서는 이 사건을 맥락 없이 일어난 개별적이고 우발적인 사건이 아니라 우리 사회의 여성 전체에 대한 문제로 여기는 글과 함께 애도를 제안하는 글도 올라왔다. 애도 의식의 제안은 SNS를 통해 많은 여성들의 공감을 일으켰다. 이후 강남역 한 출구에 국화꽃과 추모의 글을 적은 쪽지들이 붙기 시작했다.

문제는 이날 추모 행사가 열릴 때 남성에 대한 혐오성 발언들이 등장하면서 촉발되었다. 살인 사건의 성격과 판단을 둘러싸고 대중적으로 여혐 대 남혐 논쟁이 벌어진 것이다.

여성 측은 이 사건을 우리 사회의 여성에 대한 혐오와 폭력으로 봤다. 반면 가부장적 우월주의 등으로 문제가 됐던 일베 남성들이 중심이 되어, 정신병자의 극단적 행동을 남성 전체의 문제로 확대하는 것은 남성 혐오라며 반발했다.

특히 이 사건과 관련하여 당시 행사를 주도했던 여성들이, 남혐에 대해 문제를 제기한 측은 물론이고 싸우지 말자며 중재하는 이들, 심지어 싸움을 말리는 남자 친구나 가족 등과도 갈등을 빚어 더욱 상황이 심각해졌다.

당시 충돌했던 주요 논쟁들을 살펴보면 몇 가지로 압축할 수 있다. 이 사건은 1차적으로는 여혐 대 남혐 논쟁으로 시작되었다. 그러다가 강서구 PC방 알바 살인 사건 등을 통해서도 반복적으로 재현되고 있는 조현병 환자의 범죄에 대한 처벌 강화 등과 같은 논쟁을 불러일으켰다.

또 애도 의식의 과정에 등장한 1인 시위를 둘러싸고 물리적 충돌이 생긴 것과 관련하여 표현의 자유에 대한 논쟁에 이어 어떤 폭력도 정당하지 않다는 비폭력에 대한 논쟁도 일었다. 또 상황이 계속 악화되면서 자제를 요청한 남자 친구나 유가족들의 요구를 애도 참여자들이 거부한 것도 논쟁을 격화시켰다.

충돌이 커진 주된 이유는 그 어느 쪽도 자신의 주장을 굽히려 하지 않았기 때문이다. 자신들의 생각과 주장이 옳다고 믿었던 것이다. 즉 각각의 주장들을 따로 떼어놓고 보면 특별히 잘못된 논리는 없었다. 그런 의미에서 강남역 살인 사건을 둘러싼 논쟁들은 누가 옳고 그른지 따지거나 사실관계를 규명하는 것보다 우리 사회의 여성들의 불안과 공포라는 맥락 속에서만 파악될 수 있다.

여성들의 광기어린 투쟁은 하루아침에 탄생하지 않았다

강남역 살인 사건에 대한 애도 이벤트는 여성이라면 누구라도 범죄의 대상이 될 수 있다는 희생자에 대한 동일시와 이로 인한 불안과 공포에서 시작되었다. 따라서 애도 참여자들이 던지는 사회적 메시지를 '우리 사회의 모든 남자들은 살인자다'라는 것으로 봐서는 안 된다.

오히려 우리 중 누구라도 희생자가 될 수 있으며 불안하고 힘들다는 고통을 여성들이 호소한 것이다. 따라서 그가 조현병이냐 아니냐와 같은 사실관계나 법리에 대한 논쟁, 또 격정적 애도 과정에 남혐과 같은 논리를 개입시키는 행위들이 맥락상 의미 있었다고 보기 어렵다.

또 애도 이벤트는 희생자의 비극뿐 아니라 여성 자신들이 느끼는 불안과 공포를 서로 어루만지는 것이기도 했다. 이벤트에 참여하는 자신들을 위한 행사이기도 했던 것이다. 그러므로 유가족이라 할지라도 그것을 멈추라고 요구하는 것을 따르지 않은 것이다. 게다가 우려와 공포를 원천적으로 공유할 수 없는 특성을 가진 자, 즉 남성이 어떤 형태로든 애도의 이벤트에 참여하려는 시도 역시 잡음이 되었거나 또 다른 공포심만을 주었다고 볼 수 있다.

사실 강남역 살인 사건을 통해 우리가 좀 더 깊이 들여다봤어야 하는 문제들도 있다. 점차 사회적 문제로 확산되고 있는 조현병 환자가 왜 발생하고, 이들을 어떻게 보호하고 치료할 것인지에 대한 문제도 그 중 하나이다. 조현병이 선천적 문제가 아닌 '행복하지 않은 가족'으로부터 시작될 수 있기 때문이다. 다시 말해 정신병은 일반적 선입견과 달리 빈곤과 같은 사회적 조건 등과도 밀접한 관련이 있다고 본다.[4] 따라서 조현병 환자 자체가 불안정한 경제생활, 그리고 이와 맞물린 가족의 파탄이나 불행과 연결되어 있다고 볼 수 있다.

한국은 물론 세계적으로도 생물학적 약자인 여성에 대한 폭력 문제가 이미 심각한 상황이다. UN을 중심으로 젠더 기반 폭력Gender Based Violence, GBV에 대한 관심과 캠페인은 점점 더 강화되고 있다. 사건 이후 전문가들 사이에서 쟁점이 되었듯이 현재 통계 수치로는 여성들만이 '묻지마 살인'의 피해자라는 것을 증명하기는 어렵다. 그렇다고 해서 여성의 남성에 대한 물리적 폭력과 살인이 사회문제가 된 예는 찾기 어렵다. 또 그럴 것 같지도 않다.

남성에 의한 배우자에 대한 폭력, 데이트 여성에 대한 폭력, 성추행과 같은 폭력 등의 문제에서 여성이 잠재적 피해자라는 데 이의를 가지기는 어렵다. 만일 '맞을까 봐 덤비지 못하는' 여성까지 포함하면 남성의 여성에 대한 폭력은 일상적일 뿐 아니라 보편적 관습이나 문화라고까지 말할 만하다. 즉 현재 페미니즘 행동주의가 일부 과격한 여성들의 광기로 하루아침에 탄생했다고 보는 것은 적절치 않다.

참을 만큼 참은 여성들이 정치에 참여하는 방법

우리 사회에서 여성들이 자신의 사회적 위치를 자각하고 문제의식을 느낀 것은 하루 이틀이 아니다. 당장 정치, 특히 선거에서도 페미니즘은 뚜렷한 흐름을 보여주고 있다. 이미 다수의 여성들은 자신의 성을 정치적 정체성으로 삼고 정치적 태도나 행동을 보이기 시작한 것이다.

정치에서 여자의 적은 여자? 이젠 여자가 여자를 찍는다

과거 한국 정치에서 통용되던 하나의 상식은 선거에서 여성 후보에 대한 여성들의 비非지지 행태였다. 그러나 이미 여성들이 여성 후보를 지지하기 시작한 지는 꽤 되었다. 실제 2012년 대선 당시 박근혜 후보는 각종 여론조사에서 여성들의 지지가 남성보다 높게 나타나기도 했다.

정치판에서 통용되던 '여자의 적은 여자'라는 공식 자체가 붕괴되기 시작한 것은 이미 오래전이다. 이제 후보가 여성이라는 이유만으로도 여성을 찍는 새로운 페미니즘 정치가 시작되었다. 그런 점에서 행동주의 페미니즘은 어느 날 갑자기 반사회적 변종들이 만든 것이 아니라 사회·문화적 현상이다.

반면, 페미니즘이 정치적 현상이 될수록 이에 대한 반페미니즘적 움직임도 함께 커졌다. 지난 2017년 대선 기간에 민주당 남인순 의원은 반페미니즘 남성들로부터 집중 공격을 당했다. 남 의원이 문재인 후보 캠프에 여성본부장으로 영입되자 일부 남성 집단으로부터 남성 혐오자인 남 의원의 영입을 취소하라는 주장과 함께 문재인 후보에 대한 지지를 철회한다는 공세가 펼쳐진 것이다.

이들이 모두 실제 문재인 후보 지지자는 아니었겠지만 당시 SNS에서의 공격은 상당한 논란이 되었다. 남인순 의원의 경우 군 가산점 제도와 관련한 논란을 통해 안티팬들을 만들었다.

물론 남 의원이 남성들의 군 복무 자체를 폄하한 적은 없다. 여성의 사회 진출 기회가 너무 적으므로 군 복무에 대한 보상을 취업에 적용하기보다는 금전적 보상 등 다른 형태를 찾아봐야 한다는 절충안을 제시한 것이 문제가 된 것이다.

이 사건의 경우 남성 일부가 남인순 의원의 활동 자체를 오해했다기보다는 여성 페미니즘에 대한 적대감을 가지고 이를 분풀이하듯이 책임을 전가했다고 보는 것이 더 정확할 수도 있다.

페미니즘 전선에 불을 댕긴 미투운동

여성들의 저항이 정치적 변화를 가져온 또 다른 영역은 미투로 대표되는 남성 중심의 억압적 성 문화 문제이다. 미투운동은 미국의 흑인 사회운동가이자 지역운동가인 타라나 버크^{Tarana Burke}가 SNS를 통해 2006년부터 시작한 것으로 알려져 있다. 당시 그녀는 직장에서 만연해 있는 여성에 대한 성추행 실태를 드러내고 경고하기 위해 운동을 시작했다.

다만 이것이 대중화된 것은 배우이자 사회활동가인 앨리사 밀라노^{Alyssa Milano}가 2016년에 와서 'Me Too'에 해시 기호 '#'을 붙여 거물급 인사의 성추행 사실을 트위터에 폭로함으로써 대중적으로 전 세계에 확산되었다.[5]

한국에서의 미투운동은 우리 사회에서 가장 보수적이고 권위적인 집단 중 하나로 평가되는 검찰로부터 터져 나왔다. 또 민주당 출신의 충남지사이자 유력한 대선 주자였던 안희정 전 지사에 대해 수행비서였던 여성이 미투를 제기함으로써 사회적 쟁점으로 떠올랐다.

한편 미투운동은 미국에서부터 부적절한 행위의 범위나 범죄 성립의 여부를 둘러싸고 논란이 되었다. 또 일부 사례에서는 여성의 악의적 미투 시도로 밝혀져 해당 남성이 피해자가 되는 경우도 있었다.

한국에서도 안희정 전 지사에 대한 1심 판결이 무죄가 되어 이에 반발한 여성들이 시위를 벌이는 등 상당한 진통을 겪기도 했다. 미투운동의 시발점인 미국에서는 미투운동이 가지는 또 다른 맹점 중 하나로, 유명하지 않은 비주류 여성이 오히려 이런 흐름에서 배제되는 문제가 지적되기도 했다.[6]

사실 모든 주류 문화에 대한 저항운동이 그렇듯이, 미투운동의 각 사례가 모두 완전할 리는 없다. 그러나 미투운동은 범법자를 잡아내는 것만이 아니라 문화 자체를 바꾸기 위한 운동이기도 하다. 또 문제를 제기하는 과정에서 나타나는 문제나 극단적인 예외 사례에 초점을 맞춰 특정한 대항운동의 의의를 훼손하는 것은 대개 기득권 집단이 저항을 억누르는 가장 상투적인 전략이다.

운동으로서의 미투는 사회나 직장에서 정상적인 성 문화의 범위와 기준을 바꾸고, 성범죄뿐 아니라 불쾌한 성적 피해를 입는 여성들이 생기지 않도록 하는 것에서 의미를 찾을 수 있다.

이처럼 젠더 갈등을 기초로 한 페미니즘 전선은 우리 선거와 정치 전반으로 넓게 확산되고 있다. 정부나 지방자치단체의 정책 시행 등에 있어서도 여성 문제는 이제 실질적 영향력을 가진 변수이다.

앞서 이재명 시장의 산후조리원 지원금 지급이 화제가 된 것도 여성 정책이 가지는 사회적 민감성을 보여준다. 자유한국당의 김성태 원내대표가 국회 연설에서 출산성장론을 꺼내 든 것도 그것의 타당성에 대한 논쟁과 별개로 이제 한국의 제도적 정치에서 여성성을 둘러싼 쟁점들이 가볍지 않음을 잘 보여주는 사례이다.

페미니즘 행동주의의 선봉, 워마드의 탄생

대개 남성은 페미니즘 자체에 대해 말을 하지 않는 편이 낫다. 현실에서 여성을 억누르는 우위에 서 있기 때문이다. 백인이 흑인을 가르치려 하거나 기독교인이 피해자의 정서를 가진 이슬람인에게 중동 화해를 이야기할 때처럼 조심스러워야 한다는 뜻이다.

가부장주의는 한국 사회의 가장 핵심적인 주류 문화로 꼽힌다. 이는 여성 억압이라는 현실이 남자들 개개인의 잘못이 아니라는 뜻도 되고, 남자들이 잘못하고도 문제를 못 느낀다는 말이기도 하다.

여성에 대한 억압은 일상적 문화이기 때문에 상식이라는 이름으로 관습적으로 이뤄진다. 따라서 가부장주의의 주인공들인 남성들은 물론 그의 아버지, 심지어 어머니조차 남들이 하던 대로 하는 것이지 여성을 괴롭히는 것이 아니다.

크게 보면, 여성들이 사회생활을 선호하지 않거나 다소 비사회적 모습을 보이는 것도 가부장주의 자체가 만들어낸 결과물이다. 따라서 만일 여성들에게 공통적으로 나타나는 열등하거나 비상식적 모습이 있다면 그 이유는 두 가지로 압축된다. 출산 및 양육과 결부된 호모사피엔스 여성의 생물학적 특성이거나, 그녀가 남성이 사회질서의 중심이 되는 가부장제의 요구를 따랐기 때문이다. 따라서 그중 어떤 경우이든 남성들이 비웃을 수 있는 성질의 것이 아니다.

그럼에도 불구하고 이들 행동주의 페미니즘에 대한 사회적 우려는 점차 커지고 있다. 페미니즘 행동주의의 효시 격인 메갈리아 사이트는 동성애에 대한 내부 입장을 둘러싸고 문을 닫았다. 이는 성차별은 물론 모든 소수자에 대한 혐오를 배격하는 서구 페미니즘 본류와 디지털 페미니스트들이 갈라섰다는 의미를 가질 수 있다. 메갈리아가 폐쇄된 이후 더 강경한 페미니즘 행동주의 노선을 지지하는 이들을 중심으로 워마드 사이트가 개설되었다.[7]

이 같은 투쟁이 격화되는 과정에서 한국 남자들의 권위적이고 비합리적인 모습을 조롱하는 '한남' 또는 '한남충'과 같은 단어들도 탄생했다. 남성들이 조롱해왔던 된장녀나 김치녀 등에 대한 앙갚음이다.

충격요법으로 여성 혐오에 맞서라

2018년 국정감사에서 민주당의 박광온 의원은 자료를 통해 워마드 게시물에 대한 문제 제기가 갈수록 심각해지고 있다고 밝혔다. 대개 '한남은 바퀴벌레'와 같은 혐오성 게시물들에 대한 시정 요구들이다. 또 잔인하고 혐오스러운 콘텐츠들도 문제가 되고 있다.

이러한 페미니즘 행동주의자들의 행동은 물리적 폭력을 수반한 진짜 행동이라기보다 말을 이용한 상징적 충격요법이다. 주로 언어를 중심으로 한 과격한 저항을 통해 여성에 대한 혐오에 효과적으로 대응하고 이를 사회문제화하는 전략이다.

이들의 구체적인 말이나 행위를 따로 떼어서 보면 범죄나 심각한 일탈에 해당된다. 그러나 이처럼 비상식적 언어를 사용하는 투쟁 방식은 관습이나 상식이라는 이름으로 이뤄지는 여성에 대한 억압을 고발할 방법을 찾은 것이었다.

사실 어떤 사회에서나 그 사회의 기득권을 상대로 한 투쟁은 비합법적 방식을 수반한다. 문화적 독립운동이 있으면 무장 독립운동이 있고, 인종차별 철폐운동 역시 평화운동과 더불어 언제나 비합법적 운동이 함께 나타난다.

이러한 운동들이 가지는 의미나 기능은 '당신들은 아무 일 없다는 듯이 잘 살지만 우리는 고통받고 있다'는 것을 알리고 이를 저지하는 것이다. 달리 말하면, 누군가에게 유리한 기존 질서의 어딘가에 구멍을 뚫어 작동을 정지시키는 방식이다.

그런 점에서 주류 집단에 대한 저항 집단의 항의는 대개 파격성을 가진다. 주류가 비주류에게 대화로 하자고 말하는 것은 대개 덤비지 말라는 의미가 된다. 대화로는 풀 수 없어 덤비는 것이기 때문이다. 이슬람 여성이 히잡hijab 이나 부르카burka 를 벗고 찍은 사진을 SNS에 당당히 올린 것으로 가혹한 형벌을 받아야만 특정 문화권의 여성 억압을 고발할 수 있는 것과 마찬가지이다. 또한 전태일의 분신을 통해 노동법의 가치를 전 사회가 깨닫게 되는 것과도 크게 다르지 않다.

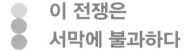

이 전쟁은
서막에 불과하다

온라인을 중심으로 진행되는 페미니즘 행동주의는 아직 여성해방이라는 거창한 목표를 가진 것으로 보기 어렵다. 이는 미러링이라는 말에서 알 수 있듯이 자신들을 위협하는 혐오를 반사하는 것일 뿐이다.

여자도 군대 가라는 찌질한 남자들의 속사정

지금의 페미니즘 행동주의는 남들 사는 대로 살아온 평범한 여성들이 자기를 비웃는 조롱에 격분하고, 여성을 상대로 쉴 새 없이 일어나는 극단적 폭력에 대한 불안과 공포를 사회에 알리려는 것이다. 마치 서러움과 두려움이 뒤섞인 비명과 같다. 말썽 많은 워마드의 실천 방식조차 남성들의 권력을 찬탈하려는 것이 아니라 약자에 대한 예의와 보호를 요청하는 것이다.

페미니즘 행동주의가 험악한 말과 눈살 찌푸리게 하는 소동을 통해 미러링하는 것은 이렇듯 여성해방이나 남녀평등이라는 거창한 관점과는 거리가 있다. 그런 점에서 사회 개혁보다 지금 여성성을 위협하는 모든 것에 반응하는 성격을 가진다. 이 사회의 모든 혐오를 혐오하는 식의 근대적 진리주의운동과도 다르다. 그 방향은 사회적 강자나 다수를 대상으로 싸우는 다른 대항운동들과 연대하고 협력하지 못한다. 이처럼 다른 흐름과 접합할 수 없는 대항운동은 더 이상의 확산이 어렵고 최종적으로 고립될 가능성을 가진다.

또 여성 스스로 여성에 대한 혐오를 가부장적 문화를 중심으로 인식하는 것도 되돌아볼 필요가 있다. 최근 나타나는 여성에 대한 조롱과 폄하, 범죄와 폭력의 스토리에는 대개 '돈'이 등장하기 때문이다. 즉 젠더 갈등의 중심에는 물질적 문제가 자리 잡고 있다. '남자다운 남자들'의 관점에서도 일베로 상징되며 여혐을 일삼는 남성들의 주장은 꽤 찌질해 보이는 면이 있다. '여자도 군대 가라.' 또는 '여자도 데이트 비용을 내라.'는 식의 주장이 그렇다. 애초에 비싼 커피를 소비하는 여성들에 대한 조롱과 해외여행을 가는 웰빙녀에 대한 조롱에서도 돈에 얽힌 열등감이나 질시를 엿볼 수 있다.

여성들의 남성 비판에도 돈은 어김없이 등장한다. 집안 살림은 안 하면서 생활비는 같이 내자는 남자들, 빠듯한 살림살이에 돈을 쓰며 노는 남자들을 맹렬히 비난한다. 남혐과 여혐이라는 젠더 갈등의 논란이 돈을 매개로 이뤄지는 현상에 주목할 필요는 있다.

만일 성별이 곧 경제와 계급의 의미를 가진다고 한다면 젠더 문제는 단지 문화전쟁으로 끝날 일이 아니다. 사실 이 같은 '웃픈' 상황들이 일어나는 배경에는 오랫동안 남성들이 중심이 되어 세상을 끌고 온 문화, 즉 가부장주의의 퇴조와 변질이 있다. 다시 말해 시장주의 안에서 가부장으로서 갖추어야 할 경제적 능력이 없는 남자들, 그리고 가족이나 가부장주의가 더 이상 여성의 출산과 양육을 책임지는 든든한 울타리가 될 수 없는 현상과도 맞물려 있다고 볼 수 있다. 그런 점에서 보면 남혐과 여혐은 애초부터 쌍둥이다.

우리 사회의 여혐과 남혐 현상은 무소불위의 자본주의 질서의 확산이라는 관점에서 볼 필요가 있다. 또한 돈을 꿔서 쓰는 과잉 소비의 향락 문화에 주목할 필요가 있다. 우리 현실에서 돈을 벌어 결혼하고 가족을 부양해야 하는 최종 책임은 남자에게 있다. 과거에는 가족의 가치가 가족 간에 돈을 이야기하는 것을 막았지만, 지금은 가족이라는 가치가 돈을 넘어서기 어렵다.

따라서 여성들에 대한 혐오는 사회가 요구하는 수준의 가부장적 책임을 질 수 없거나 지기 싫어하는 남자들의 비명이자 발광일 수 있다. 다시 말해 가족 부양의 의무가 최종적으로 남성에게 부과되는 우리 사회에서 루저[loser] 남성들의 비명이 여성 혐오와 통해 있다는 것이다.

삼킬 수도 뱉을 수도 없는 쓰디쓴 가부장주의

물론 가부장이 될 수 없는 남성들의 실패를 단순히 개인적인 문제로 볼 수 없다. 이들은 청년들의 취업난, 열악한 노동환경, 경제 양극화와 경쟁 사회에서 도태된 것이므로 사회적 실패이기도 하다. 자신을 실패 자로 규정하고 계급적 자아실현을 포기할 경우, 잘난 남자들의 보호를 받는 여성들이 누리는 경제적 즐거움이 이들에게 불편할 수밖에 없다. 무임승차 같기 때문이다.

물론 할 말 있는 여성들도 한둘은 아니다. 결혼할 생각이 없는 여성 에게 남자는 그냥 경쟁자일 뿐이다. 또 그들은 "너만 돈 벌어 오라고 안 할 테니 출산과 양육도 함께 하자."고 말할 수 있다. 사회적, 경제적 능 력을 갖춘 여성들에게 무능력한 남성이 순종과 집안일까지 요구하는 것은 어불성설이다.

따라서 사회 진출을 원하는 여성들은 일자리만 가지면, 또 집안일 을 여성에게 떠넘기지만 않는다면 내가 내 돈 벌어서 마음대로 쓰겠다 고 말할 수 있는 것이다. 더 이상 남자나 가부장적 보호를 받지 않으려 는 여성들에게는 이런 말들이 정당하다. 인생의 목표를 사회적 실현으 로 삼는 여성들에게 가부장주의는 큰 장애물이다. 또 가부장적 보호, 즉 출산과 양육을 남성의 노동과 경제력에 의지할 생각이 없는 여성에 게는 결혼을 해야 하는 이유도 별로 없기 때문에 가족 내에서 작동하 는 가부장주의는 신경 쓸 일도 아니다.

심각한 문제는 아직 그 비율이 높다고 보기 어렵다는 데 있다. 우리 사회에서는 여전히 가부장주의의 울타리 안에서 출산과 양육을 하려 는 여성들이 보편적이다. 이런 흐름은 전체 출산의 50퍼센트에 육박해 가는 서구의 비혼모 현상과 견주어보면 뚜렷하게 나타난다. 가부장주 의의 가치가 여전히 강한 한국이나 일본의 비혼 출산은 1~2퍼센트에 불과하다. 결혼과 가족을 통하지 않고서는 아이를 낳을 수 없는 나라인 것이다.

가부장적 가치, 즉 근본적으로 가족을 벌어 먹일 책임을 최종적으로 남자에게 부과하는 가치를 따르는 여성에게는 가부장주의의 올바른 작동이 더 중요해진다. 따라서 우리 사회의 상황을 볼 때 현실적으로 많은 여성을 위협하는 가장 큰 문제는 오히려 가부장주의적 보호가 제대로 작동하지 않는 것이다.

지금처럼 경제적으로나 사회적으로 남성이 우월한 위치를 점유하는 상황에서 이혼 등으로 남성의 보호를 받지 못하거나 또 다른 이유로 남성들이 최소한의 책임마저 기피한다면 여성들은 불행을 피할 길이 없다.

가족이라는 울타리를 벗어날 수 없는 여성들

더욱더 심각한 것은 가부장주의에 대한 토론이 필요 없어진다는 데 있다. 이미 가족이라는 제도 자체의 의미가 변화하거나 사실상 해체되어 가기 때문이다. 우리만의 현상은 물론 아니다. 서구 주요 국가들 역시 혼인율과 출산율은 내려가고 비혼율은 올라가고 있다.[8] 이처럼 세계적으로 결혼 또는 가족이 사라져가는 상황에서 여성들이 결혼 없는 출산을 하기 어려운 문화적 환경은 큰 문제가 된다. 누구나 다 알고 있듯이 한국의 출산율은 이미 최악이다. 또 이혼율이 증가하고 혼자 사는 1인 가구도 증가한다. 어떤 지표를 봐도 가족이 다시 복원될 징후는 보이지 않는다.

이런 흐름의 주된 원인을 여성의 사회 진출에 대한 욕구에서 찾는 것은 문제가 있다. 이는 가부장적 의무와 책임 자체를 회피하는 '불량 남성들', 또는 여성과 마찬가지로 가부장적 가치를 부담스러워하는 남성들의 심리 때문일 수도 있다. 여론조사 등의 결과를 참조하면 결혼을 해야 한다는 의견의 비율이 여성보다 남성에게서 약간 높게 나타나기는 하지만, 꼭 결혼할 필요는 없다는 의견이 남녀 모두에게서 높게 나타난다. 또 최근에 황혼 이혼을 요구하는 것이 여성만은 아니며 남성의 비율이 올라가고 있는 현상도 이런 맥락에서 살펴볼 수 있다. 즉 결혼이나 가족을 기피하는 것은 남성 또는 여성의 문제가 아니라 사회 전반의 흐름일 수 있다. 따라서 가족이나 결혼을 중심으로 출산을 장려하는 정책 자체에 한계가 있다는 것이 전문가들의 의견이다.

그런 점에서 이 시대는 '모범적인 가족제도' 안에서 안심하고 출산과 양육을 해왔던 여성들에게 진정한 위기이다. 누구의 선택이었든 간에 가족 바깥에 있는 여성이 어떻게 살아가야 할지, 그녀들의 삶을 어떻게 지킬 수 있을지는 이제 정치권과 남성들이 해결해야 한다. 여성들이 불행하면 사회가 망가지는 것은 불가피하다.

지금은 새로운 상상력이 필요한 순간

문제는 여성을 위한 정책 방향을 결정하기 어렵다는 데 있다. 여성해방이 필요하고 그것이 옳은 방향이라고 공감하더라도, 중장기적으로 우리 사회가 어떤 가치를 지향해야 할지는 모호하다. 여성이 불안과 공포로부터 벗어나려면 미풍양속으로서의 가족의 가치를 되살려야 하는 것일까? 아니면 남성들의 알량한 배려나 보호 따위는 이제 필요 없으니 사회적 기회를 동등하게 제공하는 방향으로 나아가야 하는 것일까?

사실 전자는 가족제도가 다시 꽃 피울 가능성이 없으므로 현실적이지 않다. 또 그것을 원하지 않는 남성들이 빠른 속도로 늘고 있다. 후자는 사회적 차원에서 보면 저출산율로 인구가 감소해 결국 남녀 모두에게 부메랑이 될 것이다. 결과적으로 여성들이 출산과 육아를 포기할 것이기 때문이다. 여자를 애 낳는 기계로 보는 것은 잘못되었지만 출산율이 떨어지면 사회 전체가 불행해지는 것도 맞는 말이다.

어떤 논리를 들이대봤자 여성의 출산과 육아는 여성의 사회 진출과 상충하게 되어 있다. '아이 옆에는 엄마가 있어야 한다'는 말에 사회적 성취를 원하는 많은 여성들이 눈물을 삼키고 무릎을 꿇는다. 아이와 엄마가 윈윈할 방법은 현실적이지 않다는 뜻이다.

그런 점에서 신모계사회를 제도화하는 것도 페미니즘의 새로운 상상력일 수 있다. 즉 여성이 담당하는 출산과 양육의 사회적 가치를 제도적으로 충분히 인정받는 것이다. 여성의 출산과 육아를 사회의 최상위 가치로 두고 나라와 사회가 이에 대한 모든 부담을 지는 것이다.

물론 이 경우에는 출산과 양육을 선택하는 모든 여성에게 정부가 수년 동안 든든한 복지를 제공해야 한다. 양육에 필요한 보조금 정도로는 어림도 없다. 아빠가 집을 뛰쳐나가거나 일자리를 잃어도 평균적 수준의 양육이 가능하도록 해야 한다. 남편이나 가족은 있어도 되고 없어도 되어야 한다. 오직 출산하는 여성들에 초점을 맞춰 그들이 불안하지 않도록 출산에 관한 복지를 강화할 필요가 있다. 신모계사회의 제도화는 가부장으로 임명되는 것이 버거운 남자들에게, 또 사랑하는 여자는 그렇다 치고 아이까지 먹여 살리는 게 싫은 남자들에게 좋은 선택지가 될 수 있다. 물론 이 해법의 사회적 의미는 가족의 가치를 포기하는 것에 있다.

그럼에도 불구하고 젠더전쟁은 계속된다

일부 페미니즘 학계에서 언급되고 있는 '여성이 주인 되는 세상'도 꿈꿀 수는 있다. 그러나 사회의 주인이 되는 것은 문화로만 이룰 수 있는 것이 아니다. 결국 경제적 능력으로만 가능하다. 여자들이 돈 많은 세상이었으면 힘깨나 쓰는 남자들도 까불지 못한다는 의미이다.

물론 이것은 현실적인 가정이 아니다. 이 경우는 왜 남성이 억압되어야 하는지에 대한 설득력이 충분하지 않다. 게다가 가모장주의는 새로운 선택지로서도 설득력이 없다. 결국 여성에게 출산과 육아에 대한 부담뿐 아니라 경제적 책임까지 지라는 소리이기 때문이다.

다시 말해 가족이란 곧 가부장주의 자체이다. 남성이 출산과 양육과 관련한 경제적 책임을 진다는 조건으로 하여 맺어진 남과 여의 계약이 그 밑바탕에 있다. 따라서 남자에게 경제력을 의지할 게 아니라면, 결혼의 이유는 불분명해진다. 사랑만 하려면 이미 몇몇 나라에서 혼인에 의한 가족보다 더 일반적인 형태인 동거인 제도가 나을 수 있다. 유럽은 물론 이제 일본조차도 동반자법 또는 파트너십법을 도입하는 이유이다.

동거인 제도가 동성 커플을 위한 것이라는 주장도 별로 근거가 없다. 오히려 동거인 제도의 중요한 의미 중 하나는 여성의 재산도 남성의 것이 아니듯이 남성의 재산도 여성의 것이 아니라는 점이다. 이때 사회는 남성의 가부장적 책임은 해소시키고 여성의 사회 진출은 확실히 열어줘야 함은 물론이다.

다만 여성성에 대한 위협을 혐오라는 문화적 현상으로만 보고자 하면 좋은 해결책이 나올 것 같지 않다. 우리 사회의 여성 혐오가 양극화 사회의 출현, 가족의 붕괴와 혼자 사는 라이프 스타일의 증가, 남과 여라는 양성 중심의 사회에 대한 성소수자들의 도전 등 갖가지 현상과 줄줄이 맞물려 있기 때문이다.

그런 점에서 젠더전쟁은 잠깐 나타났다 사라질 소동이 아니다. 지금 한국의 여성들은 권위주의와 우월적 폭력으로 가득 찬 허울만 좋은 남성성, 그리고 과거 자신들을 보호해왔던 믿을 수 있는 가부장주의의 붕괴 속에서 자신들을 조롱하고 위협하는 모든 것과 닥치는 대로 싸우고 있다. 현재 나타나는 페미니즘 행동주의가 가지는 부정적 측면, 즉 감정적이고 극단적인 모습은 사회 전체의 관점과 흐름에서 보면 지엽적 소동이다. 여성들이 일탈했다고, 가부장주의를 건드렸다고 정치와 남자들이 그 문제에 쌍심지를 켤 일이 아니다. 본질은 우리 사회에서 여성성이 위협받고 있다는 것 그 자체이다. 이는 중대한 위기이다. 출산과 육아의 전제 조건인 여성성이 위협받고 있으며, 그로 인해 사회와 국가 전체가 위기에 다다르고 있다는 것을 이해하는 것이 옳은 해독법이다. 그런 점에서 워마드는 우리 사회 전체가 위기에 빠졌음을 알리는 경고음이자 젠더 간 백년전쟁의 시작을 알리는 다급한 종소리이다.

1. 한국의 페미니즘운동은 대체로 1990년대부터 본격화되었다고 볼 수 있다. 이후 1995년 '여성발전기본법', 그리고 2005년 '호주제 폐지'와 같은 제도 개혁의 성과를 이뤄냈다. 특히 학계 등을 중심으로 이뤄진 페미니즘 논의는 서구의 여성운동과 궤를 같이하며 남성과 여성이라는 이분법적 구분, 그리고 성소수자 문제까지 포괄하며 접근해왔다. 그러나 최근에 나타나고 있는 이른바 '영 페미니즘'은 이와 달리 온라인 공간에서, 그리고 일상적 여성 차별에 대항하며 시작되었다. 양자 간의 차이를 구분하기 위해 이 글에서는 최근 우리 사회에서 온라인을 중심으로 부상하고 있는 일상적이고 전투적인 형태의 페미니즘을 '페미니즘 행동주의'라고 이름 붙였다.

2. 지난 2015년 5월 20일, 메르스 감염 공포가 전 세계를 휩쓸 당시 홍콩에서 메르스 감염이 의심되는 한국 여성 두 명이 당국의 격리를 거부했다는 보도가 나왔다. 국내 온라인 커뮤니티에서 활동하던 일부 남성들은 "김치녀(한국 여성을 비하하여 부르는 말) 때문에 메르스가 퍼진다."며 격리 거부 여성들을 비난했다. 그러나 해당 보도는 홍콩 보건 당국의 오해로 빚어진 오보였다. 잘못 없이 비난받았다는 사실에 여성들은 분노했다. 이후 격분한 여성들은 온라인 커뮤니티 디시인사이드의 메르스 갤러리를 장악, 여성 혐오 발언을 한 남성들에 반발했다. 메르스 갤러리 활동이 왕성해지자 여성 회원들은 메갈리아를 개설해 활동 주 무대를 옮겼다("남자는 적"… 극단적 여성 우월주의 '워마드' 혐오의 역사」, 쿠키뉴스, 2018년 7월 24일).

3. 행정 당국, 즉 경찰에서는 공식적으로 이 사건의 명칭을 '서초동 화장실 사건'으로 발표하였다.

4. 저자는 이 논문에서 "정신병은 자본주의에 특별한 문제를 제기한다. 사회적 조건이 정신적 고통을 일으킨다는 사실이 너무 명백하기 때문에"라고 밝히며 정신병이 사회적 질병임을 강조한다. 이런 관점에서 볼 때 정신병을 유전적 요인이나 뇌 과학과 같은 접근으로만 보는 것은 적절치 않다. 즉 정신병은 빈곤이나 가족관계 등 다양한 사회적 조건 그 자체와 관련을 가진다. 이런 측면에서 조현병 문제는 최근 제기되는 '정신건강복지법'과 관련한 문제 제기와 공론화를 필요로 하는 부분이다(수전 로즌솔(Susan Rosenthal), 장호종 옮김, 「정신병과 자본주의(Mental Illness or Social Sickness?)」, 「마르크스 21」, 23호, 2018년).

5. 당시 앨리사 밀라노는 유명한 영화제작자인 하비 바인스타인(Harvey Weinstein)을 상대로 미투를 시작했다. 바인스타인은 영화를 즐겨 보는 사람이라면 들어봤음 직한 영화제작사이자 배급사인 미라맥스(Miramax)의 창립자이다.

6. 이 운동의 창시자였던 타라나 버크(Tarana Burke)는 빈민촌의 유색인종 여성들이 겪는 성적 폭력과 학대를 고발하기 위해 이를 시작하였지만, 미국의 경우에도 이것이 결국 힘 있

는 명망가에 대한 고발 운동으로 변하면서 비주류에 속하는 여성들의 권익 확대에는 한계를 가졌다고 지적받기도 한다.

7. 워마드(WOMAD)는 'Woman'과 'Nomad'의 합성어로 알려져 있으며, 합성어 그 자체만을 놓고 보면 '한곳에 머무르지 않고 방랑하는 여성'이라는 의미가 된다.

8. 대체로 현재 가부장적 가치를 중시하는 이슬람 국가를 제외하면 10퍼센트 이상의 혼인율을 가진 국가들은 찾기 힘들다. 이때 혼인율은 인구 1천 명당 혼인 비율이다. 최근 통계청이 발표한 우리나라의 혼인율은 5.2퍼센트로 주요 국가들에 비해 낮은 편이며 하락 추이도 뚜렷하다. 한편 20~44세에 해당되는 인구의 비혼율은 남녀 모두 50퍼센트 수준이며, 남성 비혼율이 여성보다 높다는 통계가 있다(정초원, 「저출산은 헬조선과 가부장적 질서의 결과물」, 프레시안, 2018년 3월 6일).

6

#LGBT

성소수자들의 반격,
레인보우 퍼레이드

성소수자,
LGBT의 이해

우리 사회의 대결이 다양해지고 있다. 세상을 둘로 나누던 선악의 전선 대신 이제 곳곳에서 나 자신을 위한 싸움이 많아진다는 얘기이다. 우리 사회에는 스스로의 권익을 확보하려는 여러 소수자가 있다. 그중 성소수자로서 대표적인 이들이 무지개^{rainbow} 연대라고도 불리는 동성애 커뮤니티이다.

성 정체성을 부인하지도 부끄러워하지도 않는 성소수자

사회의 시선 때문에 물리적으로는 서로를 연결할 수 없는 이들에게 SNS는 서로의 몸을 묶는 생명 끈이며 사이버 세계는 그들의 해방구와도 같다. 어느덧 우리 사회에서도 동성애를 둘러싼 갈등과 충돌이 사회면 단골 기사로 자리 잡기 시작했다. 외국도 마찬가지겠지만, 이른바 성소수자 갈등은 종교계가 연결되어 더욱 복잡하다. 게다가 정치인들, 특히 민주주의적 가치를 앞세우는 정당일수록 입장을 밝혀달라는 이들의 요청에 곤혹스러운 기색이 역력하다. 그럼에도 불구하고 정치가 이들을 외면할 수 있는 시간은 얼마 남지 않았다. 성소수자들의 반란은 성공할 수 있을까? 성소수자들이 벌이는 가두 퍼레이드는 과거에는 별종들의 우스꽝스러운 쇼 정도로 여겨졌지만, 점차 전국적으로 확산되는 중이다. 과거와 달리 성소수자들은 더 이상 자신들의 성 정체성을 부인하지도 부끄러워하지도 않겠다는 것이다.

'퀴어queer 문화제' 또는 '레인보우 퍼레이드'라고도 불리는 이 행진이 행사 전후로 해서 충돌 없이 끝나는 경우는 별로 없다. 이들의 움직임에 비례해 동성애 반대 운동도 거세지고 있다. 마치 외신에서 보듯이 동성애 대 반동성애의 전선이 대중적인 현상이 되어가고 있는 것이다. 그러나 서로가 물러날 기색도 없고 하루가 다르게 다툼은 커지고 있다. 우리 사회에서 성소수자들의 규모나 정도를 쉽게 가늠하기는 어렵다. 일부 여론조사에서 5퍼센트를 약간 밑도는 수치가 나오기도 했지만, 이것으로는 그 규모를 짐작하기 어렵다. 여론조사로 성소수자의 규모를 파악하는 것 자체가 쉽지 않기 때문이다.

사실 자신이 동성애 경향을 가지고 있다는 사람이 전 인구의 5퍼센트라고 해도 적은 수치는 아니다. 우리 인구에서 보면 200만 명이 넘는다는 얘기이기 때문이다. 게다가 '벽장' 소수자, 즉 자신이 동성애자이면서도 안 밝히는 사람, 아예 동성애 정체성 자체를 부정하고 외면하고 사는 사람들까지 합하면 얼마나 늘어날지 알 수가 없다.

주변 사람들에게 자신의 성 정체성을 공개하는 커밍아웃은 정말 소수일 뿐이다. 최근 성소수자 커뮤니티가 주장하는 "당신의 주변엔 항상 성소수자가 있습니다."라는 말은 허언이 아닐 수 있다.

대체로 성적 소수자의 범주는 4~5가지로 분류된다. 성소수자를 상징하는 가장 대표적 표기인 LGBT는 네 가지 정체성의 영문 앞 글자를 딴 것이다. 그 네 가지는 여성 동성애자인 레즈비언[Lesbian], 남성 동성애자인 게이[Gay], 이성애와 동성애 성향을 함께 가지는 양성애자[Bisexual], 그리고 트랜스젠더[Transgender]이다. 최근에는 LGBT에 추가로 남성과 여성의 중간을 의미하는 간성[Intersexual] 또는 무성[Asexual] 등과 같은 정체성 표식을 함께 표기하기도 한다.

복잡한 성 정체성 분류가 의미하는 것

성소수자 커뮤니티에서는 자신들을 정상적 성 정체성을 가진 '일반'과 구별해 '이반'이라는 용어로 부르기도 한다. 사실 이들 이반들의 성적 정체성 등은 일반인들의 관점에서 봤을 때 생각보다 훨씬 복잡하다.

레즈비언의 경우, 성적 역할에 따라 부르는 호칭이 달라지는데, 만일 상대적으로 남성적 역할을 선호한다면 부치[butch], 여성적 역할이라면 펨[fem]으로 불린다. 게이도 성적 역할에 따라 남성 역할을 탑[top], 여성 역할을 보텀[bottom]이라고 구분한다. 물론 이와 같은 역할 정체성은 엄격한 것은 아닐 수 있고, 상대에 따라 자신의 역할이 달라질 수도 있다.

한편 양성애자는 이성애와 동성애 성향 모두가 나타나는 경우이다. 대중매체 등에서 비교적 많이 노출된 트랜스젠더의 경우, 원래의 신체적 성별에 따라 남성이 여성화를 지향하면 MTF^{Male To Female}, 여성이 남성화를 지향하면 FTM^{Female To Male}이 된다.

물론 성전환 수술 여부 등에 따라서도 부르는 용어가 달라지고, 성전환을 했다 해도 자신이 성적으로 끌리는 성별은 다를 수 있어 사람마다 성적 특성은 제각각이다. 이와 별개로 성소수자에 포함시켜야 하느냐를 둘러싸고 논란이 있는 복장도착자, 즉 크로스드레서^{cross dresser}들도 대체로 성소수자 커뮤니티 내에서 활동한다.

사회적 차원, 나아가 정치적 차원에서 주목해야 할 부분은 성 정체성의 다양성이다. 즉 양성 중심의 사회라는 개념은 생각보다 위선적일 수도 있으며 무지하고 폭력적이다. 다양한 성소수자들의 존재 자체가 증명하고 웅변하는 것은 신체적 성별과 정신적 성별 그리고 성적 취향이 같아야 한다는 어떤 원칙도 사실 자연스러운 것이 아니라는 점이다.

신체상의 성별은 대체로 남성과 여성 두 가지로 나뉘지만, 자신이 생각하는 스스로의 성별인 성 정체성 그리고 자신이 성적으로 끌리는 대상을 의미하는 성 지향성이 일치하라는 법은 없다.

이성애자가 오히려 비정상이다?

성소수자와 관련한 모든 통계는 사회적으로 민감한 문제이므로 대개 타당성이 신뢰성의 측면에서 논란이 될 수밖에 없다. 그럼에도 불구하고 최근의 사회 흐름을 파악하기 위해 이들 성소수자들과 관련한 기존 연구들을 참조할 필요는 있다.

『킨제이^{Kinsey} 보고서』는 아마도 역사적으로 가장 많이 알려지고 또 논란이 된, 성^{sex}에 대한 연구서로 꼽는다. 동성애와 관련해서 킨제이의 연구가 제시하는 의미 있는 결론을 보자.

먼저, 동성애는 쥐 같은 동물에서도 나타나는 것으로 이를 자연 질서의 일부로 볼 수 있다는 것이다. 만일 동성애가 자연 질서라면 동성애를 정신병과 같은 질병으로 볼 수 없으며, 당연히 사회가 이를 죄로 다스려서도 안 된다.

두 번째는 생각보다 많은 사람이 완전한 이성애자는 아니며, 대체로 완전한 이성애자와 완전한 동성애자 중간의 정체성을 가진 사람이 더 많은 비율을 차지한다는 것이다. 만일 통계적으로 다수를 차지하는 쪽을 정상으로 보는 것이라면, 완전한 이성애자는 소수인 동시에 비정상인으로 볼 수 있는 셈이다.

게다가 성소수자의 개념은 자신을 남성이면 남성, 여성이면 여성이라고 정확히 인식하는 경우만 해당되는 것도 아니다. 자신이 남성과 여성의 중간이라든지, 아예 남성도 여성도 아니라든지 하는 무성애 등도 하나의 정체성이 된다.

이처럼 한 사람의 신체적 성별 그리고 성 정체성, 성적 지향성 등을 종합해서 보자면 성과 관련한 사람들의 특성은 매우 복잡하다. 이 경우 과연 사회가, 즉 다른 사람들이 개인의 몸에 간섭할 권리를 어디에서 부여받은 것인지 물을 수 있다.

사람의 다양한 성적 특성들의 조합을 인정하지 않고, 남성과 여성이라는 양 극단의 분류만을 인정하는 사회에서는 이 같은 복잡성이 쉽게 드러나지 않게 마련이다. 다시 말해, 현재 자신들이 드러내는 성 정체성은 단지 남과 여라는 각각의 한쪽 편에 줄을 선 것에 불과할 수도 있다. 만일 사회가 개인의 성에 대한 억압적 분류를 강요하지 않는다면 얼마나 많고 다양한 성소수자가 나타날지 알 수 없다.

그런 점에서 최근 성소수자가 마치 갑자기 늘어난 듯이 모습을 드러내는 것은 그들이 갑자기 많아져서가 아닐 수 있다. 좀처럼 내색하지 않고 있던, 또는 벽장 속에만 고이 숨기고 있던 자신의 성 정체성을 이제 당당히 공개하고 싶은 사람들이 늘어간다는 것이다.

최근 성소수자 단체들의 활동이 지속적으로 증가하는 것은 모바일과 SNS가 결합된 형태로 급속도로 활성화되고 증가하고 있는 흐름과도 맞물려 있다. 하루가 다르게 더 많은 성소수자들이 양지로 나와, 곳곳에서 레인보우 퍼레이드가 열릴 수 있는 것도 디지털 공간이 아니면 생각하기 어렵다.

사회 진보와 함께하는
성소수자 정치학

성소수자를 반기는 사회 또는 집단은 원래부터 많지 않다. 성소수자는 가족 모두가 이성애자라도 나 홀로 탄생할 수 있는 만큼, 애초부터 '외로운 떠돌이'로 시작된다. 사실 현실에서는 가족이 가장 큰 장애물이자 적이 된다고도 볼 수 있다.

보수 개신교와 워마드의 성소수자 혐오

성소수자는 자신의 정체성을 밝히는 자체가 가장 큰 장벽이고 모험이 된다. 그리고 이들은 다른 사회적 약자나 소수자, 즉 여성이나 특정 지역민 또는 노동자처럼 공개된 형태로 멤버십을 확인하기도 쉽지 않다. 따라서 연대와 저항의 과정 역시 다른 사회적 약자들보다 험난할 수밖에 없다. 그래서 성소수자는 사회 내부의 그 어떤 소수자보다 높은 혐오의 벽을 넘어야 한다.

영화 〈런던 프라이드^{Pride}〉는 성소수자들이 애초에 다른 마이너(피억압) 계층으로부터도 환영받지 못하는 모습을 잘 보여준다. 이 영화는 대처^{Margaret Thatcher} 수상 시절 영국에서 성적 소수자들과 노동운동이 연대하는 이야기를 실화에 바탕해 그리고 있다. 물론 양측이 처음부터 서로 마음이 통했을 리는 없다.

게이들이 먼저 돈을 모아 노동자들에게 보내지만 아무리 어려워도 그들의 돈을 처음부터 반기지 않는다. 결국 피억압이라는 공통점을 인식하고, 게이 퍼레이드에 노동자들이 함께 참여하면서 영국 노동당은 이들 성소수자들의 권익을 당의 강령으로 끌어안는 계기가 된다.

우리나라에서도 이들 성소수자들에 대한 혐오는 만만치 않다. 그중 페미니즘 행동주의자의 성소수자에 대한 부정적 태도는 마이너에 의한 다른 마이너 혐오라는 점에서 논란이 되고 있다.

페미니즘 행동주의의 시초인 메갈리아가 폐쇄된 것은 남성 측의 따가운 시선과 압박으로 인한 것은 아니었다. 내부에서 성소수자들에 대한 혐오를 둘러싸고 의견이 충돌하면서 분열로 인해 문을 닫았던 것이다. 즉 이후 워마드 등을 통해 전투적 페미니즘을 계승한 이들은 대체로 게이들에 대한 혐오를 정당화했다.

물론 이는 현재의 페미니즘 행동주의가 다른 대항운동들과 연대하고 협력하는 것이 어렵다는 것을 보여주는 것이기도 하지만, 성소수자에 대한 혐오가 얼마나 여러 방면에서 이뤄지고 있는지 보여주는 것이기도 하다.

그런데 현재 거리로 나선 성소수자들과 정면충돌하는 것은 종교계, 그중에서도 보수적 성향이 강한 기독교 중심의 반동성애주의 운동 단체들이다. 페미니즘 행동주의가 온라인을 통한 마이너들의 마이너에 대한 혐오라면, 이들은 큰 틀에서 메이저에 의한 마이너 탄압이라고 말할 수 있다.

레인보우 퍼레이드를 포함해 각 도시에서 열리기 시작한 퀴어문화제는 대체로 해당 지자체에서 개최가 결정되는 과정에서부터 이들 반대 단체들과 갈등을 빚는다. 특히 여야 등 정치적 지지와 관계없이 기독교계 전반이 동성애에 적대적 태도를 보이는 경향이 있다.

다만 종교계의 경우에는 서로 입장이 다르게 나타나기도 하는데, 모든 차별에 반대한다는 불교의 경우에는 동성애자 권익 이벤트에 참여하기도 한다. 반대로 기독교의 경우에는 소수의 몇몇 교회 또는 단체를 빼면 대부분 반대 입장이 명확하다.

그런데 최근 미국 기독교의 경우에는 이와 같은 흐름에 커다란 변화가 일어나고 있는데, 이미 상당수의 교단들이 성소수자를 인정하는 분위기로 바뀌고 있는 상황이다. 또한 동성애에 반대하는 교단들도 이제 동성애자들과 직접 물리적인 충돌을 일으키는 경우는 드물다고 할 수 있다.

마이너에게 혐오받는 마이너, 철저히 외면받는 존재

한편, 성소수자에 대한 혐오는 그들 외부에만 있는 것도 아니다. 같은 성소수자 간의 긴장과 갈등이 내부에서 만만치 않다. 동성애와 이성애 모두의 특성을 가지는 양성애자에 대한 반감, 그리고 게이들의 트랜스젠더들에 대한 반감은 혐오가 내부에서 다시 잘게 쪼개지는 혐오의 분열 현상으로 나타난다. 물론 이들 성소수자 커뮤니티 간 갈등은 은밀하고 상대적으로 소규모여서 표면화되지 않는다.

이 같은 성소수자에 대한 비판적 입장은 근본적으로 신체적 성이 곧 정신적 성이며, 동시에 성적 욕망의 대상 역시 신체 성별에 따라야 한다는 입장을 갖는다. 또 그중 특히 동성애에 대해서 그 반대자들은 종교상의 교리 외에도, 에이즈와 같은 질병의 확산, 결혼과 출산의 감소를 조장한다는 등의 논리를 내세운다.

즉 성소수자들은 단순히 피억압자 위치라기보다는 하나의 불순물과 같은 존재로 여겨진다. 다시 말해 자본가에 의한 노동자에 대한 탄압, 남성에 의한 여성 억압과 같은 큰 전선이 아니며, 철저하게 외면받는 존재이다.

박원순 시장이 페이스북에 사과한 이유

2014년 박원순 시장은 서울시민인권헌장 선포를 거부해 성소수자와 충돌한다. 당시 서울시를 중심으로 추진하던 인권헌장에는 성소수자 차별 금지에 대한 내용이 있었다. 이를 두고 종교계를 포함한 보수 유권자 측의 반발이 거세지자 박 시장은 동성애를 지지하지 않는다며 선포를 회피한 것이다.

이로 인해 성소수자 단체 및 인권 단체들은 박원순 시장과의 면담을 요구하며 서울시청을 점거했다. 성소수자들과 지지 단체들은 6일 간의 농성 후에 박 시장의 페이스북 사과문을 보고 나서 농성을 풀었다. 이 사건은 동성애 문제가 여러 나라에서처럼 한국 정치에서도 하나의 전선이 될 것임을 예고하는 일대 사건이었다.

당시 박 시장이 동성애에 대한 입장을 두고 곤욕을 치르긴 했지만, 사실 많은 정치인이 성적 소수자 문제에 대해 자유롭지 못하다. 동성애 등을 애초부터 절대 반대하는 보수 정당의 정치인은 큰 문제가 없다. 그러나 민주당처럼 대중적 진보 노선을 지향하는 정당에게는 상당한 부담이 된다.

물론 정치인들의 공식적 입장과 관련한 모범 답안은 준비되어 있다. '개인적으로 반대는 하지 않지만, 사회적 합의가 더 필요하므로 공식적으로 지지하기는 어렵다.'이다. 책임을 회피하기에는 상당히 적절한 레토릭이지만, 결과적으로 싸움은 그들의 몫이 된다. 성소수자들이 자신들의 정체성을 사회적으로 인정받기 위한 행진을 멈출 것으로 보이지는 않는다. 싸움은 커지고 정치는 이를 해결해야 한다는 말이다.

특히 동성애 반대 집단들은 대체로 성소수자들에 대한 혐오를 공격적이고 물리적으로 실행하는 경향이 있다. 특히 우파나 보수로 분류되는 진영에서 이들 성적 소수자에 대해 대체로 비판적 입장을 보인다는 점에서 이것은 정치적 의미를 가지기도 한다. 다만 기독교 국가인 미국에서는 동성애를 포함한 성소수자 문제와 관련해 사실상 국가적으로 인정하는 흐름이 만들어지고 있는 점은 주목할 만하다.

최근 서울에서 열리는 성소수자 이벤트에 전임인 마크 리퍼트 대사에 이어, 군인 출신인 해리 해리스 주한 미 대사 등이 연이어 집회에 참석하는 것 역시 이런 흐름을 잘 보여준다. 이미 오래전부터 이에 대한 관용적 문화가 정착된 유럽은 말할 것도 없다.

디지털 소통혁명에 힘입는 성소수자 대항운동

SNS 소통혁명이 만들어낸 중요한 현상 중 하나는 약자와 소수자들의 네트워크를 가능하게 했다는 점이다. 앞서 페미니즘 행동주의와 마찬가지로 성소수자들이 서로 소통하고 공감해 대항적 네트워크를 빠르게 구축한 것 역시 디지털 저항주의의 하나로 꼽을 수 있다.

우리 사회는 유럽이나 미국에 비해 이들 성소수자 운동 및 네트워크가 한참 뒤늦게 형성된 경우에 해당된다고 볼 수 있다. 실제 성소수자 문제와 관련한 제도 개정 등의 문제에서 한국은 세계적 추세와는 상당히 동떨어져 있다. 얼핏 주변적 문제와 같은 현재의 성소수자 문제는 아직은 조직화의 초기 단계이므로 큰 갈등이 없어 보일 수도 있다. 그러나 이들의 대항운동이 디지털 소통혁명에 힘입어 하루가 다르게 커질 가능성은 높다. 또 이들의 공개적 행동이 커질수록 벽장 속의 소수자들이 이 대열에 합류해 속도를 빠르게 할 가능성도 적지 않다. 따라서 아직은 천덕꾸러기 대접에도 크게 항의하지 못하는 이들이 성소수자 행동주의 단계까지 나아가게 된다면 이후 한국 정치의 중요한 의제가 될 가능성은 상당히 높다.

서구와 같은 동성 결혼의 허용까지는 더욱 멀어 보이지만, 이미 성정체성에 의한 차별 금지를 입법화하는 문제(차별금지법 제정), 군내 동성애 허용 문제(군형법 92조 6항), 헌법에서 '양성평등' 대신 '성 평등'의 개념을 도입하는 것 등을 둘러싸고 긴장과 대립이 형성되고 있다.

최근 자유한국당은 대법관 청문회를 포함해 성소수자에 대한 공개적 비판 발언이 잦아지고 있다. 즉 보수 진영은 사회적으로 보수적 성문화를 가진 한국 사회에서 성소수자 전선을 부각시키는 것이 상대적으로 유리하다고 판단할 수도 있다. 그때마다 민주당은 이에 대한 입장을 다시 질문받고 '그들을 모른다'는 부인을 계속하는 곤혹스러운 입장에 처하게 된다.

현재 우리나라의 경우, 정의당 정도의 진보 정당만이 공식적으로 성적 소수자의 권리를 지지하는 상황이다. 물론 최근에 청년들 중심의 신생 대안 정당들에서는 이들을 대체로 끌어안지만, 아직 원내 진출을 못한 상태에서 영향력은 크지 않다.

다만 이들 진보 정당들 역시 성소수자 문제가 다루기 쉬운 문제는 아니다. 성소수자들이 때로는 페미니즘 운동과, 때로는 반동성애 남성 지지자들과 충돌해 교통정리하기가 쉽지 않기 때문이다.

성소수자 문제는 미래 정치의 화두

신체적 특징을 중심으로 한 남과 여라는 구분은 자연의 질서 같아도, 사실은 이 세상의 모든 것은 무엇인가로 분류되어야 한다는 망상적 측면이 강하다. 무엇보다 사람은 스스로 자신이 진정한 남성인지, 진정한 여성인지조차 판단하지 못한다. 남자여도 여성적이고, 여자여도 남성적인 것이 훨씬 더 자연 질서에 가까운 진짜 현실이라는 얘기이다.

이미 전 세계적 흐름은 결국 신체의 자유를 사회가 침해할 수 없다는 쪽으로 가고 있다. 상대적으로 관용적인 유럽은 말할 것도 없고, 가족을 중심으로 성 문화에 대해 대체로 엄격한 미국에서조차도 주별로 동성혼을 인정하는 속도가 지속적으로 빨라지고 있다.

시간의 차이는 있겠지만 결국 성소수자가 자신들만이 정상이라는 완전한 이성애자들의 억압을 이길 가능성은 높다. 이유는 복잡하지 않다. '내 몸을 네가 간섭할 권리'란 애초부터 있을 수 없기 때문이다.

디지털 초소통혁명 이후 모든 마이너들은 소통과 공감을 바탕으로 자신들의 조직을 구축하기 시작했다. 마이너 또는 소수자를 중심으로 한 디지털 저항의 부상은 21세기 세계 정치의 주된 흐름 중 하나이다.

이들 성소수자들이 서로를 확인하고 힘을 합치기 시작한 만큼 자신들을 반대하는 운동에 겁을 먹고 물러설 가능성은 많아 보이지 않는다. 그들의 몸이 원하기 때문이고, 인류의 영혼이 남과 여 둘 중 하나로만 구성되어 있지 않다는 것이 진실이기 때문이다. 그런 점에서 성소수자 문제는 과연 사회가, 또 다른 사람이 개인의 신체에 대해 간섭할 권리가 어디에 있는가, 나아가 남과 여로만 되어 있는 성에 대한 분류 체계가 과연 옳은가에 대한 문제의식을 던지는 미래 정치의 화두이다.

이렇게 초소통혁명은 다양성의 정치를 출현시키는 근본 동력이다. 만일 양당 정치의 거대 정당들이 양성만을 허용하는 억압을 해소하지 못하면 다양성의 정치를 제일 먼저 호출할 것은 무지개연대가 될 것 같다.

7

#혼삶

가족은 없다!
혼자 즐기고 혼자 죽어가는 세상

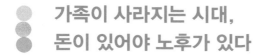

가족이 사라지는 시대, 돈이 있어야 노후가 있다

혼자 사는 사람이 늘고 있다. 이미 1인 가구가 대세이고, 그렇게 바뀌는 속도도 빨라지고 있다. 결혼과 출산은 하지 않고 이혼은 많아져 가족이 붕괴되고 인구가 고령화되면서 홀로 되는 사람이 늘어나는 것이 주된 이유이다.

혼자가 좋아! 우리 모두 혼밥, 혼술, 혼창, 혼삶

그런데 혼자 사는 게 다가 아니다. 혼자서 즐기는 사람도 늘고 있다. 이미 카페마다 식당마다 혼자 오는 손님을 위한 자리가 늘고 있다. '혼술', '혼밥'은 물론 '혼놀'과 같은 신조어가 하루가 다르게 생겨난다. 여행도 혼자 가고 영화도 혼자 본다. 게다가 이 같은 혼족 현상은 당연히 한국만의 것은 아니다. 일본은 혼족 선진국으로서 꽤 오래전부터 '오히토리

사마' 현상이 나타났다. 이른바 1인족을 위한 시장이 큰 규모로 형성되어 있는 상황이다. 우리나라도 이제 '솔로 이코노미'라고도 부르는 시장이 커지고 있다. 혼자 사는 사람, 혼자 즐기는 사람을 위한 마케팅이 활발해지고 상품도 늘고 있다. 왜 사람들은 혼자가 되려는 것일까?

2017년 기준으로 볼 때 1인 가구의 비율은 전체의 약 3분의 1에 육박해가고 있다. 부부만 살거나 부모와 자녀가 함께 사는 가구를 앞지른다. 1인 가구 현상은 노령에 의한 가족해체를 제외하면 사실 가족 가치가 붕괴되고 가족 만들기를 기피하면서 생긴 현상이다. 가족을 아무리 아름답게 찬미해도, 또 가족 간의 애틋한 모습을 수많은 드라마와 영화가 애틋하게 연출해도 가족이 사라져가는 것이 진짜 현실이다. 가족만 생각하면 눈물이 나고 가족의 추억도 아련하지만 같이 사는 건 싫다는 것인지?

기계가 만들어주는 가상의 스펙터클 세계가 더 아름답다?

가족의 붕괴를 가부장적 가치의 퇴조와 여성의 사회 진출과 같은 페미니즘적 관점에서 볼 수도 있다. 그러나 가족 붕괴 자체를 혼족 문화의 번성에서 바라보는 것도 의미 있는 해석을 제공해줄 수 있다.

사람들은 이제 가족이 있든 없든 혼자 여행을 간다. 혼술이나, 혼밥, 그리고 코인노래방에서 노래 부르는 것과 같은 혼놀이 확산되는 현상역시 마찬가지이다. 친구가 없고 가족이 없어서만이 아니라 혼자 노는 것이 좋고 함께 있는 것은 싫어서일 수도 있다.

사실 혼자 살기 너무 편한 세상이기도 하다. 어디에나 있는 24시간

편의점은 물론 마트에도 혼자를 위한 식품들이 가득하다. 도시 곳곳에 재개발 이후 들어선 크지 않은 오피스텔들도 혼자 살기 안성맞춤이다. 혼자 사는 사람을 고객으로 잡기 위한 마케팅도 활발하다. 식음료 제품은 물론 가전제품도 혼자 사는 사람을 위해 소용량으로 변하고 있다.

이 같은 혼족의 삶을 가능하게 하는 또 다른 중요한 요소는 바로 스마트폰이다. 옆에 사람이 필요 없기 때문이기도 하고, 스마트폰이 있는 한 외롭지 않기 때문이기도 하다. 즉 초소통혁명 시대의 또 다른 풍경은 '기계와의 삶'이다. 사람과의 모든 오프라인 관계는 내가 아닌 다른 사람의 행복을 위해 쓸 돈을 필요로 한다. 가족도 예외는 아니다. 게다가 내가 원했던 관계를 충족하지 못하면 언제나 감정적 찌꺼기를 남긴다. 사이버 속의 관계는 현실의 관계보다 못하지 않다. 게임이나 SNS를 하다가 자식을 굶겨 죽인 사례가 극단적이긴 하지만 반복되는 이유일 수 있다.

기계가 만들어주는 가상의 스펙터클 세계는 더 아름답고 더 자극적이며 환상을 충족시킨다. 영원한 진리, 순수한 진실을 찾고 싶으면 영화나 동영상을 보면 되는 이유이다. 완전한 사람, 반신반인의 영웅을 보고 싶으면 SNS를 뒤지면 나온다. 그 사람을 알면 사랑할 수 없지만 몰라야만 내 모든 사랑을 바칠 수 있다.

삶의 기준과 즐거움이 소비를 중심으로 이뤄지는 사회 시스템
이미 공상과학영화에서 자주 등장했던, 모든 사람이 모니터만 들여다보는 그 기괴한 풍경은 이미 가족 식사 자리에서 또 지하철에서 실현

됐다. SNS가 있는 이상 그들은 혼자도 아니다. 스마트폰으로 정치인을 지지해 세상을 바꿀 수도 있다. 촛불을 들고 태극기를 들고 광장에 나가는 것도 어쩌면 SNS와 디지털 콘텐츠를 통해 남몰래 혼자 키워온 환상을 충족시키러 나가는 것일 수 있다. 진보의 유토피아 또는 보수의 유토피아는 현실에선 없지만 스마트폰 속에는 엄연히 존재한다.

쇼핑도 마찬가지이다. 어렵게 돌아다녀도 마음에 드는 물건을 사기는 쉽지 않지만 스마트폰의 앱을 통해 쇼핑하면 싸고 다양한 물건이 수두룩하다. 총알처럼 집 앞까지 배송하는 서비스도 한몫한다. 가족이 아직 아름다운지는 모르겠지만, 절실하게 필요한 시대는 분명 아니다. 게다가 가족에게 잘할 수 있는 시대도 아니다.

이렇듯 혼족 문화의 부상은 디지털 소통혁명과 관련이 깊다. 또 모든 삶의 기준과 즐거움이 물질과 서비스의 소비를 중심으로 이뤄지는 사회 시스템의 변화에서 만들어진 것일 수 있다. 또 디지털 환상세계가 만든 관계가 오프라인의 관계보다 항상 즐겁기 때문일 수도 있다.

가족은 사라지고 자식 낳을 이유도 없어지다

가족이 사라지는 것이 가족에 대한 가치를 경시하는 풍조 때문이라고 볼 수도 있다. 그러나 사실 가족은 쓸모가 없어서 사라지는 것일 수도 있다. 사람이 살아가는 데 가족이 가지는 사회·경제적 기능은 점차 줄어든다는 말이다. 아무리 가부장주의가 억압적이고 여성이 사회 진출을 하는 데 장애가 된다 하더라도 가족 없이 살 수 없다면 혼족이 늘지 않을 수도 있다.

과거 농경사회와 산업사회의 초기만 해도 과중한 노동시간과 가사 노동의 강도 등을 감안하면 가족 없는 삶의 불편함은 결코 적다고 말할 수 없다. 그러나 현대인이 일상생활을 하는 데 가족이 필요한 이유를 찾는 것은 쉽지 않다. 집을 봐줄 사람이 있어야 하는 것도 아니다. 도둑과 화재는 무인경비 시스템이 더욱 든든하다.

스마트폰 하나로 집의 냉난방은 물론 모든 가전제품 등을 온라인으로 통제하는 사물인터넷이 확산되면 더더욱 편리해진다. 특히 맞벌이 가족인 경우 식사 준비를 포함해 가사노동을 여성에게만 맡기는 것은 분명 죄에 가깝다. 어차피 돌아가면서 음식을 할 것이라면 사 먹고 들어가거나 함께 사다 먹는 게 서로를 배려하는 길이기도 하다.

가족이 일상생활을 하는 데 필요 없다면 그 가치는 출산과 육아로 좁혀진다고 볼 수도 있다. 그러나 문제는 자식의 사회·경제적 기능마저 사라져가는 것이다. 사회보장의 정도와 범위가 미약할 때는 자식 없는 삶은 불편함을 넘어 비참한 노후를 의미했다. 따라서 자식의 양육은 그 자체가 자신의 삶을 위한 것이었다. 특히 노년의 삶을 유지하기 위한 필요 불가결의 사회·경제적 결정이었고 그 행위가 바로 출산과 육아였다.

자식이 커서 부모를 돌보거나 부양한다는 것 자체가 먼 과거의 일이 된 것이 오늘의 현실이다. 무엇보다 자식이 돈이 없기 때문이다. 금융경제하에서는 대개 빚을 안아야 사람답게 살 수 있다. 월세 내고, 빚 갚고, 스마트폰 사고, 해외여행 가려면 매달 적자인데 부모에게 쓸 돈이 있을 리가 없다.

이제 출산과 양육은 인생의 옵션 사항

사실 고도성장 시기에 저축도 좀 하고 부동산도 사놓은 부모라면 자식보다 돈이 더 많은 경우도 비일비재하다. 그렇다고 자식이 늙은 부모를 위해 같은 집에서 사는 것도 이제 흔한 일이 아니다. 명절에 반드시 모여서 얼굴 보고 밥 먹는 것도 이젠 없어져야 할 악습이 되어가는 판이다. 배우자가 죽고 나면 이제 '혼절(혼자 지내는 명절)'을 보내는 것이 올바른(?) 부모의 자세이다.

부모가 아프고 병들어도 마찬가지이다. 자식이 부모를 돌보기 위해 시간을 내는 것 자체가 어렵다. 일 때문일 수도 있고 자기 가족들끼리 오붓하게 해외로 여행 가야 하기 때문일 수도 있다. 현실은 부모 공양은커녕 자식이 맞벌이를 위해 부모에게 손주 손녀를 맡기지 않으면 다행일 뿐이다. 딸이 있어 편하다는 말도 이제는 그릇된 성차별적 인식에 불과하다.

만일 자식이 노후를 책임질 것도 아니고, 장례를 제대로 치를 것 같지도 않고, 제사는 더더욱 지낼 리 만무하다면 자식을 키워야 하는 이유가 무엇인지 묻지 않을 수가 없다. 이제 자식을 낳고 기른다는 것은 적어도 필요해서 할 일은 아니다.

순전히 종족 번식의 본능에 따른 것이거나, 아니면 양육하는 즐거움을 누리기 위한 것일 수는 있다. 아니면 국가와 사회를 위한 투철한 사명감이거나, 그야말로 남이 하니까 나도 하는 것일 수도 있다. 이제 자식은 필요 불가결하기보다는 인생의 옵션 사항으로 바뀌어가고 있다.

더 큰 문제가 남는다. 자식을 키운 사람은 노후에 빈곤해질 수 있다는 것이다. 자식에게 드는 경비는 보상도 반환도 안 되며, 쓰고 나면 없어지는 돈이다. 자칫 자식을 잘못 키워 돈이라도 뜯기지 않는다면 다행이다. 이제 자식을 낳고, 키우고, 비싼 돈을 들여 교육을 시킬 사람은 돈이 많은 사람이어야 한다.

생활비 지출 1순위라는 자식 교육은 재산 없는 사람에게는 그야말로 허황된 자기만족일 뿐이다. 큰 재산도 없이 자식의 양육과 교육에 돈을 들이다가는 부모들은 빈곤한 노후 생활을 각오해야 할 수도 있다.

우리 사회의 의료 보건 수준과 라이프 스타일의 변화 그리고 비약적 의료 기술의 발전은 수명을 과거보다 10년, 20년 늘게 하고 있다. 운동 능력이 부족하고 사회적 네트워크가 취약해지는 노년 수십 년을 버티려면 자식이 아니라 돈이 있어야 한다. 특히 현재의 한국 상황, 즉 여성들의 사회적 참여는 적고 수명은 늘어나는 상황에서 남자의 사망이나 이혼으로 인한 부재는 여성에게 가혹할 수 있다. 더욱이 혼자 남아 100세까지 산다고 가정하면 더더욱 비극에 가깝다.

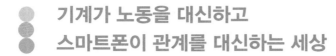

기계가 노동을 대신하고
스마트폰이 관계를 대신하는 세상

혼자 늙어가고 혼자 죽어가는 세상이 다가오고 있다. 가장 일반적 죽음은 늙으면 요양원에 가서 또는 병원에서 간병인과 함께 지내다 죽는 것이다. 바쁜 현대인에게는 부모의 임종을 지켜보는 것도 쉬운 일이 아니다. 실제로 일도 바쁘고 사는 곳도 먼 경우가 많기 때문이다.

혼자 앓다 혼자 죽는 것이 미덕인 시대

얼마 전 일본에서는 장례식장에서 로봇이 불경을 외우는 것이 화제가 됐다. 사람이 더 귀해지는 미래에는 로봇이 간병하고, 가족과의 마지막 화상 통화 이후 임종도 로봇이 지킬 가능성이 높다.

연락할 가족이라도 있으면 다행이지만 그것도 쉽지 않다. 거장의 반열에 오른 영화감독 우베르토 파솔리니^{Uberto Pasolini}의 명작 〈스틸 라이프

Still Life)에는 혼자 살다가 혼자 죽는 사람을 위해 일하는 구청 공무원의 얘기가 나온다. 장례식을 치르기 위해 망자의 연고자들을 찾아다니지만 찾지 못하거나 거절당하기 일쑤인 내용이다. 혼자 살다가 혼자 죽는 것이 우리나라만의 이상한 현상은 아니며 곧 닥칠 미래임을 보여주는 영화이다.

우리 사회도 무연고 사망, 즉 고독사가 사회적 문제가 된 지 하루 이틀이 아니다. 혼자 지내다 죽은 지 얼마 만에 사체가 발견되었다는 뉴스 기사는 슬프지만 귀에 익숙하다. 고독사의 대부분은 남성이다. 돈 없는 남성은 혼자 살아야 하는 것이 이 시대의 법칙이 되어간다. 또 많은 노인들이 이제 더 이상 가족을 괴롭히지 않고, 혼자 앓다 혼자 죽는 것을 스스로 미덕으로 여긴다. 혼자 죽으면 쉽게 주검을 치울 수 있도록 현관문을 열고 잔다는 어떤 할머니의 방송 인터뷰는 충격적이기도 하지만 수긍이 가기도 한다.

오랫동안 부모나 배우자, 가족 등을 간병하던 중 끝내 자신이 돌보던 그들을 죽이고 자신도 자살을 하는 경우도 뉴스에 등장한다. 한 명의 병자를 돌보기 위해 다른 한 사람의 인생이 함께 망가지기 때문이다. 이 시대에 남아 있는 '최후의 가족애'라고는 아픈 자식을 위해 자신의 인생을 포기하는 엄마 정도이다.

물론 최근 자식을 버리고 가족을 벗어나는 여성의 비율도 늘어난다고 하는 만큼 이마저도 얼마나 갈지는 알 수 없다. 어쨌든 그 외 나머지 다른 가족이 또 다른 가족을 돌보는 관습은 사라져가고 있다. 10년이고 20년이고 기약 없이 누군가를 돌보면서 자신의 인생을 버리느니 차라리 자살하거나 감옥을 가는 게 낫다고 생각하는 것에 공감이 간다면 죄인지 아닌지도 알 수 없다.

남은 사람을 위해 용기를 내는 것이 안락사와 존엄사인가?

어쩌면 이제 그나마도 자연사가 사라질지도 모른다. 모든 죽음이 넓은 의미에서의 자살 또는 비윤리적 타살일 수 있다. 존엄사와 안락사 모두 완전한 자연사는 아니다. 존엄사는 회복 불능의 신체적 단계에 이르러 자신 스스로 혹은 가족과 의료진이 협의해 연명치료를 중단하는 것이다. 반면 안락사는 대개 환자 스스로 자신의 고통을 멈추기 위해 특별한 의학적 처치를 통해 죽음을 선택하는 것으로 존엄사보다 더 적극적인 형태라고도 말할 수 있다. 그러나 잘 생각해보면 내가 죽기로 결심하나 남이 내 죽음을 도우나 그게 그것이다. 연명치료 중단을 자살로 볼 것인지 타살로 볼 것인지 정도의 문제만 남는다. 즉 존엄사란 자신이 선택한 안락사, 자살을 결심한 사람을 위한 타살로 볼 수 있다.

이미 유럽의 몇몇 국가들은 존엄사이든 안락사이든 모두 인정하기 시작했다. 미국에서도 병원 치료를 포기하고 스스로 품위를 지키며 죽는 존엄사를 인정했다. 이웃나라 일본은 연명치료를 중단하는 존엄사에서 한 발 더 나아가 죽음을 선택하는 의미를 가진 소극적 안락사까지 인정하는 분위기이다.

각국의 연명치료 중단의 기준이나 절차도 점차 완화되어가고 있다. 영국의 대법원은 2018년 가족과 의사가 동의할 때는 법원의 승인 없이 연명치료를 중단할 수 있다고 최종 판결함으로써 존엄하게 죽을 권리를 얻는 절차를 더욱 간소화하였다.

다른 나라만 그런 것은 아니다. 우리나라도 자기 결정에 따른 존엄사를 인정하며 바람직한 일로 여기는 분위기가 고조되고 있다. 보건복지부는 2016년 연명의료결정법 제정을 통해 존엄사를 제도화했다.

보건복지부는 관련 법령을 시행하면서 "환자의 자기 결정을 존중하여 무의미한 연명의료 때문에 고통을 겪고 있는 환자의 고통을 완화함으로써 인간으로서의 존엄과 가치를 보호할 것으로 기대한다."고 밝힌 바 있다. 또 "호스피스 확대를 통해 말기 환자가 삶을 편안히 마무리할 수 있도록 함으로써 말기 환자와 그 가족의 삶의 질 향상에 기여할 것으로 기대한다."고도 덧붙였다.

그러나 살아갈 날이 많은 사람, 주로 남은 가족을 위해 늙은 사람이 '용기'를 내서 죽는 것이 존엄사나 안락사일 수 있다. 자신이 죽음을 택했다 하지만 가족의 앞날이 그 사람을 죽인 것이기도 하다. 이제 사람들은 점점 주변의 가족들로부터 용기를 시험받게 될 가능성이 높은데, 이는 남은 가족이나 사회, 의료제도를 위해 너무나 효율적인 헌신이기 때문이다.

기계가 노동을 대신하고 스마트폰이 관계를 대신하는 세상

가족의 죽음을 상징적으로 보여주는 것이 가족의무부양제의 폐지 움직임이다. 얼핏 보면 가족이 부모를 부양하는 것을 의무로 하는 것이 무엇이 문제인가 싶겠지만 현실은 다르다. 결과적으로 가족 있는 노인들만 고생시키는 것이 바로 이 제도일 수 있기 때문이다. 이 제도의 기본 입장은 만일 부모를 부양할 수 있는 가족이 없다면 복지 혜택을 받을 수 있지만, 세금을 내고 사는 멀쩡한 자식들이 있으면 복지 혜택을 제대로 못 받도록 하는 것이기 때문이다.

문제는 정부의 기준에 맞게 부양 능력이 있고 반드시 부모를 모셔야 한다고 분류된 자식들이 부모를 부양하지 않는 데 있다. 자신들이 일정 수준 이상의 경제생활을 해도 부모를 부양하지 않거나 그러지 못하는 자식들이 늘어가는 것이다. 현재의 복지 개념에서는 아예 자식이 없거나 자식이 무능한 부모들은 복지 혜택을 받아 최소한의 연명이 가능하다. 그러나 자식을 번듯하게 키운 부모들 중 일부는 자식의 처지나 양심에 따라 복지의 사각지대로 들어가 복지 혜택도 못 받고 처참한 빈곤을 겪게 되는 셈이다.

문재인 대통령이 후보 시절 가족의무부양제를 폐지하겠다는 공약을 내놓았던 이유는 바로 가족이 붕괴되고 자식은 쓸모가 없어지고 있기 때문이다. 문 대통령이 공약대로 가족의무부양제를 폐지하면, 그것은 우리 사회의 혼삶혁명의 시발점이 될 가능성이 높다. 가족 가치의 죽음을 선언하는 의미를 내포하기 때문이다.

그런 점에서 혼자 사는 사람, 혼자 늙는 사람, 혼자 죽는 사람들을 위한 정책이 필요하다. 가족 정책이 아닌 개인 단위의 복지정책을 말한다. 가족에 미련을 가지기 어려운 시대이다. 다시 가족의 가치를 강조하고 미풍양속을 운운하는 것은 무책임한 위선일 뿐이다. 지금 필요한 것은 부모든 시부모든, 돈 못 버는 배우자든, 직업 없는 자식이든 "나도 가족이 버거워."라고 솔직히 말하는 것이다.

잘살고 경제가 발전한 나라부터 가족이 사라지는 것은 세계적 추세이다. 기계가 노동을 대신하고 스마트폰이 관계를 대신하는 세상이 출현하고 있다. 우리가 좋아서 따르는 것이 아니라 따라갈 수밖에 없는 것이다. 무엇보다 우선순위를 정해야 한다. 혼자 출산하는 여성을 먼저 챙길지, 혼자 비참하게 죽어가는 늙은 노인을 챙길지, 일자리 없이 혼자 떠도는 젊은 청년을 챙길지 잘 판단해야 한다. 대신 가족을 통해 무엇인가를 해결하려는 방법은 좋아 보이지 않는다. 이제 사람의 생활을 이루는 기본 단위와 정부의 복지 역시 더 이상 가족이 아니라 개인을 기준으로 삼는 방향이 옳다.

8

#기본소득

노동 종말의 암울한 예언
그리고 기본소득

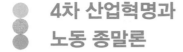

4차 산업혁명과
노동 종말론

문재인 정부의 경제정책 기조는 소득주도 성장이다. 우리 사회의 저소득층을 끌어안는다는 뜻에서 '포용경제'라고도 이름 붙여졌다. 이 같은 기조는 그동안 경제정책을 거시경제 지표 중심으로, 즉 수출과 대기업 중심으로 폈던 것과는 분명히 다르다. 사실상 노동자 중심 정책이라고도 말할 수 있다.

사회 여론을 점화시킨 문재인 정부의 최저인금 인상
최근 실업률이 지난 20년 동안에 가장 높고 신규 취업자의 수도 좀처럼 늘지 않아 고용대란이라는 말이 나온다. 또 통계청장의 경질까지 가져온 서민층의 소득 증가도 과연 성과를 낼지 확실하지가 않다. 새 정부의 이 같은 정책을 두고 사회 곳곳에서 여러 의견들이 분출하고 있다. 거기에 재계와 정부는 물론 정치권 내에서의 논쟁이 그칠 줄 모른다. 야당은 정부가 국민을 모르모트로 삼아 검증되지 않은 정책을 실험한다고 강력하게 반발하고 있다. 여론조사에서 나타나는 문재인 정부에 대한 가장 큰 불만은 경제정책에 대한 불안이다. 전인미답의 길이라고도 일컬어지는 문재인 정부의 노동 중심 경제정책, 과연 성공할 수 있을까?

문재인 정부에서 남북 관련 현안을 제외하면 가장 주목받은 정책은 최저임금 인상이었다. 인상률을 둘러싸고 자영업자 중심의 영세 소상공인들은 전례 없이 정부에 반발했고 대항을 위한 조직까지 만들었다. 정부의 입장은 안팎의 우려와 반발에도 불구하고 상당히 단호했다. 적어도 2020년까지 대선 공약이었던 1만 원으로 인상하겠다는 입장을 명확히 했다.

이를 둘러싸고 정부 내에서도 상이한 입장이 나타나기도 했다. 정부와 소상공인, 여와 야가 치열한 논쟁을 벌였다. 나침반 역할을 해줄 수 있는 국민 여론 역시 반반으로 갈려 팽팽히 맞서는 모습을 보였다. 일자리와 노동과 관련한 갈등은 이뿐만이 아니다. 비정규직의 정규직화를 두고도 갖가지 갈등과 충돌이 벌어지고 있는 형국이다. 이를 둘러싼 잡음도 끊이지 않고 있다. 공공기업의 정규직화 과정에서 불거진 고용 세습 논란은 사회적으로도 큰 파장을 일으키며 사회 여론을 점화시켰다. 노조원, 즉 기존에 조직된 노동자들이 조직되지 않은 노동자들이나 구직자들의 밥그릇을 뺏는 모양새가 언론 등에 공개되었다. 근로시간 단축으로 '저녁이 있는 삶'을 만들겠다는 정부의 정책도 그 취지와

는 다르게 결과적으로 소득 하락으로 이어진다는 전문가들의 지적이
여론을 자극하기도 했다. 투잡^{two jobs}을 뛸 수밖에 없다는 노동계의 반
발도 예사롭지 않다.

적게 일하고 많이 받는 선진국형 직장인의 삶도 바람직

문재인 정부가 천명한 소득주도 성장 정책은 그동안 말만 많았지 한
번도 제대로 잡아본 적이 없는 양극화를 해결하기 위한 정책 노선의
일환으로 볼 수 있다. 기존의 대기업과 수출 중심의 정책 기조가 양극
화를 전혀 해소하지 못한다는 인식하에 이를 극복할 새로운 모색의 필
요성에 따라 제시된 국가 정책이었다. 또 정부가 경쟁에서 뒤처진 사회
약자층을 끌어안는 정책을 추진하는 것도 나름의 타당성을 인정받을
수 있다.

우리나라는 OECD 국가 중 가장 높은 수준의 빈부 격차를 보이고
있으며, 아직도 국가 예산 중 복지에 투입하는 비율이 충분하지도 않기
때문이다. 또 노동시간을 줄이고 임금을 올림으로써 적게 일하고 많이
받는 선진국형 직장인의 삶도 궁극적으로 우리가 가야 할 방향임은 분
명하다.

하지만 이에 대한 우려와 비판도 만만치는 않다. 가장 대표적인 것
은 고용과 노동조건 개선이 시장 논리에 의해 진행되지 않는다는 점이
다. 즉 기업을 중심으로 이뤄지지 않고 있다는 지적이 바로 그것이다.
다시 말해 노동자의 최저임금이 오르고 일자리가 더 많아지는 게 근본
적으로는 그들의 직장 자체의 성장에 의해 비롯되는 일이어야 한다는

것이다.

그런 의미에서 현 정부의 정책이 시장 질서를 왜곡하는 정책이라고 그들은 비판한다. 그러면서 인위적 소득 부양의 부담은 고스란히 기업은 물론 세금을 통해 전체 국민에게로 돌아갈 수 있다고 지적한다. 비록 정부가 그 부담을 일부 지원한다 해도 결국 기업 자체의 수익성을 떨어뜨리는 것이 되므로 중장기적으로 소용없는 처방이 될 수 있다고 설명한다.

일자리 중심 경제정책의 핵심은 너무 많다고 지적되는 영세 자영업자가 양질의 새로운 직장을 구하는 것이다. 우리나라의 자영업 비중이 다른 나라에 비해서 크게 높다는 통계는 그 정책을 뒷받침하는 지표이다. 창업 전문가 백종원 씨가 국회에 나와서 말한 대로 망할 것 같은 가게는 망하더라도 문 닫은 가게 주인들이 좋은 직장을 얻을 수 있는 현실적인 방안이 고민되는 시점이다.

소득주도 성장, 진보 정권의 사활을 건 선택

정부는 문을 닫는 자영업자들이 먹고 살 수 있는 정책을 펼칠 의무가 있다. 그러나 최근 나타나는 지표는 고용 상황이 더욱 악화돼 오히려 생계형 개인 창업이 늘고 있는 추세이다. 만일 가게 문은 닫게 하고 새로운 일자리를 못 주면 결국 정부가 대책 없이 특정 계층 또는 집단을 곤경에 빠뜨리는 것이 된다. 온라인상의 여론도 월급이 올라 행복하다는 사람도 있지만 가게 문을 닫으며 피눈물이 난다는 의견도 만만치 않다. "든든한 일자리가 있는 사람이야 좋겠지만, 지금 일자리가 없는 사람은 일자리 못 구해 죽으라는 얘기냐."라는 한 네티즌의 호소는 현 정부 정책의 맹점을 가리키고 있다.

문재인 정부의 소득주도 성장은 사실상 진보 정권의 사활을 건 선택이라 해도 과언이 아니다. 이른바 아래로부터의^{bottom-up} 성장이 성공하지 못하면 진보 진영 전체의 위기로 번질 수도 있다. 대신 여기서 성과를 내면 이해찬 민주당 대표가 말했던 대로 '20년 집권'이 결코 환상이 아님을 보여줄 수도 있다. 역대 보수 집권 세력들은 그동안 위가 잘 살아야 아래도 잘산다는 톱다운^{top-down} 방식을 내세워왔다. 신자유주의 냄새가 물씬 나는 이 경제 모형은 오랜 기간 구호만 요란한 친기업 정책이었을 뿐 양극화 해소에 아무런 도움이 되지 못했다. 대중적으로는 거의 사형선고를 받은 것이다.

반대로 야당이었던 민주당은 경제민주화와 복지 강화 등을 중심으로 새로운 경제 노선을 대안으로 해야 한다고 주장해왔다. 문재인 정부의 소득주도 성장론은 그동안 두 번의 보수 집권 기간에 진보 진영이 주장해왔던 것을 실제 적용한다는 의미를 가진다. 진보들이 얘기해 온 것이 과연 작동이 가능한 것인지 증명하게 되는 시험대라는 얘기이다. 만일 이의 성공을 통해 민주진보 진영이 경제조차 유능하다면 보수 정치 세력의 입지는 더욱 좁아질 것이 자명하다. 반대로 실패하게 되면 말 그대로 초라한 진보 정권으로 곤두박질칠 수도 있다. 중요한 것은 과연 문재인 정부의 일자리 중심 경제정책이 애초부터 성공할 수 있었던 것인가 하는 문제이다. 일부에서는 그 어떤 정부가 노력해도 고용 중심의 경제정책은 성공할 수 없다고 보기도 한다. 현대 자본주의는 대중의 일자리 자체가 위협받는 시대이므로 고용을 매개로 한 경제성장은 헛일이라는 것이 그들의 주장이다.

리프킨이 예고한 노동의 종말을 넘어서

일자리가 줄어들 것에 대한 경고가 나오기 시작한 것은 꽤 오래전이다. 일자리가 사라질 것이라는 전망의 주된 이유는 로봇과 같은 산업 기술의 발전이다. 이 같은 암울한 전망 중 대중적으로 가장 널리 알려진 것은 제러미 리프킨Jeremy Rifkin의 『노동의 종말』(1999)이라고 할 수 있다. 그는 앞으로 "기계가 인간의 노동력을 대체하게 될 것"이므로 "제3차 산업혁명 이후 미사용 인간 노동력 문제를 반드시 해결해야 한다."고 강조했다. 특히 리프킨은 21세기 초입, 즉 현 시점에 제조업 분야의 고용 감소가 두드러질 것이라고 전망한 바 있다.

1차 산업혁명이 공업혁명이고 2차 산업혁명이 전기혁명이라면 3차 산업혁명은 컴퓨터 전산혁명이다. 리프킨이 전망한 노동의 종말은 3차 산업혁명에 의한 노동의 종말을 얘기한 것이다. 그런데 이제는 4차 산업혁명의 시대로 진입했다는 소식이 들려온다. 4차산업에 대한 학술적 정의는 생각보다 모호하다. 독일 등 선진국의 차세대 산업 계획을 모방한 것이라는 비판도 있다. 일반 사람이 이해할 수 있는 범위의 4차산업은 인공지능, 즉 AIArtificial Intelligence와 5G 통신망을 통한 초연결사회 정도이다. 그것을 결합해 구체적으로 자율주행 자동차나 스마트시티smart city 등을 상상해볼 수는 있다.

여기서 중요한 것은 4차 산업혁명이 일자리를 늘리는 것과는 거리가 멀다는 점이다. 문재인 정부가 제조업 부흥을 위해 늘리겠다고 밝힌 적 있는 스마트 팩토리smart factory는 사실상 노동력이 필요 없는 제조업이다. 자율주행 자동차나 운송형 드론drone의 등장은 운수업에 종사하는 수많은 사람들의 일자리가 사라진다는 의미이다.

그마나 3차 산업혁명까지는 크게 보면 기계가 인간의 육체노동을 대체하는 것만을 의미했다. 그러나 현재 논의되는 4차 산업혁명은 정신노동까지의 대체를 의미한다. 기존의 3차 산업혁명까지와 달리 없어질 일자리 분야에 따로 제한도 없다. 다시 말해 AI가 전문가들의 직장을 위협하고, 이와 결합한 기계들이 상대적으로 복잡하지 않은 기술 노동직이나 판매직 모두를 위협하게 되었다.

변호사나 의사와 같은 고급 전문직 화이트칼라부터 트럭이나 버스, 택시와 같은 대중교통 운전자까지 사실상 거의 모든 형태의 직업을 위협할 가능성이 있다. 로봇이 의료 수술에 투입되는 추세도 점차 빨라지고 있다. 법원 판결조차 판례를 축적하고 표준화하여 공정한 재판이 이뤄지는 방향이 검토되고 있다. 이러한 4차 산업혁명을 둘러싼 논의에는 긍정과 부정 두 가지 측면이 모두 있다. 긍정적 측면은 새로운 기회이자 흐름이므로 이것에 뒤처지지 말고 쫓아가 경쟁력을 확보해야 한다는 것이다.

부정적 측면은 대량 실업, 노동시간 악화에 따른 소득 감소, 불평등 악화 등을 촉발시킨다는 것이다. 다시 말해 4차 산업혁명이 국가 경제에 새로운 기회와 도전이 될지는 몰라도 노동이라는 측면에서는 재앙이라는 표현이 과장이 아닐 수 있다.

노동 존중 시대의 기업 생존 전략은 무고용?

문재인 정부가 택한 소득주도 성장의 현실적 방안은 지금으로서는 최저임금 인상이다. 라이언 아벤트[Ryan Avent]는 자신의 저서 『노동의 미래』에서 고임금을 달성하는 것의 어려움을 구체적으로 설명한다.[1]

그에 의하면 소득 향상을 위한 두 가지 대표적 방법은 최저임금 인상과 기본소득 지급이다. 이 두 가지의 가장 큰 차이는 최저임금은 기업이 이를 지급하는 것이고, 기본소득은 정부가 준다는 것이다. 즉 최저임금 인상은 가장 쉬운 방법이지만 기업에 부담을 주는 방안이 된다. 걱정스러운 것은 그에 의하면 "대폭 인상된 최저임금은 필연적으로 고용의 대폭 감소로 이어질 것"이라고 전망하는 부분이다. 최근 나타나는 통계상의 고용 감소가 정말 이와 같은 분석을 반영하는 것이라면 심각한 상황이 될 수도 있다.

아벤트 역시 분명하게 "최저임금 인상이 일자리를 찾을 수 없는 사람들의 소득까지 증대시키지는 않는다."라고 잘라 말한다. 최저임금 인상 이후 SNS상에서 잔뜩 댓글로 달린 일자리 없는 사람들의 분노가 근거 없는 것이 아니라는 얘기이다.

일자리가 줄어드는 시대에 소득주도 성장은 그래서 위험할 수 있다. 물론 과거에도 인류 문명이 항상 그래왔듯이 새로운 직업군이 등장할 것이므로 이를 재앙으로 보는 것은 과장이라는 관점도 꽤 설득력이 있다. 오히려 직업과 일자리에 관한 한 공급이 수요를 만들어낸다는 세의 법칙[Say's law]이 더 적정하다고 볼 수도 있다.

다만, 자본의 질서가 범역적으로 정착되고 확산한 현 시점에 일자리를 통해서 경제를 회복시킨다는 입장에 대한 부정적 전망은 결코 만만치 않다. 아벤트도 지적하고 있지만, 4차 산업혁명이 불러올 위기 역시 궁극적으로는 극복될 것이다. 하지만 당장 일자리 구조가 크게 변동하는 시기에는 직업을 잃어버리고 또 구해야 할 사람들이 겪을 혼란과 고통은 불가피하다.

노동 종말 시대의 위기를 어떻게 극복할까?

현 시점에서 우리 사회 역시 눈앞에서 줄어드는 일자리만큼 새로운 일자리가 등장하는 것으로는 보이지 않는다. 수출과 IT 중심의 산업 구조를 가진 우리나라의 경우 아무리 총생산이 늘어도 일자리와는 별로 상관이 없다는 것이 훨씬 설득력이 있다. 가게든 공장이든 글로벌 대기업이든 경쟁력을 확보하려면, 아니 생존을 위해서는 인공지능과 로봇에 생산을 맡기고 일자리를 최대한 없애는 것이 정답이라는 것을 모르는 사람도 별로 없다. 노동 존중의 시대에는 고용 없이 장사해야 성공할 수 있다는 것이다.

현 정부의 소득주도 성장은 그 취지와 방향이 옳다 해도 자칫 단기적인 실패로 말미암아 정권 자체를 위험하게 할 수도 있다. 지금 정치가 직시해야 할 현실적 대응은 노동 종말 시대 2기를 맞이해서 이를 어떻게 극복해야 할지를 고민하는 것이 되어야 한다. 대중의 절실함과 초소통혁명이 결합해 서구의 극좌, 극우 포퓰리즘이 부상하고 정치적 분열이 심화되는 것도 이러한 맥락에서 봐야 한다.

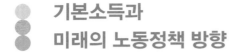

기본소득과
미래의 노동정책 방향

그리스 아테네에서부터 시작되었다고 알려진 민주주의는 근대 또는 현대 민주주의의 원조로서 대우를 받는다. 그러나 그리스의 민주주의를 비판하는 논리 중 하나는 그것이 노예경제에 기반을 둔 민주주의였다는 것이다. 다시 말해 노동으로부터 해방된 일반 시민들에 의한 웰빙 민주주의였다는 것이다.

첨단 과학기술이 인간의 자유와 존엄을 해칠 것이라는 경고

4차 산업혁명은 중장기적으로 기계가 인간의 노동 전반을 대체하여 노동으로부터의 해방으로 나아갈 수도 있다는 전망을 가능케 한다. 이를 둘러싸고 학계의 논쟁도 점화되고 있다. 무노동 사회 또는 무노동 경제가 과연 인간 문명에서 축복이 될지 아니면 저주가 될지에 대한 논쟁인 것이다. 인간을 해방시키고 자유롭고 창의적 활동을 하도록 할 것이라는 전망이 유토피아론이다. 반대로 일자리가 줄어들면서 미사용 노동력의 문제는 심각해지는 대신 경제에 대한 거대 자본의 영향력은 더 커져 빈부 격차를 가속화할 것이라는 주장이 디스토피아론이다.

인공지능과 기계문명의 고도화에 따른 불행한 미래를 예측하는 데 참조할 만한 이론을 내놓은 사람 중 하나는 미국의 테드 카진스키^{Ted Kaczynski}로 유나바머^{Unabomber}라는 닉네임으로 더 잘 알려진 인물이다.[2] 하버드대학교에서 수학을 전공하고 명문 UC 버클리의 최연소 교수였던 그는 기계문명의 위험성을 알리고자 첨단 기술자들에 대한 폭탄 테러를 감행해 총 3명을 죽이고 23명을 다치게 한다. 그는 미국의 〈타임〉과 〈워싱턴포스트〉 등 언론사에서 자신의 글을 실어주면 더 이상의 테러를 하지 않겠다고 약속해 허락을 받아낸다.

그가 기고한 글 「산업사회와 그 미래^{Industrial Society and Its Future}」는 첨단 과학기술이 인간의 자유와 존엄을 해칠 것이라는 요지의 내용을 담고 있다. 여기서 그는 이른바 대리활동^{surrogate activities}이라는 개념을 제시하고 최종적으로는 인류 문명의 타락을 전망한다.

그의 대리활동 개념은 미래에는 사람들이 정말 먹고 살려고 일을 하는 것이 아니라 가상의 만족을 위한 대리활동, 사실상 사회적 생산이라는 측면에서 잉여 직업을 가지게 될 것이라는 전망이다. 나아가 후반부에 인공지능에 의한 인간 지배를 상당히 구체적으로 설명한다. 즉 인간은 앞으로 기계에게 계속 더 많은 결정권을 넘기게 되고, 최종적으로 인간 지능으로는 기계의 복잡한 결정을 대신할 수 없을 때 결국 기계에 의해 지배될 것이라는 것이다.

또 다른 경우로 인공지능과 기계가 점차 인간 노동을 아래서부터 위까지 잠식해 들어오게 되면, 오직 최종 단계의 결정권을 행사하는 소수의 엘리트들의 능력만 필요하게 될 것이라는 것이다. 그리고 이들에게 모든 권력이 집중될 것이라는 전망을 내놓았다.

노동의 종말을 극복하기 위한 정치적 대안, 기본소득

지금으로부터 20~30년 전 그가 우려했던 과학기술 문명의 위기가 당장 현실화된 것은 아니다. 그렇지만 4차 산업혁명의 도래와 그의 예언 및 전망을 맞춰보면 그 맥락이 크게 틀렸다고 보기 어려운 측면이 있다. 물론 이에 대한 반론도 충분히 설득력이 있다.

앞서 언급했던 아벤트는 무노동 유토피아를 전망하는 사람 중 하나이다. 그는 "디지털혁명이 산업화 시대의 근본적 혁신만큼이나 강력하고 변혁적일 것이다."라고 단언하면서도 산업혁명 때처럼 이를 극복할 것으로 본다.

그런데 중요한 것은 포스트노동post-work 시대가 천국이 될지 아닌지의 문제가 아니라, 지금이 무노동 시대를 향해 가는 중간 지점이라는 데 있다.

한편 최저임금과는 다르게 노동의 종말이라는 암울한 예언들을 극복하기 위한 정치적 대안으로 검토되는 것이 바로 기본소득이다. 기본소득은 국가가 국민 모두에게 일괄적으로 아무런 조건 없이 돈을 지급하는 개념이다. 특별히 조명받지 못하던 기본소득에 대한 논의가 다시 점화된 것은, 시장 메커니즘을 따르는 한 일자리 문제를 완전히 해결할 수 없다는 인식과 관련이 깊다. 다시 말해, 지난 수십 년 동안 글로벌 자본주의 시스템 내에서는 소수의 부자 또는 소수의 거대 기업과 자본이 시장의 부를 더 많이 흡수하고 소유하는 것을 막지 못하고 있다는 것이다. 기본소득의 개념이 출현한 것은 생각보다 꽤 오래전이다. 대체로 기본소득의 초기 개념은 지금의 사회보장과 더 유사하다. 기본소득의 핵심 개념인 '노동 없는 임금'이 나타나는 최초의 문헌은 500여 년 전 출간된 토머스 모어Thomas More의 『유토피아Utopia』이다.[3]

이후 여러 계몽주의 학자들이 가난한 사람들을 위한 복지정책의 일환으로 소득을 보장해주는 제도에 대해 언급했다. 현대적 의미의 기본소득과 유사한 개념은 푸리에Charles Fourier와 샤를리에Joseph Charlier를 거쳐 존 스튜어트 밀John Stuart Mill로 이어진다. 밀은 노동능력의 유무와 상관없이 기본 생계를 위해 먼저 자본을 배분하는 푸리에주의에 주목했다.

기본소득을 도입했을 때 일어나는 정치적 논쟁

기본소득은 최근 선진국은 물론 이미 우리나라에서도 심도 있게 논의되고 있다. 기본소득이 논의되는 배경에는 4차 산업혁명과 장기 경기침체가 있다. 또 곳곳에서 지적되고 있는 복지 사각지대 문제가 좀처럼 해소되지 않는 점도 기본소득에 대한 논의를 촉진시키는 이유 중 하나이다.

이처럼 기본소득은 빈곤층을 위한 복지제도 운용 비용이 너무 커질 때 설득력을 가지게 된다. 또 일자리를 늘리고 노동조건을 향상시켜주는 정책이 실패할 경우에도 그 대안으로서 가능하다. 또 소득주도 성장을 일자리를 중심으로 추진했을 때 오는 가장 큰 부작용은 시장 논리에 도전함으로써 기업이 위축되는 것은 물론 나라 경제의 국제 경쟁력에도 문제를 빚을 수 있다는 점이다.

현재 문재인 정부는 기본소득을 수당의 개념으로 소극적으로 도입했다고 평가할 수 있다. 즉 복지제도의 강화 형태로서 필요한 소득을 수당 형태로 지급하는 것이다. 하지만 기본소득을 더 적극적이고 큰 개념으로 보고 이를 도입하는 것이 바람직했을 수도 있다. 문제는 기본소득을 도입했을 때 일어나는 정치적 논쟁이다. 기본소득은 일하지 않는 사람에게 소득을 주는 것에 대한 윤리 논쟁을 유발한다. 즉 기본소득이 있으면 점점 더 일하려는 사람이 줄어들고 결국은 경제와 사회가 무너질 것이라는 주장이다. 아벤트의 경우, 일 없이 소득을 가져가는 노동자를 정치권이 한시적으로라도 수용한다면 긍정적으로 볼 수 있다고 말한다. 이렇게 기본소득은 격렬한 정치적 대립을 불러올 수 있다.

1970년대 캐나다에서 민컴^{Mincome}이라는 이름으로 실험이 있었다.[4] 나미비아와 인도, 케냐, 앙골라 등에서도 유사한 실험이 이뤄졌다. 제한적이고 부분적이지만 그동안 이뤄진 기본소득에 대한 실험들이다. 여기에서 기본소득이 사람들을 게으르게 만들지는 않는다는 결론이 도출되기도 했다.

최근 핀란드의 경우 현재 기본소득 도입에 가장 적극적이다. 네덜란드는 지방 도시인 위트레흐트^{Utrecht} 등에서 논의를 주도하고 있다. 여기서는 기본소득의 효과를 조건별로 나누어 실험하고 있다. 스위스는 기본소득 도입을 두고 국민투표를 실시하여 부결되었지만 높은 수준의 국민적 논의를 보여줬다. 영국 노동당도 새로운 경제정책으로 기본소득을 고려하고 있다.

보편적 인권에 기초해 인간답게 살 수 있는 기본 수준

최저임금 인상과 기본소득에 대한 논의를 여기서 살펴본 것은 성공과 실패에 대한 전망을 내리거나 학술 토론을 위한 것은 아니다. 글로벌 자본주의 시스템이 전 세계적 양극화를 촉발하고 4차 산업혁명마저 다가오는 현 시점에 노동문제가 얼마나 심각한 상황인지를 상기하기 위함이다. 그럼으로써 그 해결책에 대한 심도 깊은 논의가 필요하다는 점을 강조하기 위해서이다.

참고로 기본소득 개념은 반드시 진보에 국한되어 논의되는 개념은 아니다. 기본소득은 밀이 지적한 대로 과잉 소유에 대한 비판에 무게를 둔 사회주의적 개념과는 거리가 있다. 보편적 인권에 기초해 인간이 인간답게 살 수 있는 기본 수준을 정하자는 데서 출발한다. 크게 보면 보수의 가치에 속한다고도 말할 수 있다.

최저임금 인상 정책이 실패할 경우 문재인 정부는 회복하기 어려운 타격을 입을 수도 있다. 문재인 정부의 최저임금 인상 정책이 실패한다고 해서 과거와 같은 성장 지상주의로 돌아갈 수는 없다. 정치권은 시장의 메커니즘을 거슬러 빈부 격차를 해소하는 것이 어렵다면, 기본소득과 같은 형태의 방안을 대안으로 검토해봐야 한다. 노동의 종말 시대를 대비하지 못하면 아벤트가 언급한 "위기를 극복해온 인류의 무한한 잠재력"과 별개로 나라 전체의 분열과 갈등은 더욱 심각해질 것이기 때문이다.

1. 라이언 아벤트, 안진환 옮김, 『노동의 미래(The wealth of Humans)』, 민음사, 2018. 라이언 아벤트는 미국의 경제 전문지 〈이코노미스트(The Economist)〉의 수석 편집자이자 경제 칼럼니스트이다.

2. 본명은 시어도어 존 카진스키(Theodore John Kaczynski)로 1942년생이다.

3. 기본소득에 대한 역사적 논의는 기본소득지구네트워크(Basic Income Earth Network, BIEN)를 참조하였다(https://basicincome.org/basic-income/history). BIEN은 기본소득을 촉진하기 위해 1986년에 설립된 국제적 민간 학술 및 활동가 단체이다. 벨기에의 정치철학자 필리페 판 파레이스(Philippe Van Parijs) 등이 참여하고 있으며, 벨기에에 본부를 두고 있다. 2004년까지는 기본소득유럽네트워크(Basic Income European Network)에서 활동했다. 국내에서는 기본소득한국네트워크(이사장 강남훈, basicincomekorea.org)가 연결되어 관련 활동을 벌이고 있다. 해당 홈페이지에서 국문 자료를 참조할 수 있다.

4. 캐나다 트뤼도(Justin Trudeau) 정부에서 매니토바(Manitoba) 주와 함께 기본소득에 대한 실험을 했다. 최종 보고서가 발행되지 않았으나 캐나다 정부는 이와 관련한 연구를 중단한 것은 아니다.

9

#존중투쟁

**가난해도 좋다,
우리를 무시하지 말라!**

청년 세대의 새로운 목소리,
"우리는 존중받고 싶다"

최근 청년 세대를 이야기할 때 꼭 등장하는 단어들이 있다. 소확행(소소하지만 확실한 행복), 욜로(You Only Live Once, YOLO), 워라밸(Work and Life Balance) 등이다. 이런 단어들이 가리키는 것은 그 이전 세대의 문화, 즉 헌신과 희생, 사랑과 야망, 대의와 투쟁과는 영 거리가 있어 보인다.

갑질 폭로의 시대, 우리는 존중을 원해

인생을 살아가는 이 새로운 방식들에 대해 청년들은 일상적으로 실천 규범의 차원에서 이를 받아들이는 모습도 보인다. 청년들 역시 이를 부인하지 않으며 기성세대를 향해 '당신들은 왜 그러지 않는지' 반문하는 근거가 되기도 한다. 물론 이전 세대들로서는 이런 그들의 태도가 마음에 들 리는 없다. 집에서든 직장에서든 꼰대들은 언제나 우리, 조직, 열정, 경륜을 강조한다. 하지만 결혼해서 가족을 꾸리고 집을 샀어도 그들이 더 행복하다는 보장은 없다. 양보다는 질, 성공보다는 존중을 택한 이 새로운 세대는 과연 이전 세대보다 똑똑한 것일까, 어리석은 것일까?

최근 대중의 관심을 가장 많이 받는 동시에 끊이지도 않는 뉴스 중 하나가 '갑질'이다. 비행기를 되돌려 승무원을 내리도록 한 '땅콩회항'을 시작으로 이어진 대한항공 일가들의 언행, 재벌가 3세의 로펌 변호사 폭행 파문, 공기업 임원의 승무원 폭행 등 수퍼 갑질들이 계속 이어졌다.

전직 직원을 폭행한 장면을 기념 촬영하고 회사 야유회에서 활과 일본도를 가지고 닭을 잡으러 다니는 엽기 갑질은 국민 전체를 경악하게 만들었다. 미투를 통해 알 수 있듯이 직장 내 성추행을 갑질로 본다면 그 사례는 훨씬 더 늘어난다. 생활 속에 만연한 갑질은 이보다 훨씬 넓게 퍼져 있을 것이 분명하다. 하지만 적어도 겉으로 나타나는 모습을 보면 갑들의 수난시대가 열렸음을 보여준다.

갑질에 대한 대중적 반감을 보여주는 개저씨 신드롬

갑질이 최상급 화젯거리로 등극한 배경은 여러 가지로 설명할 수 있다. 일부에서는 촛불혁명에 의한 정권 교체가 이들 수퍼 엘리트들의 폭언이나 폭행을 가만 두고 보지 않는 사회적 분위기를 만들었음을 지적하기도 한다. 또 일부 갑질이 공개될 때 녹취록이나 동영상을 통해 폭로

되듯이, 무엇이든지 녹음하고 촬영할 수 있는 스마트폰 시대의 영향으로 볼 수도 있다.

또 현재는 누가 무엇을 숨기려 해도 온라인상에서 SNS 등을 통해 대중들이 스스로 유포할 수 있는 시대이다. 따라서 과거 힘 있는 사람들을 보호했던 파워 엘리트들 간의 은밀한 네트워크 자체가 사라진 효과 때문이라고 할 수도 있다.

초소통사회에 진입하면서 비밀이 있을 수 없는 시대로 흘러가고 있다. 은폐도 원천적으로 불가능해졌다. 이런 갑들의 수난시대의 또 다른 배경에는 인권 개념의 확산과 사람에 대한 존중을 중시하는 사회 전반의 분위기 변화가 자리 잡고 있다고 볼 수 있다.

그런데 갑들의 수난이 갑자기 나타난 것으로 봐서는 안 된다. 이미 일상에서도 기성세대나 기득권들의 갑질 문화에 대한 반감이 확산되고 있었다. 갑질에 대한 대중적 반감을 보여주는 대표적 사례가 '개저씨' 신드롬이었다.

각종 미디어에서는 이른바 나쁜 매너를 가진 기성세대에 대한 판별법, 즉 개저씨 리스트가 소개됐다. 다짜고짜 반말하기, 사생활 캐묻기, 성적 농담이나 추행, 회식 참석 강요하기와 폭언과 폭행 등이 이 리스트에 포함되어 있다. 꼰대 육하원칙도 있다. '내가 누군지 알아(who)?' '니가 뭘 안다고(what)!' '어딜 감히(where)!' '우리 때는 말이야(when)!' '어떻게 나한테(how)!' '내가 왜(why)?' 등이다. 영락없이 앞서 등장한 수퍼 갑들이 했을 만한 말들이다.

존중투쟁으로 삶의 전략을 바꾼 청년 세대

물론 갑질 자체가 최근 몇 년 사이에 갑자기 많아졌을 리는 없다. 이미 오랫동안 우리 사회에 폭력적 위계질서가 만연해왔다는 것이다. 이러한 현상은 대부분이 잘 알고 있듯이 우리 사회 깊숙이 자리 잡은 가부장적 권위주의, 폭력적 서열주의 등이 함께 얽혀 있는 것이다. 또 이를 군사문화의 영향으로 보는 시각도 있다. 쉬지 않고 일어나는 대학교 신입생 행사나 운동선수 세계에서의 폭행, 아직도 남아 있는 군대 내에서의 가혹 행위는 지금보다 과거가 훨씬 심했다. 그것이 이제 와서 폭로되고 비판의 대상이 되는 것일 뿐이다.

그런 점에서 최근 갑질들이 폭로되는 이유는, 더 이상은 참지 않겠다는 대중들의 태도 변화에서 찾아볼 수 있다. 반대로 보면, 그동안의 기성세대는 자신들 위 세대의 갑질을 묵묵히 참고 견뎌왔음을 의미한다.

과거 세대라고 해서 권위주의와 언어·신체적 폭력이 결합한 억압적 행동들이 좋았을 리는 만무하다. 대신 기성세대는 자신들이 받았던 갑질을 자신의 약자들에게 되돌려줬다고도 볼 수 있다. 따라서 이들 권위주의 세대는 가해자인 동시에 피해자일 가능성이 높다. 그러나 이제 존중을 요구하는 청년 세대의 등장으로 이러한 권위주의적 위계 문화에도 변화가 올 조짐이 확연해 보인다. 청년 세대들의 성공과 출세에 대한 가치관의 변화에서 이런 흐름의 원인을 찾아볼 필요가 있다. 춥고 배고프고, 죽도록 일해야만 했던 생물학적 빈곤 시대에는 이러한 폭력적 위계 문화가 작동할 수 있는 여지가 더 컸다. 말 그대로 거리에 나앉아 죽지 않으려면 이런 폭력을 견뎌야 했다.

그렇지만 지금은 먹고 살기 위해 그 같은 굴욕을 참아야 할 정도의 시대는 아니다. 그만큼 나라 경제가 발전하고 개인의 삶이 윤택해졌기 때문에 나타난 현상일 수 있다. 기성세대의 노력으로 세상이 좋아졌다 해도 새로운 세대에게 과거의 추한 행동을 계속할 권리는 없다. 자기가 싫어했던 것을 다음 사람에게 넘기는 것을 쉽게 받아줄 호락호락한 다음 세대도 없다.

이러한 현상을 신분 상승을 위한 노력의 중단으로 볼 수도 있다. 즉 우리 사회는 경제성장 과정에서 부의 편차가 심해지고 계층 이동의 사다리가 끊어진 사회로 볼 수 있는 것이다. 과거처럼 지금의 청년 세대가 모진 고통을 참고 견디며 성공하는 것에 집착할 필요도 없어졌다. 다시 말해, 이들 청년 세대들은 계급투쟁이 아닌 존중투쟁으로 삶의 전략을 바꿨을 수 있다.

경쟁에서 이긴다 해도 부자가 되고 싶지는 않다

지금의 청년 세대 그 이전을 크게 4가지 세대로 분류해볼 수 있다. 먼저, 아무것도 남지 않은 전쟁의 폐허 위에서 오직 생존하기 위해 모든 것을 바친 6·25세대가 있다. 다음은 자신을 고용한 그 위 세대로부터 능력을 인정받아 어엿한 집 한 채를 마련하기 위해 견마지로犬馬之勞를 다한 베이비붐 세대이다. 그리고 생명을 짓밟고 인권을 유린하는 독재 권력을 타도하기 위해 온몸을 불사른 민주화 세대도 있다. 마지막으로 1997년 환란 이후 부모님의 명예퇴직과 취업난 속에서 어떻게든지 살아보려 애쓴 IMF세대가 있다. 이들의 공통점이 있다면 죽도록 일하고 싸우고 살아남았다는 것이다. 그런데 이전 세대들의 뼈를 깎는 노력과 헌신은 더 이상 새로운 세대들한테 특별한 감응을 주지 않는다. 단지 새로운 세대들이 배부르고 게을러서 그런다고 말할 수는 없다. 열심히 노력해봤자 얻을 것이 많지 않아서일 수 있다.

당장 좋은 직장을 들어갈 가능성이 별로 없다. 들어가기도 어렵지만 정규직이 되기는 더욱 어렵다. 실제 이들 중 상당수가 알바와 비정규직을 맴도는 세대이다. 직장에 헌신해봤자 제대로 보상받고 성공이 보장되는 시대도 아니다. 열심히 일해도 자칫 이용만 당하고 버려질 뿐이니 말이다.

그래서 편의점과 패스트푸드점에서 열심히 일한 돈을 모아 친구들과 맛집 음식을 즐기고 해외여행 한 번 다녀오는 것이 훨씬 낫다. 이들 중 성공한 친구들도 한숨을 내쉬기는 마찬가지이다. 일류대를 나오고 공무원 시험에 합격해도 월급쟁이 신세를 벗어나지 못하는 것은 매한가지이다.

경쟁에서 이긴다 해도 부자가 되기란 쉬운 일이 아니다. 어차피 부모한테 재산을 받지 않는다면 돈 기준에서 보면 인생 자체가 거기서 거기이다. 물론 극소수는 자기 분야나 큰 조직에서 성공해 이름도 알리고 출세할 수도 있다. 높은 월급에 고급 승용차를 타고 좋은 대우를 받을 수도 있다. 문제는 그렇다 해도 그것을 달성하기 위해 한 번뿐인 자신의 삶YOLO을 희생해야 한다. '나처럼 되려면 시키는 대로 하라'는 '윗놈'들의 모욕을 참고 자존심을 접어야 한다.

출세하려고 온몸을 불살랐다가 감옥에 가서 패가망신하는 사람도 천지이다. 온몸을 다 바쳐 일하면 자칫 건강만 상할 수도 있다. 계층 이동이 어려워진 사회에서 이들에게 모든 것을 다 바쳐 열심히 일해야 할 이유를 알려주기란 쉬운 일이 아니다. 그렇지만 과거에 비하면 그럭저럭 월급도 높고 여러 가지 복지 혜택도 늘어난 만큼 당장 비참하게 굶어 죽는 것은 아니다. 특히 결혼과 아이, 집과 차만 포기하면 꽤 재미있게 살 수도 있다. 당초 걱정할 거리가 별로 없기 때문이다.

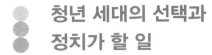

청년 세대의 선택과
정치가 할 일

소소하지만 확실한 행복, 즉 소확행은 그것을 뒤집어보면 또 다른 의미가 명확히 드러난다. 소확행과는 반대로 과거 세대가 갖은 모욕을 다 참아내는 동기가 되었던 신분 상승은 대단할지는 몰라도 불확실한 행복이었다는 인식이다.

한 번뿐인 내 인생, 지루하고 재미없게 살 순 없다

죽도록 고생해서 돈 벌고 출세해도 자식만 호강할 수도 있다. 대신 본인의 삶은 고단함으로 가득 찬, 상처뿐인 영광일 수도 있다. 정신없이 일하고 나면 어느덧 은퇴가 다가오고 자신은 늙어 있다는 것만 발견할 뿐이다.

과거에는 판사나 검사, 의사와 교수 등 사회적으로 인정받는 번듯한 직업이 정해져 있었다. 또 그 같은 직업을 갖지 않으면 출세하기도 어렵고 사람대접을 받기도 쉽지 않았다. 하지만 최근에는 어떤 직업을 갖든 일정한 수준의 삶을 누릴 수 있다. 과거처럼 무시당하고 짓밟히지만 않으면 부족한 것이 없다. 불확실한 성공을 위해 아득바득 사느니 취미생활이나 여행과 같은 활동으로 삶을 윤택하게 만드는 것도 현명한 선택일 수 있다. 좋은 직업이나 좋은 직장을 위한 자신의 개인적 희생이나 정신적 고통이 너무 크기 때문에, 작지만 확실한 행복에 투자한다는 것이다.

워라밸과 욜로 역시 마찬가지이다. 지금의 젊은 세대가 꼭 성공을 포기한 것은 아니다. 좋은 직장을 싫어한다는 것도 아니다. 열심히 살지만 어디까지나 그것은 내 자신의 삶을 위한 것일 뿐이다. 과거처럼 무조건 복종하는 관습에 따르거나 조직이나 사회를 위해 모든 것을 바칠 것처럼 살 필요는 없다는 것이다.

그런 모습은 빈곤했던 시대의 어쩔 수 없는 선택이지, 지금과 같은 상황에서 추구할 만한 삶의 가치는 아니라는 공감대가 조성된 것이다. 과거 세대가 피치 못해 고생한 것이 자랑일 수도 없고, 새로운 세대가 추구할 삶의 목표가 될 수도 없다는 얘기이다. 그런 얘기는 해봤자, "그럼 그 시대로 돌아가시든지."라는 조롱을 듣기 딱 좋다.

한 번뿐인 인생에서 재미없고 지루한 일상으로 자신의 삶이 피폐해질 정도면 새로운 직업을 찾아 나서는 것이 현명하다. 황금 스펙을 가졌다 해도 내가 원하고 좋아하는 것을 하면서 사는 것이 행복할 수 있다는 생각이 틀렸다고 말하기도 어렵다. 한 직장에서 운명을 거는 것보다 좋아하는 일을 하면서 여러 가지 직업을 가지는 것도 재미있게 사는 또 다른 방법이다.

그런 점에서 집을 사고 결혼을 해서 아이를 기르지 않을 것이면 도대체 인생은 무엇이냐는 기성세대의 탄식이야말로 가장 꼰대스러운 생각일 수도 있다. 당장 그렇게 말하는 자신들도 정말 행복했다고 말할 만한 근거도 없고 설득력도 없기 때문이다. 황혼 이혼, 빈곤한 노년, 과로사와 고독사가 이전 세대들의 고단함을 잘 보여준다. 그래서 혼자 여행 다니며, 영화도 보고, 맛있는 것을 먹으러 다니는 것이 더 높은 수준의 삶일 수 있다. 만화 속의 피규어를 사 모으고 혼자 게임을 하는 것이 과거 세대들보다 덜 행복하다고 말할 수도 없다. 큰 것에 욕심 안 내고 약간의 소득만 있으면 재미있는 것이 너무 많은 세상이기 때문이다.

욜로, 소비 지향적 라이프 스타일의 함정

원로 사회학자 김문조 교수는 행복에 대해 사회학적으로 접근한다. 그역시 소확행과 관련해서 "충분하지 않은 현실에 타협하는 것이며 소비주의가 끼어들 여지가 상당히 많은 용어"라고 지적한다. 즉 현재 우리 사회에서 나타나고 있는 소확행이나 욜로적 삶의 밑바닥에는 자본주의의 전략이 스며 있는 것은 분명해 보인다. 삶의 질을 중시하고 내 삶을 소중히 여기며 산다는 것의 함정일 수 있다는 것이다.

'욜로하다 골로 간다.'라는 말은 바로 이 같은 경고를 상징적으로 보여준다. 사실 삶을 즐길 줄 알아야 한다는 충고를 내포한 'You Only Live Once!(인생은 한 번뿐)'는 서구 사회의 오랜 가치를 담은 표현이다.

그런데 그것을 줄여서 'YOLO'라는 신조어를 만들고 대중화한 것은 캐나다 출신 랩 가수 드레이크^{Drake}가 부른 노래 〈더 모토^{The Motto}〉를 통해서였다. 가사의 전반 의미는 '내일은 없다, 지금 즐겨라'라는 것이다. 이 단어가 우리나라에서도 널리 알려진 계기는 방송국 예능프로그램의 출연자들을 통해서였다. 아득바득 살지 말고 한 번뿐인 인생을 나름대로 즐기는 모습이 젊은 세대들에게 큰 관심과 호응을 이끌어낸 것이다.

하지만 이후 인터넷 포털사이트의 게시판에 올라온 한 글을 통해, 욜로가 부와 권력의 성취와는 거리가 먼 소시민들의 소비 지향적 자기만족에 불과할 수 있음을 보여준다. '판'이라는 이용자가 쓴 '욜로하다 골로 간다'라는 제목의 이 게시물에서는 욜로적 삶에 대한 심각하고 직설적인 이의를 제기한다. "개 같은 새끼가 누군 놀 줄 몰라 못 노냐."로 시작되는 이 게시물 역시 원 노래처럼 랩 가사의 느낌을 준다. 글 맥락으로 보면, 욜로를 외치는 한심한 남편에 화가 난 아내가 야단치는 내용이다. "돈이나 잘 벌든지 철이나 들든지, 아직 할부도 안 끝났는데 무슨 외제차 타령", "자기 삶은 한 번이고 나는 뭐 지금 인생 6회전 째야?", "담보 잡힌 아파트 두고 회사 때려치운다는 남편, 시댁 식구들과 여행을 간 철없는 남편" 등 원망의 내용이 노골적으로 표현되었다.

욜로는 과잉 소비를 부추기는 상업주의 슬로건일 수 있다
결국 한 번뿐인 삶을 외치며 그들이 택하는 것은 진짜 성공은 아니다. 상품 구매를 통한 자기만족이며, 돈 있는 사람의 즐거운 삶을 가장해 보여주기 위한 과시적이고 향락적인 과소비로 나타난다. 앞에서 소개

한 게시글에서도 나타나듯이 청년 세대들의 새로운 취향은 신분 상승과 출세가 아니다. 대신 빚에 의존한 그럴듯한 소비를 통해 자기만족에 빠져 사는 것이다.

따라서 고도 자본주의의 탐스러운 상품 문화의 범위 안에서 남한테 무시당하지 않고 사는 것이 존중투쟁의 본질일 수 있다. 즉 이들은 존중받고 즐기는 줄 알지만 사실은 현실에 만족하고 살도록 강요되어진 소시민에 불과하다는 것이다.

마르크스주의는 일찍부터 소시민적 삶의 가치가 가진 문제점을 비판했다. 이른바 프티 부르주아지Petit Bourgeoisie적 삶에 대한 비판이다. 근대 산업사회 초기에 나타난 이들 프티 부르주아지는 원래 자산가 축에는 들어가기 힘든 상점 주인이나 소생산자 또는 소농민을 지칭했다. 요즘의 개념으로 바꾸자면 특별히 풍족하지는 않지만 빈곤하지도 않은 자영업자나 전문가 그리고 먹고 사는 데 문제없는 임금노동자들이 대체로 이에 해당된다고 볼 수 있다. 이들의 특징은 양면적이라는 데 있다. 즉 확실하게 성공하려는 것도 아니고, 그렇다고 기득권을 쥔 귀족들과 싸우려는 것도 아니다. 그냥 자신의 소소한 일상을 소중하게 지킬 뿐이다.

이들이 비난받는 것은 부유층도 아니고 빈곤층도 아닌 위치에서 보여주는 기회주의적 태도이다. 이들에 대한 비판과 경고의 핵심은 결국 자본의 힘에 의해 빈곤층으로 전락할 것이라는 데 있다.

인생살이 굽이굽이 험난한데 위기가 오기 전에는 아직 뭘 모르는 것일 수 있다. 또 젊을 때는 모르지만 늙고 병들면 후회할 것이라는 말이기도 하다. 그런 점에서 보면 소확행은 현대판 프티 부르주아지의 생활 수칙이고, 욜로는 과잉 소비를 부추기는 상업주의 슬로건일 수 있다.

"반말하지 마, 강요하지 마, 행복할 거야"

그럼에도 불구하고 현 시점에서 돌아봐야 할 부분은 과연 생물학적 결핍에서 벗어난 대중이 선택해야 하는 삶의 방향과 가치는 무엇인가이다. 굶주림을 포함한 온갖 신체적 결핍 그리고 정치권력에 의한 인권유린과 고문 등은 근본적으로 몸에 대한 위협이다. 따라서 과거 세대들이 겪었던 세상살이나 삶에 대한 위협은 절대 고통의 성격을 가진다. 일체유심조一切唯心造 격으로 마음 한 번 바꾼다고 사라질 수 있는 위협이나 고통이 아니다. 그런 점에서 죽기 살기로 싸우고 위에 아부하고 아래를 짓밟는 삶은 불가피했을 수도 있다. 지금 이 시대의 고통은 생물학적 고통과는 거리가 있다. 오히려 생존의 위협에서 만들어진 지혜와 습관을 버려야 할 수도 있다. 그래서 이 시대를 살아가는 젊은이들에게 "네가 누구 덕분에 이렇게 사느냐?"라는 말은 쓸모없는 질문이다. 대신 "너희들은 이렇게 살지 마라."라고 하는 것이 옳을 수도 있다.

오히려 이제 결핍과 공포의 시대에서 배운 무자비한 생존 법칙을 뒤로하고 어떻게 조화롭게 함께 살 수 있는지를 묻는 것이 맞다. '내가 얼마나 고생했는지 네가 알아야 하고, 고생할 때 생긴 서러움을 너도 경험해보라'는 것이 바로 갑질이 시작되는 지점이다. 물론 재벌 2, 3세들이 창업 세대가 고생한 결과를 가지고 '내가 너보다 낫다'며 인정받고 싶어 하는 것은 갑질 투정에 불과하니 더욱 한심하다. 그런 점에서 소확행과 욜로 그리고 워라밸은 당대의 지배적 권력에 휘둘리지 않기 위한 청년들의 현명한 전략일 수 있다. 자본주의 메커니즘에 휩쓸려 들어가 인생과 목숨마저 희생되지 않기 위한 불가피한 선택일 수도 있다. 과도한 희생과 헌신보다는 재미가 낫다는 말이다. 멍청하게 남을 위해서 살지 않고 나를 위해 살겠다는 선언이기도 하다.

"반말하지 마, 강요하지 마, 행복할 거야." 청년들은 앞만 보고 살아온 기성세대들에게 자신들의 인생을 존중하라고 엄중히 경고한다. 계급투쟁 대신 존중투쟁을 선택한 이들에게 정치가 해줄 수 있는 일이 있다면 성공의 사다리를 먼저 복원해주는 것뿐이다.

10

#초라한 진보 정권

진보 정권의 시작은 창대하나
그 끝은 미약하다?

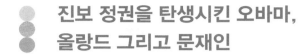

진보 정권을 탄생시킨 오바마,
올랑드 그리고 문재인

2007년 대선 이후 거의 10년 만에 민주당 정부가 집권했다. 앞서 김대중, 노무현 대통령과 같은 보통의 정권 교체도 아니다. 박근혜 정부가 무혈 대중항쟁으로 퇴진한 데 이어 보궐선거로 집권한 문재인 정부는 혁명정부의 성격을 띤다.

지지도가 불안해진 문재인 정부, 과연 성공할 것인가?

지난 대선에서 문재인 후보의 득표율은 41퍼센트였다. 투표율 77퍼센트를 감안하면 전 유권자의 32퍼센트 정도의 지지를 받은 것이므로 절대적으로 많은 숫자는 아니다. 그러나 김대중, 노무현 전 대통령과 달리 2위와의 격차는 20퍼센트 포인트에 육박했다. 양대 정당의 한 축인 자유한국당은 분열로 쪼그라들었으며 야권은 사분오열되었다. 무엇보다 대통령의 대척점에서 그 권위에 맞설 만한 야당의 지도자도 보이지 않는다. 집권 초 보여준 80퍼센트 이상의 높은 대통령 지지율은 국민들도 초당적으로 새 정부에 대한 기대를 걸었음을 보여준다. 노무현 전 대통령의 정치적 동지로서 그리고 인권 변호사로서 문재인 대통령에 대한 국민적 관심과 기대도 컸다. 문재인 대통령에게 절대적 신뢰를 보내준 온·오프라인상 열혈 지지자들의 단결력은 역대 어떤 대통령들의 지지자들보다 돋보였다. 열광적 응원 속에서 선거에 승리하고 청와대에 입성하는 문재인 대통령과 새로운 집권 세력의 모습은 당당하고 비장했다. 문 대통령은 혁명의 열기와 국민의 초당적 기대에 힘입어 다른 정권이라면 엄두도 내기 어려웠던 적폐 청산에 손을 댈 수 있었다.

하지만 정치 현실이 그리 녹녹하지 않다. 무엇보다 여소야대의 의회 지형은 대통령이 좀처럼 넘기 어려운 벽과도 같다. 게다가 경제를 포함해 국가의 실질적 권력을 점유하고 있는 파워 엘리트들과의 힘겨루기는 선거 정치와 달라 대중의 인기로 해결될 수 있는 것도 아니다.

수개월 동안 말을 중심으로 공방이 이뤄지는 선거전 국면과 달리 지도자의 이미지나 메시지 그리고 감동을 주는 이벤트로만 국정 운영 지지도가 유지될 수는 없다. 대통령은 근본적으로 성과를 통해서만 지지도를 유지할 수 있다는 것이다. 집권 1년이 지나자마자 꿈쩍하지 않을 것 같던 문재인 정부 지지도가 불안해지고 있다. 조사마다 특성이 다르지만 박근혜 전 대통령의 집권 2년차 지지도와 별 차이가 없는 수준이다. 촛불정부는 여느 정부와 달리 대통령의 지지도가 떨어지면 급격한 위기가 올 수 있다. 적폐 청산과 나라다운 나라를 만드는 데 필요한 동력이 근본적으로 대중에서 비롯되기 때문이다. 과연 문재인 대통령은 나라다운 나라를 만들어 역대 대통령들과 달리 성공적인 진보 정권을 만들 수 있을까?

오바마의 담대한 희망에 열광한 미국

2008년 미국 대선에서 당선된 버락 오바마[Barack Obama] 대통령의 등장은 화려했다. 최초의 흑인 대통령으로 역사에 남을 만한 위대한 지도자의 탄생을 알리는 듯했다. 그의 드라마와 같은 인생 스토리는 이미 『담대한 희망[Audacity of Hope]』이라는 책을 통해 널리 알려진 터였다. 당시 미국의 진정한 변화를 바라는 청년 세대들부터 열광했다. 오바마는 기존 민주당 당원들의 지지만 받아서 대통령 후보가 된 것이 아니었다. 개방형 전당대회[open primary]에서 열광적 지지를 보여준 당 밖 사람들의 참여가 큰 힘이 되었다. 이는 클린턴 패밀리가 영향력을 발휘하고 있던 당시 민주당 정치의 한계를 훌쩍 뛰어넘은 새로운 정치 현상이었다. 2008년 대선 무렵 미국은 극심한 경제 침체에 이어 서브 프라임 모기지 사태라고도 불리는 금융 위기로 불안을 겪고 있었다. 오바마 등장 이전의 대통령은 근래에 가장 인기가 없었다고 평가받는 조지 W. 부시[George W. Bush]였다. 얼마 전 작고한 공화당 대선 후보 존 매케인[John McCain]을 공격하기 위해 당시 미국 거리 곳곳에는 부시 제3기[Bush the 3rd]를 막자는 포스터가 붙었다.

미국 국민들의 불안과 짜증이 폭발 지경에 이르렀을 때, 새로운 미국을 약속하며 아메리칸 드림의 복원을 외치면서 나타난 오바마의 모습은 구원자와도 같았다. 전 세계에서 그에 대한 관심이 쏠리고 관련 책들이 쏟아져 나왔다. 반면 경쟁자 매케인에 대한 책은 대선 후보가 결정될 즈음에조차 몇 권 나오지도 않았다.

그가 최초의 흑인 대통령으로 당선되었을 때 그를 지지했던 미국 대중들의 열광은 자부심과 함께 감격과 흥분의 도가니 자체였다. 그의 정책들도 집중 조명을 받았다. 민주당의 오랜 숙원이었던 의료보험제도 Obama care 도입을 비롯해 서민과 중산층에게 혜택이 돌아갈 경기 부양책 구상, 환경 산업을 중심으로 한 녹색 성장 공약 등이 큰 기대를 모았다.

그는 전통적 민주당 지지층들의 입맛에 맞을 만한 정책들을 내걸었고, 민주당 성향의 유권자들도 이에 호응했다. 새로운 미국을 만들기에는 딱 좋은 상황이었다.

혜성같이 등장한 프랑스 진보 지도자 올랑드

그로부터 4년 후인 2012년, 프랑스에서 또 다른 진보 지도자가 대중의 관심을 끌며 보수 정치인 사르코지 Nicolas Sarkozy 를 꺾고 당선되었다. 바로 사회당 출신의 올랑드 Francois Hollande 대통령이다. 1988년 미테랑 이후 20여 년 만에 대통령 선거에서 승리한 프랑스 진보 정치의 중심인 사회당은 잔뜩 고무되었다. 당선자 올랑드의 프로필 역시 오바마 못지않게 화려했다. 그는 프랑스 최고의 수재들이 들어가는 국립행정학교 ENA 출신이다. 변호사와 판사 활동을 거치고 모교인 파리정치대학에서 경제학을 강의한 그야말로 최고 엘리트 중 한 명이었다. 그는 뛰어난 젊은 정치인의 등장 그 이상의 각광을 받았다. 정당 조직에서 뼈가 굵은 프랑스 사회당의 기대를 한 몸에 받아왔던 총아로서 34살에 이미 하원 의원으로 데뷔하였다. 그 후 10년도 되지 않은 1997년, 40대 초반에 당 대표에 당선되었다. 시련도 있었고 사회당의 선거 패배로 정치적 어려움을 겪기도 했다. 하지만 2012년 당내 대선 후보 경선에서 승리해 화려하게 재기했고 결국 대통령에 당선되었다. 그의 정치 노선은 실용주의라고 평가받긴 하지만 큰 틀에서 보면 진보적 색채가 뚜렷했다.

실제 그는 사회당 후보인 동시에 더욱 진보적인 급진 좌파당의 공동 후보이기도 했다. 그는 젊은 청년들의 일자리를 마련하기 위한 정부 지원금 제공을 약속했다. 62세로 되어 있던 정년을 60세로 낮추고, 교육 분야에서만 6만 명에 달하는 새로운 일자리를 만들 것을 공약했다.

그의 약속에는 연 소득 100만 유로 이상의 수입을 가진 개인에게 75퍼센트의 세금을 매기고 대기업의 세금도 올리는 부자 증세도 들어 있었다. 특히 대기업과 은행, 무엇보다 국제 자본에 대한 적대적 정책들이 포함되었다. 올랑드가 "우리의 적은 국제 금융자본입니다."라고 선언하며 대선 유세를 시작한 것만으로 많은 전문가들은 경악했다. 진보 매체 〈리베라시옹Libération〉도 올랑드의 전투적 메시지가 진보 성향 유권자들의 지지를 이끌어내 당선에 상당히 기여했을 것이라고 평가했다.

이렇게 오바마와 올랑드 두 사람은 미국과 프랑스의 민중을 구원해 줄 새로운 영웅으로 혜성같이 등장했다. 그리고 둘 다 떠들썩한 스타일인 조지 W. 부시와 사르코지 대통령이 이끄는 보수 정권으로부터 권력을 되찾아 집권했다. 거대 금융자본이 주도하는 세계화, 신자유주의로 상징되는 양극화를 극복하겠다는 것이 그들의 약속이었고 또 대중들의 열망이었다.

두 사람의 연설은 나란히 변화와 희망을 강조하고 있었다. 이들은 자본과 강자의 이익에 경도되어 대중의 삶이 위기에 처한 나라를 바로 잡는 사명을 부여받았다. 그토록 그들의 집권은 시작부터 창대한 것이었다.

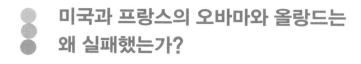

미국과 프랑스의 오바마와 올랑드는
왜 실패했는가?

오바마 대통령은 후보 시절부터 사회주의자 혹은 공산주의자라는 공격을 끊임없이 받았다. 그의 집권 싱크탱크였던 진보센터를 통해 사람들은 '진보'가 미국 정치에서 다시 등장했음을 깨달았다.

새로운 미국과 통합된 미국은 없었다

오바마와 교류한 진보적 지역운동가 알린스키Saul Alinsky와 급진적 노동운동가 프랭크 데이비스Frank Marshall Davis의 이름이 이와 관련해 거론되었다. 또 오바마 자신은 마틴 루터 킹Martin Luther King 목사를 계승하는 온건주의 흑인운동 조직과 말콤 X를 계승하는 급진적 이슬람 운동가 파라칸Louis Farrakhan의 조직적 지지를 받는다고 공격받기도 했다.

오바마 전 대통령이 실제 얼마나 사회주의적이었는지 알 수 없지만 대통령으로서의 그는 전통적 민주당의 이념적 틀을 벗어나지 않았다. 미국 민주당의 이념적 스펙트럼의 범위는 현실적으로 넓은 편이 아니다. 전통적으로 유럽과 같이 자본과 이윤을 통제하는 사회주의 가치는 거의 나타나지 않는다. 오바마 대통령에 대해서는 진보 정치의 좌절을 피하고 현실적 진전을 이루기 위해 임기 내내 타협하고 방어적이었다는 평가가 더 많다. 오바마의 정책 지향성은 비교적 일관됐지만 대체로 온건했다. 그는 자신의 정책들을 조심스럽게 그리고 타협을 통해 추진하려 했음에도 논란은 끊이지 않았다.

실제 그는 미국 제품 구매 유도^{Buy American}로 더 많이 알려진 경기부양법(2009)에 노동자 권익을 향상시키는 개혁안을 포함시켰다. 또 부도덕한 금융자본을 견제하기 위한 도드-프랭크법(2010)을 통과시켰다. 또 일명 오바마 케어로 불리는 환자보호 및 적정가 의료법(2010)을 도입한 것도 그의 담대한 도전에 해당한다.

그럼에도 결과적으로 오바마가 그의 명연설들에서 대중을 감동시켰던 새로운 미국과 통합된 미국은 만들어지지 않았다. 미국 경제는 물론 세계경제를 공포에 빠뜨린 월가의 사람들 중 책임을 진 사람들은 거의 없었다. 정부의 구제금융으로 리먼 브라더스 외에는 모두 무사했고 월가는 다시 세금으로 보너스 잔치를 벌였다.

오바마의 실패 이유는 기득권의 저항 때문인가?

오바마의 미지근한 응징은 대중의 분노를 자아냈고 '월가를 점령하라^{Occupy wall street}'라는 이름의 운동을 촉발시켰다. 일자리와 부동산 쪽의 상황도 나아지긴 했지만, 개선되는 속도가 너무 느렸고 기대에도 못 미쳤다. 오바마 케어는 그야말로 이름값도 못 했다는 비아냥거림을 받았다. 우리나라와 같은 공공 의료보험을 도입하는 것과는 한참 거리가 멀었고, 단지 기존의 의료보험제도를 개선하는 수준이었다. 게다가 미국 의료보험의 고질적 문제들은 건드리지도 못했다. 그마저도 트럼프 정부에 들어서 그 생존조차 위협받게 되었다.

외교 및 안보 정책은 사실상 최악이었다. 군사적 개입 축소를 지향하고 이라크전 종전을 선언했지만, IS 등의 등장으로 엉망진창이 되어버렸다. 티파티tea party를 중심으로 한 저항으로 제대로 돈을 쓰지도 못했다. 관세 철폐를 목적으로 공을 들였던 환태평양경제동반협정Trans-Pacific Partnership, TPP도 트럼프Donald Trump 대통령에 의해 거부되어 무효가 됐다. 물론 상당수 전문가들은 그의 진보적 의지를 옹호하며 오바마의 실패 이유를 기득권의 저항 때문이라고 설명했다. 실제 그는 임기 내내 공화당의 발목 잡기와 반대 세력들의 저항으로 쫓기고 끌려 다니며 예리한 정치 지향이 무뎌졌다. 지지도는 첫 임기 초반 시기를 제외하면 거의 50퍼센트를 밑돌았다. 셧다운 등 연방정부의 예산 지출을 둘러싼 의회와의 지루한 충돌 당시, 오바마의 경제 분야에 대한 지지는 20퍼센트대까지 떨어졌다. 일자리 정책에 대한 지지도 바닥 수준이었다. 두 번째 임기 말에는 결국 진짜 진보를 앞에 내세운 무소속 버니 샌더스로부터는 '실패'였다는 힐난을 들어야 했다. 또 무엇보다 자신의 후임으로 우파 포퓰리스트로 일컬어지는 도널드 트럼프를 맞게 됨으로써 마치 실패가 확정되는 느낌을 줬다.

올랑드, 전진하는 공화국에 뒤처지다

올랑드 역시 상황이 크게 다른 것은 아니었다. 프랑스 특유의 진보적 분위기를 감안하더라도 올랑드는 최근의 주요 국가 지도자 중 그 누구보다 선명한 진보 노선을 내걸었다. 그는 현실이 허용하는 한 좌파다운 좌파 정부가 되려고 노력했다고도 볼 수 있다. 그는 기업과 금융에 대한 규제 정책을 발표하고, 동성 결혼을 합법화하는 등 자신의 진보적 입장을 뚜렷이 했지만 곧 벽에 부딪혔다. 오바마와 크게 다르지 않게 대체로 그의 발목을 잡은 것은 경제문제였다. 특히 집권 초기 부유세의 급격한 인상은 상당한 저항에 부딪혔다.

부유세는 보수와 진보 간의 격렬한 대립 끝에 헌법재판소로부터 위헌 판결을 받았다. 이후 그의 인기는 급속히 떨어지게 된다. 청년 고용을 앞세웠지만 올랑드 집권 시기 실업률은 10퍼센트를 넘기며 조롱거리가 됐다. 올랑드의 대표적 정책 기조 중 하나는 유럽연합 차원의 큰 정부 정책, 즉 반긴축 복지정책이었다. 이는 독일의 메르켈 수상에 의해 좌절되었다.

결국 경기 침체와 실업률을 포함하여 경제문제 해결에 대한 무능력이 논란이 되었다. 올랑드 대통령의 지지도는 폭락에 폭락을 거듭해 내내 20퍼센트를 밑돌다 급기야 한 자릿수 지지도를 기록하기도 했다. 이에 따라 현직 대통령으로서는 정말 드물게 일찌감치 차기 대통령 출마를 포기했다. 이후 2017년 총선에서 그가 속했던 집권 사회당은 패망 수준의 패배를 기록하게 된다.

그리고 자신이 사회당 내에서 키운 정치인 중 한 명이지만, 상대적으로 중도적 입장으로 방향을 튼 39세의 마크롱^{Emmanuel Macron}에게 정권을 넘겨준다. 또 무엇보다 마크롱이 창당한 신생 정당, 전진하는 공화국^{La République En Marche}이 하원의 다수당이 되면서 유서 깊은 사회당을 몰락시켰다. 결국 올랑드는 프랑스 역사상 가장 초라한 대통령의 한 사람으로 남게 되었다.

서민적 대통령이었지만 경제 회복에 실패한 두 사람

오바마와 올랑드 두 명의 진보 대통령의 외모가 비슷하다고 볼 수 없지만 이미지 자체에는 공통점이 있었다. 평범한 보통 사람^{plain folks}과 같은 대중 친화적 느낌과 태도가 그것이다. 오바마 대통령은 식당에서 함께 줄을 서고 밥을 먹는 모습 등으로 대중들의 인기를 한 몸에 받았다. 올랑드 대통령 역시 보통 대통령이라고 표현될 만큼 행보가 서민적이었다. 실제 당선 후 연봉을 자진 삭감하는 등 대중들과의 눈높이를 맞추기 위해 노력했다.

또 정도의 차이는 있지만 두 사람 모두 연설을 통해 대중으로부터 인기를 얻는 스타일이었다. 오바마를 일약 미국 정치의 스타로 발돋움하도록 만든 것으로 그의 뛰어난 연설이 손꼽힌다. 오바마 전 대통령의 뛰어난 연설은 정치인 연설의 교본이 되었다. 올랑드 역시 열정적이고 진심 어린 연설로 사람들의 마음을 움직이는 편이다.

반면 두 사람은 민중이 체감할 수 있는 경제 회복에 실패하여 곤란을 겪었다. 일자리와 세금 문제에서도, 자신들이 호언장담했던 대기업과 금융자본에 대한 규제나 싸움에서도 특별한 인상을 남기지 못했다.

특히 오바마 대통령의 경우, 재정과 세금을 중심으로 보수 시민운동을 전개한 티파티의 저항이 커지면서 발목을 잡혔다. 티파티와 공화당은 예산안 인준을 지연시켜 연방정부의 업무가 중단되는 셧다운으로 오바마 정부를 압박했다. 의료보험을 포함하여 여러 진보적 정책들도 보수 야당들과 현실적으로 타협하거나 법원의 판결로 인해 퇴색하게 되었다.

서구 진보의 실패가 문재인 정부에 던지는 메시지

이러한 모습들은 문재인 정부가 출범 이후 부딪힌 현실의 장벽을 떠올리게 한다. 문재인 정부는 국민만 보고 가겠다는 결심으로 애초부터 DJP 연합과 같은 연합정부를 꾸리는 것을 선택하지 않았다. 당연히 여소야대의 상황에서 의회와의 관계는 좋을 수 없었다. 물론 입법이 필요한 정책은 애초부터 상정하지 않았다고 볼 수도 있다. 꼭 필요한 고위 공직자의 임명이 부결되기도 하고 개헌안의 국회 상정도 실패했다. 남북 간 판문점선언의 국회 비준 역시 이뤄지지 않았다. 민생 법안이라고 할 수 있고 여론의 지지도도 높았던 유치원 3법조차 밀어붙이기가 쉽지 않았다.

한편, 입법 문제는 아니었지만 소득주도 성장은 영세 자영업자들이 반발해 결국 '을을 갈등'이 되었다. 일자리 통계 지표도 정부의 마음같이 좀처럼 나아지지 않았다. 남북문제 외교에 대한 공적은 크게 인정을 받으며 높은 지지도를 유지하기도 했지만 실제 달라진 것이 무엇인지에 대해서는 의견이 분분하다. 한반도 문제는 비핵화를 중심으로 한 북미 관계가 본질적 문제이기 때문이다.

남북 관계를 진전시키기 위해 국제사회에 북한에 대한 제재 완화를 설득하려 했지만, 비핵화에 대한 국제사회의 높은 벽만 확인했다. 이러는 사이 지지도는 점차 다시 하강 곡선을 그리며 정부를 압박했다. 야당의 체력이 완전히 회복되지 않았음에도 이미 정부의 손발은 움직임이 느려지고 있는 형국이다. 오바마 대통령이나 올랑드 대통령은 진보적 대의를 주창하면서 자신만만하게 출발했다. 그들이 새로운 사회를 지향하며 내건 대의와 명분은 현실의 벽을 넘지 못했다. 무엇보다 이들의 실패는 진보 정권이 세계화와 양극화 속에 분노한 대중들의 마음을 시원하게 해줄 수는 있어도, 과연 그들이 세계화와 양극화 문제를 해결할 수 있는지에 대한 의문을 던지게 만들었다. 멋지고 겸손한 그들의 스타일도 큰 소용은 없었다. 이와 같은 선례는 서구 진보 정권의 한국판인 문재인 정부도 예외가 아닐 수 있음을 보여준다.

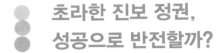

초라한 진보 정권,
성공으로 반전할까?

문재인 정부가 남북문제에만 집착하고 내치에 실패하고 있다는 비판이 수면 위로 부상하고 있다. 여러 여론조사에서 문재인 정부의 가장 큰 문제가 민생 챙기기로 나타났다. 정권의 명운을 걸었다 해도 과언이 아닌 소득주도 성장이 좀처럼 통계 등을 통해 성과로 나타나지 않고 있다.

집권할 때는 멋있지만 실제로는 무능할 수 있다?

그렇다고 재계와 기업, 소상공인들의 비난을 받는 소득주도 성장에 대해 노동계가 지지만 해주는 것도 아니다. 오바마, 올랑드, 노무현이 겪었던 것처럼 문재인 정부도 보수와 진보 사이에서 샌드위치가 되어가는 중이다.

노무현 정부 때와 달리 거시경제조차 썩 좋지 않다는 게 문제인 정부의 고민을 깊게 만든다. 미국의 금리 인상도 주식시장 불안도 고질적 악재이다. 최근 한국개발연구원이 내수 부진으로 인한 경기 둔화를 공식 발표한 바 있다.

물론 문재인 정부 경제정책의 성패를 집권 초에 판단하는 것은 아직 무리이다. 하지만 소득과 노동 그리고 주가 등의 각종 지표는 이전 정권의 잘못이든 무엇 때문이든 간에 최악의 수준으로 나타나고 있다. 이것이 지지도의 하락으로 이어지고 있다고 볼 수 있다. 이 지점에서 물어야 하는 중요한 질문은 문재인 정부의 진심이나 능력만은 아니다. 더 중요한 것은 과연 진보 정권이 유능할 수 있는가, 즉 진보적 대의로 집권한 정부들이 기득권이라고 해도 좋고 적폐라고 해도 좋은 '승자들의 질서'를 전복시킬 수 있을지 여부의 문제이다. 집권할 때는 멋있지만 실제로는 무능할 수 있다는 얘기이다.

역대 정권이 하지 못한 문재인 정부의 위대한 시도

사실 문재인 정부의 초반 공적은 대단히 획기적이었음은 부정하기 어렵다. 그중에서 적폐 청산을 요구하는 대중의 바람을 등에 업고 파워 엘리트 카르텔을 겨냥해 성역 없는 개혁을 단행한 것이 가장 돋보인다.

거기에 외부 정세에 수동적으로 끌려다니지 않고 한반도 평화의 당사자로서의 역할을 자임한 한반도 평화 공존 외교전도 높은 평가를 받고 있다. 또한 세계 자본의 확산 논리였던 선순환 경제이론의 악순환을 끊고 보텀업 경제 프레임을 채택하려 했던 점도 인상적인 대목이다.

이런 시도들은 역대 정권들이 엄두를 내지 못한 위대한 시도이자 실천이다. 하지만 이것이 결과로 이어지지 못하고 시도만으로 끝났을 때 감당해야 할 위험은 결코 가벼운 것이 아니다. 민주주의 시대정신을 이루려 할 때는 반드시 현실적 성과를 낼 수 있는 범위 내에서 속도와 크기 조절이 요구된다. 그렇지 못할 경우 시대정신 그 자체마저 훼손할 가능성이 높다.

오바마의 타협은 지나쳤다는 말이 많다. 현실성을 너무 따져 대중의 열정을 외면했다는 얘기이다. 올랑드의 대의는 너무 앞서갔다고도 한다. 열정적 대중에 부응하다 결국 제도 메커니즘 자체에 무릎을 꿇었다는 것이다.

문재인 정부가 성공하려면 무능한 순수와 타락한 지혜, 차가운 현실과 열정적 대중 사이에서 균형을 잡아야 한다. 베버^{Max Weber}의 말이 아니더라도 엘리트는 의도의 순수성을 말해서는 안 된다. 엘리트의 비장함과 별개로 대중들은 '성과 없는 행복'을 누릴 수 없기 때문이다. 사실 세계화와 양극화는 동전의 양면이다. 무엇보다 세계화는 국제 통상과 자본시장의 질서에서 모든 나라가 함께 묶여 있음을 의미한다. 따라서 문제의 해결 역시 어느 나라 정부 혼자 잘해서 해결하기란 쉽지 않다.

고용의 감소와 경기 침체를 한 나라의 정부 차원에서 해결할 수 있는 것인지도 불확실하다. 국제적으로 금리와 환율, 주가 등으로 서로 촘촘하게 연결된 시장에서 대의를 앞세운 선명한 정책이 할 수 있는 것이 무엇일지도 의문이다. 오바마와 올랑드의 좌절은 이러한 문제의 해결이 쉽지 않음을 보여준다. 그런 점에서 문재인 정부가 진보적 대의를 앞세워 적폐를 청산할 능력이 있는 것인지, 또 진보적 대의라는 것이 과연 현실의 상황에서 작동이 가능한 것인지 질문할 수밖에 없는 상황이다.

여기서 한 가지 짚고 넘어갈 문제는 적폐라는 것이 거대한 하나의 대상이면 좋겠지만 그렇지 않다는 데 있다. 사람마다 또 입장마다 적폐의 원인과 대상이 다르다. 여성의 적폐가 남성, 호남의 적폐가 영남, 강북의 적폐가 강남, 비명문대의 적폐가 명문대라고 생각하면 적폐가 결코 사람이 될 수 없음은 분명해진다.

다시 말해, 상식과 현실에 의거해 응당 누리고 있는 것이 현실에서는 적폐이다. 그것을 넘어서면 범죄인 것이다. 따라서 수도권이 현재 누리는 특권이 지방민에게는 적폐가 된다. 정규직이 당연하게 누리고 있는 것이 비정규직의 눈물이 된다. 그래서 '당신도 적폐'인 것이다. 이처럼 적폐를 인격화시키면 혐오와 광기를 증폭시켜 혼란처럼 보이게 만든다.

그런 의미에서 적폐 세력이라는 프레임은 적폐 청산의 가장 큰 걸림돌이 될 수 있다. 적폐 청산은 결국 일상적 문화와 상식을 바꾸는 작업이 되지 않으면 실패로 귀결될 공산이 크다. 적폐 청산은 원칙적으로 제도와 시스템을 통해서 시도되어야 한다. 그러지 않으면 대중의 삶은 변하지 않고 출세한 자들만 바뀌었다는 얘기를 듣게 된다. 무엇보다 사람을 겨냥한 적폐 세력 프레임의 가장 큰 함정은 대중의 피로감을 가중시켜 동력을 떨어뜨리는 것이다.

어느 날 어떤 계기로 자신도 적폐의 일부라는 것을 자각할 때 적폐 청산의 동력은 급격히 떨어질 수밖에 없는 것이다. 어느덧 남의 일처럼 청산을 하지 말라고 나서지는 않겠지만, 적극적으로 밀어주지도 않게 되는 것이다.

진보적 대의가 현실에서 실현되지 못할 때의 우려

국제 외교와 안보 질서도 마찬가지이다. 현재의 북핵 문제는 국제 문제이지 남북문제가 아니다. 사실 한반도 문제의 핵심은 북핵 완성과 미국의 NPT 질서와의 충돌이다. 즉 북의 핵 완성으로 인해 세계 경찰인 미국과 그가 주도하는 국제 안보 질서상의 충돌에 남한이 휘말린 것이다.

따라서 우리 정부가 거간꾼으로서의 역할은 필요하지만 독자적으로 이를 해결할 방법은 사실상 없다. 미국의 NPT 질서를 해체할 힘도, 북의 핵무기를 폐기하도록 할 뾰족한 방법도 우리가 가지고 있을 리가 없기 때문이다.

물론 진보 정권은 소수의 탐욕을 정당화하는 안하무인의 보수 정치세력보다 대중들에게 선하다는 평가를 받을 수는 있다. 자신의 사익을 챙기는 모습 대신 겸손하고 친대중적인 모습을 보여주고 그들과 공감하고 소통하기 위해 노력하는 캠페인을 통해 집권까지는 문제가 없을 수 있다.

그렇지만 냉정하게 따지자면 대통령의 국정 운영은 근본적으로 결과를 통해 평가받는다. 내 가게가 문을 닫고 내 일자리가 없는데 나라 경제의 백년대계를 위해 욕을 안 할 수는 없다. 이미 한국의 대중은 참을성도 많지 않고 버틸 수 있는 여력도 별로 없어 보인다. 게다가 디지털 소통혁명은 대중의 여론을 급속하게 하나로 모으는 기능도 있지만, 반대 여론이나 소수 여론을 조직해 원심력을 강화시킬 수 있는 잠재력을 가지고 있다.

따라서 진보 정권이 현실의 벽을 시원하게 넘을 가능성이 없다는 사실을 느낄 때 그에 대한 비판도 급속도로 커지게 만들 수 있다. 물론 오바마 대통령처럼 자신의 가치와 정책을 현실 속에서 실현하기 위해 타협하고 조정하게 되면 변절자로 내몰릴 수도 있다. 어떤 형태로든 야유와 비난을 피할 수는 없게 된다.

한 발 더 나아가 우려할 것도 있다. 만일 빈곤층 복지, 양극화 해소, 인권 그리고 국제 협력 등을 아우르는 진보적 대의가 현실에서 작동하지 않거나 불가능한 것이라고 대중들이 최종 판단하는 경우이다. 이른바 각 나라에서 약진하는 포퓰리즘 정치는 이러한 우려가 현실화된 형태일 수 있다.

이미 포퓰리즘의 등장이 세계화와 불평등에 따른 것이라는 주장은 여러 곳에서 나왔다. 진보학자인 촘스키Noam Chomsky와 IMF 총재도 둔화된 경제성장과 불평등을 포퓰리즘의 원인으로 지목했다.

'나만이라도 살아야겠다'는 포퓰리즘과 대중 이기주의

진보 정권의 실패와 포퓰리즘의 등장에는 대중의 질문이 반영되어 있다. '당신들이 말하는 올바른 정책들이 나에게 실제 무슨 도움이 되느냐?'이다. '자유통상, 유럽연합, 사회 안전망, 세금 인상, 이민자와 난민의 포용이 나와 내 가족에게 정말 도움이 되는지'를 묻는 것이다. 반대로 '내가 사는 데 도움이 되지 않는 진리라면, 그것을 거부하겠다'는 것이 현재 나타나는 포퓰리즘이 던지는 문제 제기이다.

이런 맥락에서 오바마, 올랑드 대통령, 캐머런^{David Cameron} 영국 총리와 렌치^{Matteo Renzi} 이탈리아 총리 모두가 '나만이라도 살아야겠다'는 포퓰리즘에 무릎을 꿇었다는 분석이 나온다. 트럼프 대통령의 포퓰리즘 정치는 말할 것도 없다. 중도 마크롱의 승리는 자신의 승리가 아니라 사회당이 극우에 이길 자신이 없자 만들어진 결과로도 본다.

브렉시트를 국민투표로 제압하려 한 캐머런 총리도 마찬가지이다. 영국 대중의 이기적 선택으로 회자되는 브렉시트가 가결되어 오히려 자신이 물러났다. 게다가 이미 유럽 곳곳에서 극우당의 지지율이 중도당이나 진보 정당의 집권을 위협하고 있다.

독일에서는 독일을 위한 대안^{Alternative für Deutschland}이, 프랑스에서는 극우 마린 르펜^{Marine Le Pen}이 이끄는 국민연합이 오히려 세를 불려가고 있다. 꿋꿋하게 버티던 메르켈 총리마저 최근에 정계 은퇴를 예고했다. 메르켈의 사퇴에는 지방선거의 패배와 극우의 부상이 맞물려 있다.

이처럼 서구와 유럽에 극우 포퓰리즘이 점차 확산되는 것은 결코 가벼운 일로 보이지 않는다. 미국과 유럽을 중심으로 유지해온 기존 글로벌 주류 질서가 변동될 가능성이 있다는 얘기이다. 그리고 우리나라도 이의 영향에서 자유로울 수는 없다.

한편, 포퓰리즘의 흐름이 단순히 보수 및 우파의 형태로만 나타나는 것도 아니다. 이탈리아와 스페인 등에서 나타나는 포퓰리즘은 사실상 좌파 포퓰리즘이다. 렌치 이탈리아 총리는 자신이 추진하던 개헌이 오성운동Movimento 5 Stelle에 의해 좌절되면서 사퇴했다. 보수와 진보 양 극단에서 나타나는 포퓰리즘 현상은 정당정치의 붕괴와도 맞물려 있다. 트럼프 현상 역시 미국 양당 정치의 한계 속에서 나타났다.

1960년대 창당된 프랑스 사회당은 그 이전의 역사까지를 고려하면 대체로 100년 정당이라는 말을 들을 정도로 굳건한 프랑스 진보의 중심 정당이었다. 그러나 마크롱 집권 이후 프랑스 사회당 역시 궤멸 수준에 가까운 총선에서의 패배를 경험하게 된다.

시작은 창대하나 그 끝이 초라할 수 있는 진보 정권의 함정

물론 다당제와 의회중심제의 전통을 가진 유럽과 대통령제 및 양당제 중심의 정치 구조를 가진 미국 및 한국에서 같은 흐름이 꼭 나타나리라는 보장은 없다. 또 한국의 정치 흐름은 포퓰리즘이 부상한 서구와는 여러 가지 차이가 많다. 문제는 오히려 다르다는 점인데, 목마른 대중들의 탈출구를 예상하기 어렵다는 것이다. 초소통사회에서의 정치 흐름은 언제나 예측 불허이다.

다시 말해, 지난 지방선거에서 자유한국당이 몰락에 가까운 패배를 하듯이 이후 그 어떤 정당도 하루아침에 몰락할 가능성을 배제하기는 힘들다는 것이다. 문 대통령이 지적했듯이 지방선거에서 자유한국당이 몰락에 가까운 패배를 한 것은 집권 민주당으로서는 모골이 송연할 만한 일이다.

그런데 전 세계 곳곳에서 진보 집권과 대의정치가 초라하게 끝나고 정당 밖의 정치, 새로운 정당들이 등장하고 있다. 민주당의 당대표로 이해찬 의원이 당선되면서 장기 집권을 천명하였지만 이 같은 그림이 썩 와닿지 않는 이유이다.

또 미국이 주도하는 국제 안보 질서 내에서 한반도 평화 체제를 실현할 수 있을지도 불투명하다. 또 한반도 평화 체제가 들어서면 그야말로 번영의 길이 열리겠지만, 그것만 목매고 기다리는 것이 보통 힘든 일이 아니다.

현 시점은 20세기에 구축된 글로벌 가치들이 지친 대중들에게 외면받고 '나라도 살아야겠다'는 극우 정치가 부상하는 상황이다. 문재인 정부 역시 지친 대중에 화답해 글로벌 자본주의 시스템의 한계를 극복하고 민생을 풍요롭게 만드는 일이 결코 쉽지 않다. 이것이 시작은 창대하나 그 끝이 초라할 수 있는 진보 정권의 함정이다.

새로운 지도자가 대중의 바람대로 다 해줄 것 같이 등장하지만 실제로 할 수 있는 일은 많지 않다. 정치권력이 자본 질서를 이길 수 없다는 말이기도 하다. 심각하게 볼 것은 결국 문재인 정부가 실패를 판정받게 되면, 한동안 한국 사회의 담론을 주도하던 정의와 복지의 진보적 프레임 역시 위협받을 가능성이 높다는 점이다.

물론 글로벌 자본주의가 범세계적으로 확산되면서 대중의 불안과 갈증도 함께 커졌다. 동시에 디지털 초소통혁명은 감성적이며 역동적 정치를 만든다. 대중의 갈망과 초소통혁명이 만나면 열정을 넘어 광기를 불러낼 수 있다.

대중은 더 강하고 선명한 구호를 외치고, 동시에 더 완전무결한 지도자를 호출한다. 한편 각국의 정치가 혼자서 할 수 있는 일은 점점 더 줄어들고 있다. 그래서 이 시대의 지도자는 대중의 열망과 현실의 장벽 사이에서 냉정한 줄타기를 해야 한다.

11

#보수의 재구성

절망의 끝자락에서
한국 보수는 일어설 수 있나?

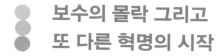

보수의 몰락 그리고
또 다른 혁명의 시작

보수의 긴 패배가 시작되었다. 박근혜 전 대통령 탄핵이 그 신호탄이었다. 먼저 집권 여당 새누리당이 국회의 탄핵안 의결에 대한 찬반을 둘러싸고 분열했다. 이명박 대통령마저 수감되면서 두 보수 정권에 대한 평가는커녕 정당성마저 위협받았다.

궤멸 수준의 패배를 하게 된 한국의 보수 진영

새로 단장한 자유한국당의 대선 성적표 역시 초라했다. 게다가 이어 치러진 6·13 지방선거에서 자유한국당과 바른정당 두 보수 정당은 궤멸 수준의 패배를 하게 된다. 여론조사를 통한 정당 지지도 역시 최악의 수준이다. 여당이 잘못하면 지지도가 반등하기 마련이지만 대통령 지지도와 관계없이 바닥 상태로 요지부동이다. 지방선거 이후 당의 혁신을 위해 외부 인사를 영입했지만 갈등과 잡음은 끊이지 않고 국민의 관심도 크지 않다.

양당 체제의 한 축인 자유한국당이 위기라고 해서 보수 대중마저 사라진 것은 아니다. 시내 곳곳에서는 태극기부대로 불리는 보수 시위대가 매주 진을 치고 집회를 한다. 보수 논객들이 운영하는 유튜브 채널도 성황리에 고정 시청자들을 끌어모으고 있다. 과연 보수는 되살아날 수 있을까?

자유한국당 전신이었던 새누리당은 박근혜 전 대통령의 위기와 함께 무너져갔다. 박 전 대통령의 지지도는 시기별로 차츰 주저앉는 흐름으로 나타났다. 나름대로 탄탄한 지지도를 보이던 임기 초 지지도는 2014년 4월 세월호 침몰 사건부터 균열이 일었다. 이후부터는 대체로 50퍼센트의 지지도를 넘기지 못했다고 볼 수 있다.

특히 2016년 4월 총선에서 패배한 이후 박근혜 정부는 사실상 레임덕 상태로 진입했다. 20대 총선에서 자유한국당은 122석을 차지해 123석을 얻은 더불어민주당에 제1당 자리를 내주게 된다. 이는 19대 총선과 단순 비교해도 30석, 당시 자유선진당 5석을 합쳐 보면 그 이상 감소한 것이다. 반면 범민주 진영으로 묶을 수 있는 민주당, 국민의당, 정의당 세 당의 의석을 합치면 점유율이 3분의 2에 육박했다.

100만 대중의 저항에 직면하며 무너진 박근혜 정권

대통령의 낮은 지지도와 총선에서 과반을 얻지 못한 상황은 이후 탄핵이 발의되고 처리되는 국면에서 결정적 영향을 주게 된다. 야권 의석이 과반이 되지 않았다면 국회의 탄핵안 처리 과정이 만만치 않았을 것이기 때문이다. 이미 급격히 내리막길을 걷고 있던 박근혜 정권과 집권 여당은 국정농단 사건이 터지자 우왕좌왕하면서 제대로 된 대처를 하지 못했다.

무엇보다 수십만 명의 시위 대중들이 광화문을 점유하면서 대세는 기울어갔다. 경찰 등 공권력도 이들을 통제하는 자체가 역부족이었다. 여소야대 상황 그리고 돌발 악재로 대통령과 여당이 정국 주도권을 완전히 잃은 상태에서 100만 대중의 저항에 직면할 경우 제도권력 역시할 수 있는 일이 많지 않기 때문이다.

오히려 당시 시위대가 청와대로 진격하여 담을 넘지 않은 것이 다행이라면 다행이었다. 결국 국회에 탄핵안이 상정되어 통과됨으로써 대통령직의 수행이 중단되었다. 국민 여론은 싸늘했다. 대통령의 지지율은 한 자릿수였고 탄핵에 대한 찬성률은 80퍼센트를 넘었다.

19대 대선에서 나타난 보수 정치 세력의 득표는 초라했다. 당시 홍준표 후보가 얻은 표는 전체 투표자 수의 24퍼센트에 불과했다. 바른정당 유승민 후보의 지지율 6.8퍼센트를 합쳐도 보수 후보는 30퍼센트를 얻는 데 그쳤다. 이를 18대 대선 때 박근혜 후보의 득표율 52퍼센트와 단순 비교하면 20퍼센트 이상의 보수 표가 사라진 것이다.

당시 바른정당의 유승민 후보는 오히려 여론조사상의 지지율보다 높은 득표를 얻었다. 야당에 대항하기 위해 자유한국당으로 표가 모이는 전략적 표 결집도 나타나지 않은 것이다.

보수 없는 중도 민주당과 진보 정의당 양당체제 등장?

자유한국당과 바른정당으로 구성된 한국의 보수 정치 세력의 처참한 패배는 이것으로 끝난 것이 아니었다. 자유한국당은 새 정부 들어서도 침체의 수렁에서 헤어 나오지 못했다. 문재인 대통령의 지지도가 고공 행진을 하는 동안 한때 바른정당보다도 지지도가 낮은 수모를 당하기도 했다.

특히 2018년 6·13 지방선거에서 두 보수당은 거의 궤멸에 가까운 참담한 패배를 하게 된다. 광역단체장 선거에서 자유한국당은 대구시장과 경북도지사만을 건질 수 있었다. 'PK'라고 불리는 부산시장, 울산시장 그리고 경남도지사 모두를 민주당에 넘겨줬다. 기초단체장 선거는 물론 광역의회와 기초의회에서도 처참한 패배는 마찬가지였다.

같은 날 치러진 국회의원 재보궐선거에서 전국 12개 선거구 중 경북 지역 1명을 제외하고 모두 민주당 후보가 당선되었다. 바른정당의 성적 역시 초라하기 짝이 없었다. 광역과 기초를 통틀어 한 명의 단체장도 내지 못했다. 결국 바른정당은 선거 이후 독자 생존을 포기할 수밖에 없게 됐다. 결국 안철수 전 대표 및 국민의당의 일부 의원들과 합쳐 바른미래당을 창당하며 돌파구를 모색하게 된다.

지방선거 이후 자유한국당은 보수를 정체성으로 내세우는 유일한 정당이 되었다. 그럼에도 각종 여론조사에서 자유한국당의 지지도는 20퍼센트 선에서 꿈쩍을 하지 않았다. 바른미래당을 보수의 범주에 끼워 넣더라도 둘이 합쳐 30퍼센트를 넘지 못했다. 특히 자유한국당은 일부 여론조사에서 정의당보다 뒤처지는 결과가 나타나 충격을 주기도 했다. 보수가 30퍼센트 수준으로 찌그러진 것이다.

이런 상황에 대해 여의도 정가에서는 다음 총선에서 보수를 상징했던 자유한국당은 사라질 것이라는 전망마저 나왔다. 대신 중도의 민주당과 진보 진영의 정의당이 한국 정치 지형의 중심축이 될 것이라는 예측이다.

세월호 '애도는 여기까지만'이라는 박근혜 정부의 오판

박근혜 정부의 앞날에 재앙의 그림자가 드리운 것은 세월호 사건 이후부터라고 볼 수 있다. 세월호 사건은 2014년 4월 16일에 일어났다. 이 사건을 통해 대중들은 정치와 공권력의 무능에 분노했다. 또 국민의 소중한 생명과 인권을 무시한 국가권력의 부도덕성에 치를 떨었다. 특히 이명박 정부 출범 이래 보수 정권에 반감을 가져온 저항 대중들에게 이 사건은 그들이 가만히 있으면 안 되는 이유가 되었다. 그리고 많은 보통 사람들이 세월호 희생자들의 불행을 자기 일처럼 여기며 그 가족들과 슬픔과 고통을 함께 나누게 된다. 사실 당시 박근혜 정권의 가장 큰 실수는 이 사고가 박근혜 대통령 및 보수 정권의 무능으로 인식되고 확산되는 것을 막으려 했던 그 자체였다.

세월호 참사는 가만히 있으라는 말을 곧이곧대로 들은 아이들을 포함해 수백 명의 사람들이 죽은 국가적 참사였다. 게다가 먼 바다에서 폭풍우를 만나 배가 뒤집혀 어쩔 도리도 없이 순식간에 일어난 사건도 아니다. 이미 구조를 기다리며 바다 위에 한참을 떠 있다가 무력하게 사람들이 죽어간 것에 대한 공권력의 책임이 불거지던 상황이었다.

따라서 상황적으로 전 국민이 슬픔의 충격에 빠진 이 허망한 참사를 애도하고 수습할 수 있는 '제사장'은 대통령 한 명밖에 없었다고 볼 수 있다. 하지만 한국 보수의 뼛속까지 스며든 고질적 병폐, 즉 대통령을 왕처럼 여기는 봉건적 권위주의는 대통령이 모든 책임과 오명을 덮어쓰도록 할 수가 없었다. 대신 대통령의 위엄과 명예를 지키는 쪽을 선택했다고 볼 수 있다. '애도는 여기까지만'이라는 그들의 단호한 결정은 수년 후 자신들의 목을 치는 칼이 되어 돌아왔다. 사실 위기관리라는 기술적 차원에서 봤을 때, '대통령의 석고대죄' 프로젝트를 가동했다 해도 당시 상황이 수습될지 알 수 없는 상황이었다. 어쨌든 그들의 권위주의 습성은 그것을 오판으로 여기게 하지 않았다.

물론 대통령과 정부가 공식적으로 애도의 제스처를 보이지 않았던 것은 아니었다. 그러나 제스처 가지고 될 일이 아니었다. 적당한 선에서 애도가 마무리되었으면 하는 그들의 바람은 큰 착오였다. 그만하라는 호통은 패악(悖惡)에 가까웠다. 가만히 있을 만큼 작은 일도 아니었으며 가만히 있기에는 너무나 큰 비극이었기 때문이다. 당시 숨죽이고 있던 박근혜 지지자들이 이제 그만하라며 유가족을 공격하고 모욕한 것 역시 이후부터 그네들이 국민들로부터 유리되고 고립되는 계기가 되었다.

무능과, 불통 그리고 국정농단이 불러온 혁명

반대로 세월호 사건 이후 노란 리본으로 상징되는 세월호 대중들은 정권에 대한 자신들의 분노와 저항이 옳은 것임을 굳게 확신하게 되었다.

즉 세월호 유가족들의 비극적 슬픔과 고통은 한국의 저항 대중 및 그들을 애도하는 보통 사람들 모두의 것이 되어 확산되었다.

그런 점에서 세월호 사건과 2016 촛불혁명의 관계는 1980년 광주항쟁과 1987년 6월 혁명의 관계와도 비교할 수 있다. 대중이 희생자들과 함께 겪고 나누게 되는 트라우마는 억압한다고 사라지는 것이 아니다. 해마다 찾아오는 그 날이 다가오면 그 기억은 물러나지 않는 대중 저항의 원천이자 동력이 되어 결국 정치적 스펙터클로 나타나게 된다. 이후 세월호 대중들을 하나로 묶은 상처는 탄핵의 과정에서 '이게 나라냐?'라는 물음으로 승화되어 나타났다.

세월호 사건을 통해 보수 진영이 새겨야 할 부분 중 하나는 정치권력이 대중의 입을 막는 것에 대해 두려워해야 한다는 것이다. 이른바 '불통'이라는 말로 압축되었던 박근혜 정부의 소통에 대한 억압은 이후 정치적 재앙이 되었다. 억압이 있는 곳에 저항이 있음은 우리 정치사에서 모든 대중혁명이 결국 권위주의 정권에서 일어났다는 것만 봐도 금방 알 수 있다.

다만 과거에는 억압이 전면적 저항을 불러오는 시간 혹은 기간이 상대적으로 오래 걸렸다면, 초소통혁명 이후에는 과거와 비교할 수 없을 정도로 빠르게 나타날 가능성이 커졌다. 초소통혁명 이후 정보에 대한 통제는 현실적이지도 않고 현명하지도 않다. 소통이 공감을 만들고 공감이 조직을 구축하는 과정이 빠른 속도로 누구의 방해도 받지 않고 이루어지던 때였다.

박근혜 정권은 국정농단 사건이 터지기 직전인 2016년 전반기에 이미 20퍼센트 수준의 식물정권 지지도를 보였다. 당시 국민들이 꼽은 불만의 첫 번째는 바로 불통이었다. 정치권력이 무능한 데다 말도 통하지 않는다면 대중이 택하는 것은 대개 '돌팔매'이다.

이처럼 박근혜 전 대통령에 대한 탄핵은 지루하기 짝이 없는 무능한 정권에 대한 대중의 염증과 불통에 대한 분노가 누적된 상태에서 발생했다. 국정농단 사건은 용암처럼 지표 밑에서 뜨겁게 고여 있던 대중들의 분노가 분출되는 틈이었을 뿐이다.

여기에 SNS를 중심으로 만들어진 새로운 지도자에 대한 조급한 염원이 더해지자 상황은 걷잡을 수 없게 확산되었다. 그 결과 한국 정치사의 또 다른 혁명이 일어나게 되었다.

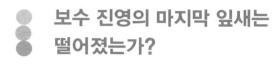

보수 진영의 마지막 잎새는 떨어졌는가?

보수 세력이 정말 붕괴되는 것이라면 보수의 가치 역시 퇴색함을 의미한다. 대개 한국의 보수 가치를 구성하는 세 가지 기본 축은 반공주의와 성장주의 그리고 권위주의로 압축된다.

시대착오적인 보수 진영의 권위주의 문화

반공주의는 무엇보다 한국전쟁을 일으키고 무력 도발을 해온 북한에 대한 적대적 태도를 기본으로 한다. 나아가 한미동맹 및 과거 서방국가라고 불렸던 우방들과의 동맹적 관계도 연결되어 있다.

성장주의는 제조업과 무역 통상을 중심으로 빈곤을 탈출하는 것을 최상의 가치로 여기는 것을 말한다. 특히 성장주의의 중심에는 재벌이라고도 불리는 대기업 중심주의가 놓여 있다. 성장주의는 가장 신성한 자유인 노동의 가치와 권리마저 부정했으므로 성장 지상주의라고도 불린다.

권위주의는 군사 정변으로 권력을 잡은 박정희 정권 이후 강화된 것이다. 이는 무엇보다 반공과 성장주의를 펴나가는 과정에서 이에 반발하거나 저항하는 이들을 물리적으로라도 탄압하는 것을 의미한다.

문제는 이와 같은 세 가지 중심 가치가 시대착오적인 것이 되었고, 더 이상 대중들에게 동의를 얻기 힘들다는 데 있다. 먼저 무엇보다 양극화가 진행된 사회에서 과거처럼 우리 경제를 위해 자신을 희생할 사람은 없다.

수출과 IT 중심의 대기업들이 아무리 돈을 벌어도 그것이 일반 국민의 이익이 되는 것도 아니다. 또 산업의 자동화 때문에 과거에 비해 많은 일자리를 창출하지도 않는다. 특히 이명박, 박근혜 정권이 확실히 보여준 것은 더 이상 과거 박정희 시절과 같은 경제 발전이나 성장 같은 것은 없다는 것이다.

부자가 잘살아야 서민도 잘산다는 적하(滴下, trickle down) 모형 역시 우리나라는 물론 전 세계적으로 이제 사기처럼 비난을 받게 되었다. 따라서 보수의 경제 모형, 즉 나라의 발전이 개인의 발전이며 먼저 파이를 키워 나눠 먹자는 이야기는 더 이상 보수가 써먹을 수 없게 됐다.

나라의 발전은 대기업의 발전이며 대기업의 발전은 자신들과 별 관계가 없고, 파이가 충분히 커졌는데도 먹을 것은 없다는 것을 국민들이 알아차렸다.

한편 권위주의 문화는 보수가 가진 특성상 가장 시대착오적이며 빨리 털어내야 할 특성이다. '하라면 하라'는 식의 일방향적 소통 방식은 이제 시대 흐름상 작동이 불가능하다. 디지털 소통시대에는 대중이 오히려 강자이다.

소통 자체를 회피했던 이명박근혜 정권

한국의 기득권층이나 파워 엘리트들은 도덕성이 결여된 경우가 많다. 이때 권위주의는 그 자체가 자신들의 부패와 무능을 은폐하는 기능을 가진다. 따라서 이런 소통 방식은 때로는 법에서 정한 공직자의 의무와 책임을 벗어나게 만들어 이후 법적 책임을 지게 될 수 있다. 또 반발하는 대중을 초법적으로 억압하는 것은 사실상 이후 권력 남용 문제를 일으켜 자신들의 정치생명 자체를 위협한다고 볼 수 있다.

특히 SNS혁명이 일어난 시점에는 특정한 정보를 은폐하는 것이 현실적으로 불가능하다. 이명박, 박근혜 정권에서 보여준 보수들의 리더십 스타일은 때로는 대중들과 소통하는 법을 모르거나 아예 소통하는 그 자체를 모욕으로 느끼고 회피하는 것처럼 보인다.

물론 최근에 와서 디지털 미디어에 관심을 가지고 유튜브 등의 채널을 만드는 것은 나름대로의 노력이라 할 수 있다. 그럼에도 국회 등에서 보여주는 과격한 발언이나 안하무인식의 발언들은 여전히 보수의 소통에 문제가 심각함을 보여준다. 한국 보수 정치 세력의 수준을 볼 때, 스스로 자신을 낮추고 소통하는 법을 익히지 못하면 집권 자체를 하지 않는 편이 나을 수도 있다. 시대착오적 권위주의 문화로 인해 정권을 잡아봤자 결국 법을 어기고 감옥에 갈 가능성이 높기 때문이다.

보수 시위를 주도하는 사람들이 보여주는 폭력성 역시 새로운 세대들에게는 끔찍하리만큼 혐오스러운 모습이며, 결국 자신들 스스로를 점차 고립시키고 있다.

반공주의는 한국 보수의 마지막 잎새가 될 것인가?

성장 지상주의는 더 이상 대중에게 먹히지 않는다. 권위주의는 보수 스스로의 안전을 위해서라도 하루빨리 벗어던져야 한다. 다만 보수주의의 마지막 보루인 반공주의는 그 정당성과 필요성이 완전히 사라진 가치는 아니다. 북한은 여전히 핵무기를 통해 남한의 안보는 물론 한반도 전체의 평화를 위협하는 존재이다. 또 미국과의 동맹관계는 여전히 안보 측면에서 한국의 중요한 전략적 축인 것은 분명하다.

경직된 반공주의는 한국의 보수에게 있어 달콤한 독약과도 같다. 반공주의에 반응하는 대중이 여전히 있고, 반공주의는 실제 정치적 유리함을 만들어내기도 하기 때문일 것이다. 한국의 보수가 스스로 해야 할 일 중 하나는 반공주의를 권위주의와 분리시키는 것이다. 자신의 무능을 지적해도 빨갱이, 정부의 잘못을 지적해도 빨갱이라는 식의 대응 태도로는 자신들이 중요시하는 반공 가치 자체마저도 혐오의 대상으로 만들기 때문이다.

게다가 문재인 정부의 평화 추구 정책은 근본적으로 북미 간에 생길 수 있는 한반도 내 무력 충돌 가능성, 즉 전쟁을 막으려는 시도라는 점을 고려해야 한다. 또 그것이 당장은 아니라도 이후 한반도 정세가 실질적 남북 평화 체제로 나아가게 되면 보수의 마지막 잎새가 떨어지는 셈이 된다.

한국의 보수는 이미 스스로의 가치를 잃어버린 상황이다. 자신들이 있어야 할 이유를 복원시키지 못하면 근본적으로 퇴조할 수밖에 없다. 또 가치가 있다 해도 소통을 통해 설득하고 공감하는 법을 익히지 못한다면 소용이 없다.

보수의 경직된 이념관도 그렇지만 상상력 역시 고갈되어 보인다. 복지, 정의, 평화 등 민주당을 포함한 진보 정치 세력들이 끊임없이 자신들의 논리를 개발하고 책으로 펴내지만 보수는 사실상 그런 책조차도 없다. 있다고 해봐야 50년 동안 주제는 같다. 저자도 바뀌고 주제도 다소 바뀌지만 논리는 한 가지이다. 미북 간에 전쟁이 난다고 해도 반공, 안 난다고 해도 반공이니 머리가 비어 보인다. 게다가 지금의 시대정신인 양극화 해소에도 특별한 관심이 없는 것처럼 보인다. 부자가 잘살면 서민도 잘산다는 논리 이후의 논리도 없다. 언제나 성장 동력을 운운하지만 이명박, 박근혜 정부에서 보여준 성장 동력이 뭔지도 흐릿하다.

보수의 진정한 위기는 새로운 것을 탄생시키지 못하는 것

실제 박세일 교수의 선진화 담론 이후 거시적 차원에서 보수의 새로운 비전은 아예 나오지 않았다. 한동안 보수의 품격과 회생을 이야기하던 이상돈, 표창원 등의 유명 인사들은 아예 보수에서 이탈했다. "내가 진짜 보수다."라고 말하는 사람들을 현재의 자유한국당 등이 끌어안을 능력이나 가능성도 커 보이지는 않는다.

한국의 보수는 그런 점에서 분명한 위기에 몰려 있다. 한국은 권위주의가 통하지 않는 초소통사회로 진입하고 있으며, 이 나라가 다시 고도성장을 할 리도 없다. 미국은 한반도에서 전쟁을 불사하겠다고 벼르는가 하면, 우방이라도 돈은 별개라는 태도도 보이고 있다. 한 줌의 반공 세력으로 변화의 해일을 넘겠다는 것으로도 보인다. 북한이 또 다시 나쁜 짓을 해주기만 바라고 있는 모습이 국민에게 어떻게 보일지는 생각조차 않는다. 이럴 때 천고의 원수 북한이 평화 체제로의 이행을 감행하고 경제 발전에 집중하게 되면 이제 보수는 휴지 조각이 된다. 그람시Antonio Gramsci의 표현을 잠시 빌리자면 "한국 보수의 진정한 위기는 새로운 것을 탄생시키지 못하는 것"이다.

자유한국당으로 대표되는 전통적 보수의 죽음에 대한 반론 역시 만만치 않다. 비록 촛불혁명이 일어났고 민주당 정부가 들어섰지만 그것은 대략 10년이라는 정권 교체 순환 주기에 따른 것일 가능성이 높다. 보수와 진보 간 정권 교체가 일어나면 마치 정말 새로운 패러다임이 등장하고 세상이 바뀐 것 같아도 그게 아니다.

미국이 그랬던 것처럼 결국 10년 정도 지나면 정권은 다시 보수에게로 돌아간다고 보는 것도 설득력이 있다. 보수와 진보가 거대 양당을 중심으로 자리 잡은 경우 각 당을 중심으로 한 사회 각 집단 간 이해관계들과 전통적 지지 기반은 결국 복원될 가능성이 높다.

그래도 보수는 살아 있다는 또 다른 논리

보수가 살아 있다는 주장을 뒷받침할 만한 또 다른 논리도 있다. 자유한국당으로 대표되는 보수 정치 세력이 어느 때보다 위축된 것은 맞다.

실제 여론조사상의 정당 지지도 역시 이를 뒷받침한다.

하지만 선거에서 나타나는 보수 유권자 지형의 변화는 사망을 선고 받을 정도가 아니다. 전문가들은 정당 중심의 정치 지형을 판단할 때, 후보 득표율 대신 정당투표를 참조하는 경향이 있다. 지난 6·13 지방 선거의 광역비례 정당투표 득표율을 보면 자유한국당과 바른정당을 합쳐 36퍼센트로 나타났다. 반면 민주당은 51퍼센트, 정의당 9퍼센트, 민주평화당 2퍼센트로 범민주 진영의 득표율은 60퍼센트를 상회했다.

이러한 결과는 해석에 따라 다소 다른 결론을 내릴 수 있는 수치이 다. 실제 이 수치는 과거 그 어떤 선거에서보다 민주당 및 민주진보 진 영이 약진한 수치이다. 따라서 보수와 진보 간 정치 지형이 근본적으로 바뀌었다는 주장도 가능하다.

그런데 과거 지방선거에서 범보수 진영의 지지율 합이 60퍼센트 수 준에 육박한 적이 있었다. 또 민주당과 민노당 등 범민주진보 진영의 합이 40퍼센트를 밑돈 경우도 있었다. 최근 선거에서 6 대 4의 비율로 진보 대 보수의 지형이 짜인 것을 바탕으로 보수가 죽었다고 말하기엔 섣부른 측면이 있는 것이다. 또 초소통혁명 시대에는 각 선거 결과가 과거에 비해 쏠림 현상이 커진다는 가설도 세워볼 수 있다.

하지만 한국 보수의 문제는 이와 같은 양적 결과가 아니라 질적인 측면에서의 문제가 더 심각하다. 한국 보수의 문제를 한두 가지로 압축 해서 정리하는 것은 쉽지 않다. 앞서도 지적했지만 사회 지도층으로서 미흡한 윤리와 도덕성, 권위주의와 시대착오적 소통 방식, 경제 및 외 교·통일 정책 분야에서의 무능함 등 한두 가지가 아니다.

노블레스 오블리주가 없는 보수는 수치스러운 것

무엇보다 한국의 보수 정치 세력이 대중과 동떨어져서 자기들만의 특권에 도취된 모습을 보여준 지는 꽤 오래되었다. 그동안 보여준 이들의 모습은 부패 비리, 탈세, 부동산 투기, 위장 전입 등 엘리트나 화이트칼라 범죄의 수호자와 같은 것이었다.

그렇다고 한국의 보수가 보수의 전통적 가치 중 하나인 민족주의적 모습을 보이는 것도 아니다. 해방 이후 친일 세력이 보수에 흡수되었기 때문이다. 또 애국적인 생활 태도를 가진 것도 아니다. 병역기피는 물론 원정 출산과 이중국적 문제는 한 나라의 사회 지도층으로서 자랑스러운 모습이 아니다.

한국 보수들의 모습은 일반 대중보다 윤리적이고 헌신적인 사회 지도층의 모습과는 거리가 멀다. 대체로 공적 책임에는 무관심한 채 위장 전입과 부동산 투기처럼 자신 것만 챙기면 된다는 식의 강남 졸부에 더 가깝게 느껴진다. 떼법은 안 된다면서 법이란 법, 원칙이란 원칙은 거의 다 어기는 것은 그 자신들이다.

그들이 보수라고 주장하는 거의 유일무이한 근거는 빨갱이가 아니라는 것이다. 노블레스 오블리주가 없는 보수가 정치를 한다는 것은 사실 수치스러운 일이다. 엄밀히 말해 한국에는 애초부터 보수 그 자체가 없다고 혹평할 만하다. 정치로 자기 지위를 높이거나 돈을 벌고 싶은 일부 부유층이 보수를 가장할 뿐이다.

그렇기에 한국의 보수는 먼저 자신들의 가치부터 재정립할 필요가 있다. 사실 특정한 이념이나 가치가 현실 속에서 선거의 결과에 직접적으로 영향을 미친다고 보기는 어렵다. 당장은 인물이나 사건이 훨씬 더 중요하다. 그렇지만 긴 시간을 두고 작동하는 이념적 방향이나 유권자 지형 자체를 무시하고 정치의 흐름을 이야기할 수는 없다.

대중들에게 아무런 감동과 재미를 주지 못하는 한국 보수

한국의 보수가 가진 또 다른 문제점 중 하나는 한국 사회에 대한 어떤 고민이나 해법을 보여주고자 하는 노력 자체가 없다는 점이다. 양극화 문제나 4차 산업혁명에 의한 실업문제 등 대중들의 관심이 모이는 분야에 대한 책을 쓸 능력도 보여주지 못했다. 대신 읽으면 안 되는 책을 정해 군대에 전달하는 권위주의 행태는 여전했다. 2008년 국방부가 정한 불온서적에 학술원이 우수도서로 정한 장하준 캠프리지대 교수의 『나쁜 사마리아인들』을 포함시킨 것은 세간의 웃음거리가 되기에 충분했다. 또 한국 내 인권에는 무관심하면서 북한 인권에 목소리를 높이는 것도 대중들에게 아무런 감동과 재미를 줄 수 없다.

경쟁자인 민주당이 남의 인권은 주장하면서 북의 인권은 관심 없다는 말도 설득력 없기는 마찬가지이다. 모든 나라가 그렇듯이 당장 자신의 나라 자국민 먼저 챙기는 것이 이상한 일도 아니다. 무엇보다 한반도에서 전쟁을 막는 것이 인권 중에서도 최고의 인권이기 때문이다.

결국 빨갱이 때려잡기를 앞세워 자신들의 비윤리성, 무능함, 탐욕스러움, 그리고 무식하고 무례한 모습을 모두 은폐해온 것이 한국의 보수라고 해도 할 말이 없다.

문재인 정부를 포함한 진보 정치 세력이 과거 보수 정권을 비판했던 대로, 또 장담했던 대로 당면한 사회문제를 다 해결할 수 있을지는 알 수 없다. 윤리적 측면에서 그들 역시 털어서 먼지가 안 나오는 것도 아니다.

그러나 진보 진영이 끊임없이 시대적 과제인 양극화 문제나 부동산 문제, 저출산 문제 등 현안들을 해결하겠다고 끙끙거리기라도 하는 모습과 '반공'이라 적힌 머리띠 하나 두르고 모든 것을 해결하려는 보수의 모습은 얼핏 보기에도 차이가 난다.

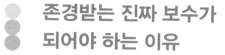

존경받는 진짜 보수가 되어야 하는 이유

보수가 복원되고 재구성하는 작업은 결국 보수 대중에서부터 출발해야 한다. 한국의 보수 대중을 여론조사 결과 등에 근거해 분석해보면 중심 그룹을 박정희 보수, 귀족 보수, 웰빙 보수의 세 가지 정도로 나눌 수 있다.[1]

양극화 사회에서 승자 편에 서는 신자유주의 보수층

먼저 보수의 원형이라 할 수 있는 박정희 보수이다. 이들의 정체성의 핵심은 반공이며 대체로 고연령층 중심의 산업화 세대이다. 시내 곳곳에서 태극기 집회를 여는 이들과 가장 많이 겹친다고 볼 수 있다. 이들은 온라인에서 반공 및 반북 논리를 중심으로 활동한다. 박근혜 전 대통령과 정서적 결합도가 높고 활동력이 가장 왕성한 집단이기도 하다.

보수를 재구성하는 데 이들이 가지는 문제는, 결집력은 뛰어나지만 전체 크기가 크지 않고 이후 확장성도 떨어진다는 데 있다. 물론 상대적으로 젊은 연령층이 이들과 새롭게 결합하는 모습도 나타나지만 청년 세대를 중심으로 반공주의가 대중적으로 확산되고 있다고 보기는 어렵다.

다음 보수는 귀족 보수라고도 할 수 있고 전통 보수라고도 할 수 있는 집단이다. 대체로 이들은 대구경북을 중심으로 형성되어 있으며, 사회적, 경제적 지위가 비교적 높은 집단으로 분류된다. 반공 보수와 비교해 이념적 특성이 강하지 않으며 활동력도 큰 편은 아니다. 산업화 과정 및 그 이후에도 엘리트 네트워크 형태로 기득권을 유지하거나 연결되어 있는 집단일 수도 있다.

분석적으로 나타나는 이들의 규모는 결코 작지가 않다. 'TK'라는 지역 정체성에 기반을 두고 존재하기 때문일 수 있다. 이들은 정치적으로 보수라 하더라도 반공 보수들과는 달리 각종 이슈들에 대한 판단이 반드시 당파적인 것은 아니다. 선거에서는 보수 정당을 선택하지만 보수 정권에 대한 비판적 시각도 가진다. 이들은 자신들을 한국 보수의 원류이자 지도 집단이라고 생각할 수 있다.

마지막 보수는 웰빙 보수들이다. 이들의 정체성은 이명박 노선이라고도 할 수 있는 신자유주의에 있다. 대체로 외환 위기 이후 양극화가 급격히 심각해지는 시점에 나타났다고 볼 수 있는 수도권의 중산층과 부유층의 특징을 가지고 있다. 다만 이들은 전통적 보수들과 달리 국가 정체성이 강하지도 않고 반공의식을 공유하지도 않는다. 근본적으로 정치적 성향이 아닌 경제 노선을 중심으로 정치 성향이 정해지는 층이다. 그럼에도 불구하고 자신들의 정체성이 보수라는 것을 명확히 인식한다. 시장 친화적, 성장 친화적 정책이라면 대체로 찬성하는 경향을 보인다. 양극화 사회에서 승자의 편에 서는 층이라고도 할 수 있다.

의외로 서로 정체성이 다르고 이질적인 보수 집단

기존의 보수 지형과 별개로 현재 바른미래당의 지지층은 또 다른 의미를 가지는 층이다. 현재 바른미래당 지지층은 과거 국민의당 시절 확보한 호남 정체성은 대폭 약화되었다. 사실상 중도 또는 중도 보수층에 가깝다. 이들은 기존의 보수 정치 세력에 대한 신뢰를 접고 이탈했거나 민주진보 정당에 대해 호감을 가지지 않는 층이라고 할 수 있다.

다시 말해 보수와 진보의 거대 양당 체제하에서 둘 중 그 어느 쪽도 선호하지 않는, 중간 지대에 모인 유권자 집단들인 것이다. 따라서 이후의 정치 지형에서도 어떤 정치적 선택을 할지 모르는 유동층으로서의 성격도 가지고 있다고 할 수 있다.

이렇게 기존의 정치 지형에서 나타나는 보수 집단은 의외로 서로 정체성이 다르고 이질적이다. 문제는 현재의 자유한국당은 이들 각 집단의 핵심적 요구를 충족시켜줄 만한 이념 노선도 인물도 가지고 있지 않아 보인다는 점이다. 자유한국당이 앞서 세 가지 보수 가치를 통합하기란 쉽지가 않다. 성장 중심주의는 상대적으로 국가 정체성이나 공동체적 정의를 배제하므로 반공 보수와 정통 보수 모두에게 매력적이지 않다. 반면 반공주의는 이후 시대적 흐름에서 얼마나 더 유효할지 알 수 없다. 분명한 건 신자유주의 웰빙 보수들에겐 별로 어필하기 어렵다는 사실이다.

'말 안 들으면 매 든다'는 식의 권위주의적 행태는 반공 보수들에게는 상대적으로 거부감이 덜 들 수도 있다. 그러나 중도를 포함한 다수의 대중들에게는 근본적으로 시대착오적으로 보일 수밖에 없다. 따라서 중장기적으로 확장성을 크게 제약한다는 점에서 스스로 청산해야 하는 문화이다.

이런 점에서 보면 자유한국당은 어정쩡하게 세 가지 가치를 묶어놓거나 아니면 한 가지 가치를 선택해 이를 중심으로 나머지 보수를 끌어안아야 한다. 그렇지만 현실성이 떨어지는 게 문제이다. 신자유주의와 반공주의 모두 현 상태에서 보수 전체를 묶을 수 있는 통합적 정체성으로는 한계가 있어 보이기 때문이다.

가족의 생각마저 다 바꾸는 보수여야 한다

한국 보수는 리모델링 방식이 아닌 재건축 방식을 고민해야 할 수도 있다. 기존의 가치와 이를 자신의 정체성으로 삼는 세력들을 중심으로 보수를 재구성하려는 시도는 오히려 얽히고 꼬여 재건과 부활에 실패할 수 있다는 얘기이다. 따라서 과거를 기반으로 하는 보수 가치가 아닌 대중이 필요로 하는, 또는 대중에게 호소력이 있는 새로운 가치와 이슈들을 중심으로 노선을 재정립하는 것이 옳을 수 있다. 기존의 보수 가치에서 답을 찾기보다는 지금 국민 속으로 들어가 그들이 보수에게 바라는 또는 보수가 잘할 수 있는 새로운 정책 수요를 찾아내는 것을 말한다.

　사실 민주진보 진영은 친노, 전대협 86세대, 친DJ와 같은 정치적 계파 또는 노동, 민족과 같은 가치를 중심으로 문중별 정체성과 친밀도가 강하다. 이런 민주진보 진영과 달리 보수는 중심이 만들어지면 그것을 따라가는 수직적 권력 구조에 더 가깝다. 때문에 기존의 조각들을 퍼즐 풀 듯이 맞춰보는 재구성 방식은 맞는 방식이 아닐 수 있다.

　즉 앞서 설명한 보수 가치들이나 대중들을 조합하는 것보다 근본적 변화를 추구하기 위해 제로베이스에서 다시 새로운 보수를 창조하는 재탄생 방식, 즉 올 뉴all new 보수 프로젝트를 생각할 필요가 있다.

　이때 올 뉴 보수는 자신은 물론 가족들에게, 공인의 가족은 일반인보다도 더 제약과 희생이 많아야 한다는 점, 그리고 대중을 아랫것이 아닌 모셔야 할 주인이나 동지로 생각하는 예의를 먼저 가르쳐야 한다. 그야말로 가족의 생각마저 다 바꾸는 보수여야 한다.

한국 보수를 새롭게 바꿀 세 가지 선택은?

아무리 새로운 생각과 이념이 중요하다 해도 대중은 언제나 인물을 통해 자신들의 지지를 결정한다. 새로운 가치나 이념도 사람이 그것을 현실화, 현재화하지 않는다면 대중의 선택을 받을 수 없다. 반대로 이념을 통한 대중정치는 어렵고 피곤하며 잘 작동하지도 않는다.

　따라서 보수의 새로운 인물은 반드시 필요하며, 이들의 자격은 다음과 같다. 먼저, 분명 보수이지만 과거의 보수와는 달라야 한다. 두 번째, 새로운 보수의 가치를 제시할 수 있어야 한다. 마지막은 대중과 소통을 할 줄 알아야 한다.

새로운 보수의 철학이 탄생한다 해도 중요한 것은 결국 인물과 세력의 재편일 수밖에 없다. 명지대 김형준 교수는 「위기의 보수, 대통합 성공하려면」이라는 기고에서 향후 보수의 선택을 세 가지로 압축해서 설명했다.

첫째, 분열되기 이전의 새누리당을 복원하는 소통합이다. 이 경우, 아무래도 바른미래당의 유승민 의원이 복귀하는 것이 핵심이다. 물론 황교안 전 총리의 영입과 원희룡 제주지사, 남경필 전 경기지사, 김태호 전 경남지사, 오세훈 전 서울시장 등의 복귀를 통해서도 과거 새누리당의 당세를 만회할 수 있다. 이 경우에는 보수의 가치를 다시 손질하고 리모델링하면 된다.

두 번째는 자유한국당과 바른미래당이 합치는 중통합이다. 물론 유승민 의원의 복귀도 이뤄지지만 손학규와 안철수라는 중도 거물들이 새로운 보수 정당에 합류하는 의미가 핵심이 된다. 이 경우 과거 새누리당보다 이념 스펙트럼이 상대적으로 중도로 이동하는 것을 가정해야 한다.

다만 새누리당 특유의 권위주의와 영남 중심의 지지 기반에 질려 기존에 새누리당을 뛰쳐나온 인사들은 물론이고 손학규, 안철수라는 중도 인사들을 포용하기 위해서는 상당한 수준의 이념과 노선의 변동이 필요한데, 이 경우 당 내외에서 심각한 이념적 충돌이 벌어질 수 있다.

마지막은 자유한국당과 바른미래당이 모든 기득권을 버리고 헤쳐모이는 대통합이다. 김 교수가 '보수 빅텐트'라고 부른 대통합의 경우,

현 정치 지형에 들어와 있지 않은 중량급 인사들인 홍석현 전 중앙일보 회장, 정의화 전 국회의장, 김종인 전 의원 등이 합류하는 모양새를 상정하고 있다. 또 이 경우 호남을 정서적 지지 기반으로 하는 민주평화당 일부까지도 염두에 둘 수 있다.

현재의 보수 대통합은 감동이 없어 보인다

김형준 교수의 기고문에서도 언급하고 있지만, 자유한국당을 중심으로 한 정계 개편의 걸림돌은 한두 가지가 아니다. 먼저, 무엇보다 총선 직전이 되기 전까지 현재의 인기 없는 자유한국당으로 명분 없는 복귀를 할 만한 인사가 별로 없다는 것이다. 아직은 총선이 한참 남았기 때문이다. 총선을 목전에 둔 내년 중하반기가 되면 2차 정계 개편이 일어날 수 있다는 점에서 자칫 먼저 들어가서 팽 당할 위험성마저 있다.

또 다른 장애물은 손학규 바른미래당 대표가 언급하듯이 차기 정치 지형에서 자유한국당 자체가 대중들에게 외면당한 이념에서 못 벗어나 끝단[dead end] 정당으로 전락할 가능성이다. 즉 정계 개편이 될지라도 사실상 수구를 상징하는 자유한국당이 그 중심에 서게 되면 아무런 효과가 없이 모두 함께 죽을 수 있다는 것이다.

마지막으로, 대통합은 현재로서는 가장 어렵다는 것이다. 다시 말해 그와 같은 빅텐트를 새로 세우기 위해 필요한, 중심을 떠받칠 새로운 기둥으로서의 이념과 인물 그리고 정책 모두를 한 번에 준비하지 않으면 가능성이 없기 때문이다.

보수 대통합 움직임이 분주하지만 특별한 진척은 없다. 친박과 비박의 싸움도 그렇고 반문 연대도 적절한 명분 같아 보이지 않는다. 현실 정치는 제대로 된 노선이나 이념을 통해서 이기는 것이 아닌 것은 맞다. 당장 반문 연대를 만들어 보수가 통합하면 국회의원 한 번 더할 수 있는 기회가 생길 수도 있다. 또 기다리다 보면 여당의 초라한 성과로 인해 반사이익을 얻어 집권할 수도 있다. 또 당장 원하는 시간표대로 보수 통합이 이뤄지지 않더라도 보수발 정계 개편이 이뤄지면 자유한국당이 유리하다. 또 대통령 임기 중후반에 치러지는 총선이므로 야당이 유리할 수도 있다. 그래서 그냥 뭉개고 갈 것 같기는 하다. 그러나 현재의 보수 대통합은 국민들에게 어떤 감동이나 희망을 줄 것 같지 않다. 공학적 정계 개편의 효과는 여전히 미지수이다. 또 준비 안 된 승리가 꼭 좋으리라는 법도 없다.

존경할 수 있는 진짜 보수가 되어야 하는 이유

보수는 이제 한 번이라도 원칙대로 정치를 하는 모습을 국민들에게 보이는 것도 좋다. 보수는 민주주의적 소양 자체가 부족한 것도 문제지만, 이제 디지털 민주주의의 흐름까지 빨리 따라잡아야만 한다. 지금은 디지털 초소통시대이다. 이제 보수도 소통하는 법을 배울 때가 됐다. 보수의 부활은 그래서 디지털 대중 한가운데에서 시작되는 것이 맞다. 트럼프 대통령이 롤 모델이 되어야 하는 것은 아니지만, 미국이 하는데 한국이라고 못할 일도 아니다. 디지털 소통을 두려워하지 말고 대중 한가운데로 들어가 마음을 얻겠다는 자신감을 가질 필요도 있다.

보수가 대중의 적은 아니다. 그런 일은 일어날 수 없다. 엄밀히 말하자면 보수가 진보의 어머니이기 때문이다. 진보는 보수의 무능 한가운데에서 태어난다. 부자가 느는 만큼 빈곤층도 함께 늘어날 때, 반공을 이유로 다른 사람의 삶을 유린할 때, 또 질서를 내세워 사람들의 권익을 짓밟을 때 진보가 태어난다. 때로 진보가 보수의 무능을 고치면 그 자신이 이젠 보수가 되기도 한다.

사실 보수란 그 나라 대중의 주된 생각, 또 보통 사람이 사는 방식이라는 의미이다. 더 많은 사람들이 안정감을 느끼는 정상적이고 일반적인 삶의 방식이 바로 보수의 가치여야 한다. 보수가 죽어간다는 것은 그 사회의 불안과 혼란이 커졌음을 의미한다. 보수가 바로 서야 나라가 편해진다. 다만 보수가 품을 수 없는 사람들이 늘어나면 진보가 해결할 수밖에 없다. 보수와 진보가 사회의 양 날개가 되어야 하는 이유이다.

지금 한국의 보수는 사람들을 편하게 하지 않는다. 겁주고 윽박지르며, 남들이 죽든 살든 자기들만 잘살려 하고, 아무에게나 빨갱이라며 삿대질을 해댄다. 그래서 한국의 보수는 보수가 아니다. 진짜 보수가 나타나길 염원하는 많은 한국인들의 열망을 안다면 지금처럼 그래서는 안 된다. 보수가 부활하려면 많은 사람들이 편히 의지하고 존경할 수 있는 진짜 보수가 되어야 한다.

1. 『준비된 집권을 위한 제안 – 2017 집권전략 보고서』, 더미래연구소, 2016. 이 보고서의 '제2부 유권자 정치 지형 분석' 중 '유권자 이념 지형' 부분을 참조하였다.

12

#정치 개혁

다원주의 정치의 길목,
연동형 비례대표제

연동형 비례대표제 도입과 다당제 정치는 가능한가?

한국 정치가 역동적이라고 하지만 안 바뀌는 현상들이 몇 가지 있다. 보수와 진보를 대표하는 두 개의 거대 정당만이 정치의 중심이 되는 양당 독식 현상이 그중 하나이다. 이유는 간단하다. 큰 정당만 살아남을 수 있는 선거제도를 채택하고 있기 때문이다.

지지도마저 떨어지면 식물대통령이 되는 한국 정치

한국에서는 환경을 우선시하는 녹색정당, 청년당 또는 지역의 권익을 위한 다양한 정당들이 성공할 방법이 원천적으로 차단되어 있다. 유럽에서 돌풍을 일으킨 포데모스Podemos 와 오성운동Movimento 5 Stelle 등 새로운 정치 흐름도 우리나라와는 거리가 먼 셈이다.

단골로 나타나는 두 번째 현상은 여소야대 현상이다. 야당의 의석수가 여당의 의석수보다 많음에 따라 대통령과 행정부가 고전을 면치 못하는 정치 지형이 조성된다. 그렇게 되면 헌법이 정한 대통령의 강력한 지도력은 허울만 남기 일쑤이다. 여소야대의 국면에서는 대통령이 종이호랑이로 전락하고 만다. 나아가 국정 운영 지지도마저 떨어지면 사실상 식물대통령이 되고 만다.

마지막은 불행한 대통령 현상이다. 한국의 대통령은 끝이 좋지 않다. 이유는 간단하다. 헌법이 정한 대통령의 권한이 막강하기 때문이다. 무엇보다 인사권을 가지고 검찰과 경찰, 국정원, 국세청, 감사원 등과 같은 권력기관을 휘하에 두고 통제할 수 있다. 대통령의 권위가 높고 힘이 강하다 보니 무리해서 일을 추진하는 경우가 많다. 대통령과 측근들이 법을 어기게 되는 이유가 일차적으로 거기에 있다. 새 대통령도 전직 대통령을 그냥 두지 않고 탄압하는 경우도 생겨난다. 그 과정에서 전직 대통령이 새 대통령의 정치적 먹잇감이 되는 정치적 비극이 연출되기도 한다. 특히 정당 간 정권 교체가 될 때에는 더 심각해진다. 이들은 30년이나 된 한국의 기본 정치제도를 고쳐야 한다는 필요성을 보여주는 중요한 현상들이다.

표심을 제대로 반영하는 연동형 비례대표제가 도입될까?

"선거제도만 바꿀 수 있다면 국회에서 물구나무라도 서겠다."

최근 국회 정치개혁특위 위원장을 맡은 심상정 의원이 전한 고 노회찬 전 의원의 생전의 바람이다. 정치개혁특위는 21대 국회의원을 뽑는 선거제도를 논의하기 위해 국회에 설치된 특별위원회이다. 여기서 논의되는 정치 개혁의 중대 사안은 크게 중대선거구제와 연동형 비례대표제이다. 중대선거구제는 현재보다 좀 더 큰 선거구를 만들어, 한 명이 아닌 여러 명의 국회의원을 뽑는 제도이다. 서울이라면 각 구별로 국회의원을 가지는 것이 아니라 강남, 강북, 강서, 강동 등 4개 권역에서 각기 10명씩을 뽑는 것이다. 큰 선거구에서 여러 사람을 뽑다 보면 여러 다양한 정당들이 국회에 참여할 수 있다.

반면 한 지역에서 한 명만 뽑는 선거제도에서는 양대 정당 후보 외에는 현실적으로 당선되기 어렵다. 다만 현재처럼 작은 지역에서 한 명을 뽑는 소선거구제도 문제지만, 지역을 약간만 넓혀 한 지역에 2명을 뽑는 중선거구제는 최악이 될 가능성이 농후하다. 그렇지 않아도 양당 중심인 한국 정치에서 모든 지역에서 몸집 큰 두 당만 사이좋게 나눠 먹자는 얘기가 되기 때문이다.

얼핏 듣기에 말이 어려운 연동형 비례대표제는 표를 받은 만큼 의석을 가져가는 제도이다. 현재의 선거제도는 선거구에서 단 한 표라도 표가 많은 당이 이기는 제도이기에 득표율대로 각 정당이 의석을 차지하는 것이 아니다. 연동형 비례대표제를 도입하면 각 정당의 국회의원 수는 최종적으로 정당들이 득표한 비율에 가까운 방향으로 정해지게 된다. 이 제도에서는 다양하고 새로운 정당들이 국회의원을 배출할 가능성이 높아진다.

여론조사에서 나타나는 민심은 이러한 정치 개혁의 취지에 대체로 공감을 한다. 하지만 이것은 진짜 여론이라 하기 어렵다. 비례성을 높인다는 명분이 좋기 때문에 찬성하는 비율이 높은 것뿐이다. 새로운 제도에 대한 정확한 내용을 제대로 파악한 뒤의 여론이라고 판단하기는 어렵다는 의미다.

사실 정치 개혁은 일반 대중의 관심사가 아니다. 직접적 이해관계도 없고 사실 내용도 복잡하기 때문이다. 그런데 정치 개혁에 의해 정치는 생각보다 많이 바뀔 수가 있다. 게임의 룰이 바뀌면 승패가 바뀔 수 있는 것과 같다.

사회가 복잡할수록 다당제 정치가 필요해

사실 연동형 비례대표제와 중대선거구제를 통해 다당제 정치가 만들어지면 정치 변화의 폭은 상당히 커질 것이다. 언론 등에서는 곧잘 유럽 등의 다양한 정치적 실험이나 운동이 소개된다. 대안 정당의 대명사격인 독일의 녹색당이 뜬 것은 이미 수십 년 전이다. 최근에는 스페인의 포데모스, 이탈리아의 오성운동, 아일랜드의 해적당Pirate Party이 출현해 바람을 일으켰다.

유럽형 다당제 정치의 가장 큰 장점은 정치가 필요한 사람들이 직접 당을 만들어 자신의 문제를 해결하는 것이다. 청년, 여성, 성소수자, 노동자, 특정 지역민 등이 자신들의 권익을 대변하는 의원을 만들어나간다. 이로부터 직접 입법 활동을 통해 현실 정치를 바꾸고 새로운 법안을 관철시켜나간다.

기존 정당에 비해 상대적으로 몸집이 작은 조직이나 단체가 크게 의존하는 곳은 디지털 소통을 통한 여론 조성이다. 지지자들이 온라인 플랫폼과 SNS 등을 통해 즉각 자신들의 의사를 반영하는 시스템을 운영

한다. 이러한 흐름들을 묶어 '진보 포퓰리즘'이라고 하기도 한다. 유럽에서 이들의 도전은 일단 성공적이다. 이들 진보 포퓰리즘 정당들은 자국의 여러 선거에서 승리하고 유럽의회에도 진출하고 있다. 또 큰 정당과 연합해서 국정에 직접 참여하기도 한다. 진보 포퓰리즘의 성격을 이해하는 중요한 척도는 거대 정당에 대한 시선이다. 나라 전체를 구하겠다고 나선 큰 정당들에 대한 비판적 시각이 강렬하다는 게 큰 특징이라 할 수 있다. 그들은 대의명분을 앞세운 몸집 큰 거대 정당의 권위를 배척한다. 또 이념과 정쟁으로 국민을 반반으로 분열시키려 하지도 않는다. 대신 자신들에게 필요한 것을 쟁취하기 위해 당을 만들어 그 문제를 해결하는 데 집중한다. 큰 정당, 센 정당, 잘난 정당 대신 필요한 것이 있는 사람들이나 집단이 서로 연합해 정치에 참여하는 것을 대개 급진 민주주의^{radical democracy} 노선이라고 부른다.

다당제 정치나 다원주의 민주주의가 좋은 것인지 나쁜 것인지는 관점에 따라 그 생각이 다를 수 있다. 다만 다양한 이해관계, 복잡한 사회 구조를 가진 나라일수록 다원주의 정치가 요긴할 수 있다.

승자 독식의 파행적 정치가 재연될지 모른다는 위기감

몸집 큰 기존의 정당들은 대개 기득권의 손에서 벗어나기 어렵다. 여기도 챙기고 저기도 챙기다 보면 도리어 어느 것 한 가지도 제대로 챙기지 못하게 된다. 거대 정당들은 선거 때만 되면 만능 해결사가 되고, 유토피아를 만든다고 잔뜩 바람을 넣는다. 감동 어린 구호로 사람들을 열광시키고 후보를 멋지게 꾸미며 팬들을 조직한다.

그런데 정작 집권하고 나면 얘기가 달라지곤 한다. 현실을 앞세워 발을 빼고 변명하느라 급급해진다. 청년에게 잘해주려니 노인들이 무섭다, 환경을 생각하려다 보니 건설업자들이 난리가 난다, 기업도 살려야 하다 보니 노동자들이 원하는 것을 다 해줄 수도 없다, 남자 유권자가 무서워서 페미니즘을 포용하는 것도 쉬운 일은 아니다, 성소수자 문제는 아예 모르는 척하는 것이 나을 수밖에 없다 등등.

사람들의 삶이 꼬이고 비틀리고 엉켜서 정치가 복잡한 나라일수록 다원주의 정치는 유효하다. 이미 우리 사회는 정치적 요구들이 다양해지고 계층과 집단별로 이해관계가 복잡해졌다. 대변하는 계층이 뚜렷한 작은 정당들은 집권을 위해 의석이 필요한 큰 정당과 연합해 국정에 참여할 수 있다. 이때 자신들의 요구를 확실히 챙길 수 있는 길이 생기게 된다.

현재 국회에서 논의되는 선거제도 개혁은 거대 양당으로 일컬어지는 민주당과 자유한국당이 상대적으로 적극적이지 않아 결과가 어떻게 될지 불투명하다. 다양한 정당들에게 기회가 돌아간다는 것은 큰 정당들의 지분이 줄어든다는 것을 의미하기 때문이다. 이번 정개특위가 본연의 임무에 충실하고 국민 여론을 잘 대변하지 못한다면 우리 정치의 앞날도 불투명해질 것이 자명하다. 거대 정당들이 국회에서 활개 치게 될 뿐 아니라 소수 집단의 입장은 전혀 반영되지 않는 승자 독식의 정치가 다시 만연해질 것이 틀림없기 때문이다.

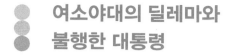

여소야대의 딜레마와
불행한 대통령

여소야대는 우리 정치를 어렵게 만드는 단골손님이다. 막강한 권력을 가진 대통령이 거대 야당에 발목을 잡혀 힘도 못 쓰고 일도 못 하게 되는 정치 상황이 발생하기 때문이다.

여소야대 상황에서 언제나 비틀거리는 대통령

직선제 대통령은 국민 전체의 투표로 선출되므로 범접하지 못할 권위를 가진 존재로서 헌법이 정한 강력한 권한으로 나라의 중요한 일을 직접 나서서 빠르게 해결할 수도 있다.

그런데 국회의 야당 의석수가 여당보다 많아지면 야당의 견제로 제때 취지를 살려 법을 만드는 일이 쉽지가 않고, 이런 상황에서 행정부는 제대로 일하기가 어렵게 된다. 어차피 다른 나라도 비슷하다고 생각할 수 있지만 꼭 그렇지가 않다.

당장 한국과 비슷한 대통령제라고 할 수 있는 미국만 해도 대통령 선거가 있는 때에 의회선거 등이 함께 치러진다. 2년 임기인 하원은 전체, 상원은 3분의 1씩이라도 함께 선출한다. 대통령이 선출될 때 같은 소속 당 의원들이 함께 뽑힐 가능성이 높아지는 것이다. 트럼프 대통령의 경우에도 당선될 때 상원과 하원 모두 여당인 공화당이 승리했다. 그 덕분에 지난 2년 동안 국정 운영에 큰 불편함을 느끼지 않았다.

문재인 정부의 경우 출발부터 여소야대 상태로 대통령 임기를 시작했다. 단 1~2년이라도 소신껏 국정 운영을 해볼 기회 자체가 주어지지 않았다. 대통령의 임기가 여대야소 상황에서 시작해도 임기 중간에 총선에서 패배하면 상황은 비슷해진다. 임기 중후반을 맞이하는 대통령과 행정부는 더욱 허우적거리게 된다. 우리나라는 대통령과 국회의원의 임기는 각각 5년, 4년이다. 그런 이유로 20년 만에 한 번만 같은 시기에 선거가 치러진다. 이렇게 시기적으로 일치하지 않다 보니 여소야대 현상이 반복적으로 나타난 게 우리 정치의 큰 특징이었다. 여소야대 국면이 되면 여당과 야당은 허구한 날 정쟁을 벌이게 되는 상황을 연출하게 된다. 대통령의 원래 권한이 막강하다 해도 국회의 동의를 못 받으면 한계가 명확해지는 것이다.

이런 측면에서 보면 의원내각제의 수상이 여소야대의 대통령보다도 제대로 된 리더십을 가진다고 할 수 있다. 어차피 국가 지도자인 수상은 다수당의 대표가 맡기 때문에 행정부와 의회가 대체로 한 방향으로 갈 수 있다. 물론 한 정당이 혼자서 집권하지 않고 연정을 통해서 집권

하는 다당제 의회에서는 연정이 깨지면 선거를 다시 해야 한다. 수상이나 총리에 대한 여론이 나빠지고 당내에서 불신임이 높아져도 선거를 통해서 그 문제를 해결해나갈 수 있다.

한편 리더십을 갖춘 지도자가 당내 또는 정당 간 연대를 잘 조정해나가면 장기 집권의 길이 열릴 수도 있다. 예외적이긴 해도 독일의 메르켈 총리가 20년 집권을 할 수 있었던 것도 이런 이유이다. 과거 노무현 전 대통령은 대통령과 국회의원의 임기가 다른 것의 문제점을 지적하고 개헌을 제안한 적이 있다. 비효율성이 극단적 형태로 나타나는 한국형 여소야대의 문제점을 인식했기 때문이다. 2007년 무렵은 대통령과 국회의원의 임기가 비슷한 시기에 끝나는 때였다. 당시 노 대통령은 대통령 임기를 4년으로 조정하면서 국회의원 임기와 맞출 것을 제안했다. 대통령제 아래서 불규칙하게 치러지는 각종 선거들이 정치적 대결과 갈등을 심화시키고, 적지 않은 사회적 비용을 유발하여 국정의 안정성을 약화시키는 문제를 지적한 것이다. 대통령 선거와 국회의원 선거가 비슷한 시기에 치러지는 경우에는 여대야소의 정치 지형이 구축될 가능성이 높다. 이로 인해 비교적 안정적 의회 기반이 만들어질 가능성이 높아지는 것은 자명하다.

2인자의 전횡이 불행한 대통령을 만든다

우리나라 대통령들의 비극이 좀처럼 끝나지 않고 있다. 이승만 전 대통령은 4·19혁명으로 나라 밖으로 쫓겨났고, 박정희 전 대통령은 총에 맞아 사망했다. 전두환, 노태우 두 군부 출신 대통령은 군사반란죄는 물론 뇌물죄 등의 혐의로 처벌을 받았다. 김영삼, 김대중 전 대통령은 아들들과 측근들이 사법 처리되는 불행을 겪었다. 노무현 전 대통령은 스스로 목숨을 끊는 비극적 최후를 맞이하였다. 박근혜 전 대통령은 탄핵되어 수감되었고, 이명박 전 대통령 역시 구속되어 재판 중이다.

한국은 정상적으로 민주주의가 작동하고 OECD에 가입한 경제발전국이다. 그럼에도 불구하고 나라 자체가 혼란스러운 저개발국이 아니라면 있을 수 없는 불행들이 계속되고 있다. 그렇다고 해서 우리 정치인들의 수준이 낮다고 보기도 어렵다.

그렇다면 대통령들의 불행에서 나타나는 공통분모는 무엇일까? 우선 일인지하 만인지상一人之下 萬人之上이라는 2인자가 언제나 등장한다. 대통령이 존엄하다 보니 측근들도 힘이 생기는 것이다. 이승만에게는 이기붕, 박정희에게는 차지철 등이 대통령을 잘못 이끌었다고 역사에 오르내리는 2인자들이다.

박근혜 전 대통령 역시 김기춘과 최순실 등 최측근들의 전횡이 문제가 됐다. 혈육 또는 가족이 2인자가 되는 경우도 많았다. 민주화 투쟁을 해온 김영삼, 김대중 전 대통령의 경우 자신들의 정치적 동지이자 혈육이었던 아들들이 구속되었다. 노무현 전 대통령은 가족들의 불법 자금 수수 혐의로 오랜 시간 곤욕을 치러야 했다.

불행한 대통령이 생기는 것은 불법적인 돈 문제 때문

2인자보다 더 본질적인 것은 대통령의 불행에 돈이 끼어든다는 것이다. 무엇보다 뇌물 수수가 전직 대통령 사법 처리의 단골 메뉴이다. 이승만, 박정희 두 대통령을 제외하면 대체로 본인이든 가족이나 측근이든 결국 돈 때문에 감옥을 갔다. 앞서 두 대통령의 경우는 정치자금 등에 대해 수사할 만한 상황 자체가 아니었다. 대체로 대통령의 뇌물 혐의는 퇴임한 이후의 활동을 위한 자금인 경우가 많다. 박근혜 전 대통령이 기업들로부터 돈을 걷어 만들려 했던 공익 법인 역시 퇴임 후 활동 거점 때문이라고 알려졌다. 전두환, 노태우 전 대통령도 퇴임 후를 대비해 막대한 돈을 모은 것이 문제가 되었다.

물론 자본주의 사회에서는 대개 돈이 권력보다 낫다고들 말한다. 그러나 이들 퇴임 대통령들 본인 또는 가족이나 측근들이 왜 그렇게 돈을 모으려 했는지 생각해볼 필요는 있다. 전직 대통령들이 한몫을 잡아 부자가 되기 위해서라고 보는 것은 아무래도 설득력이 떨어진다. 퇴임 이후 정치적 활동을 하기 위한 것이라 할 수도 있다. 요즘 같은 장수 시대에는 미국의 대통령들처럼 퇴임 후의 활동을 위해 충분한 자금이 필요할 수밖에 없다.

그럼에도 불구하고 이러한 이유들로는 다소 뭔가 설명이 부족하다는 인상을 지울 수 없다. 사실 우리 정치 문화에서는 전직 대통령들이 퇴임 후 앞에 나서서 활동하지 않는다. 물론 대통령을 모시느라 고생한 측근 참모들이 자신들의 헌신을 스스로 보상하기 위해 호가호위해서 돈을 모았을 수는 있다.

그러나 이 경우 그런 불법행위가 곧바로 대통령 자신의 불행으로 이어진다고 보기는 어렵다. 즉 대통령의 돈 문제는 본인이 알았든 몰랐든 대통령이 돈에 직·간접적으로 관련이 있기 때문에 일어난 일이다. 따라서 설득력을 가지는 것은 너무 높은 '퇴임 비용'이다.

큰 인물들이 퇴임 후에도 명예롭고 편안한 삶을 지속하기 위해서는 당연히 돈이 필요하다. 때로는 대통령 본인은 나서지 않는다 해도, 이를 위해 측근들과 가족들이 대신 멍에를 진 것으로 볼 수 있다. 다시 말해 대통령들이 불행해지는 원천적 이유는 그들의 지위가 너무 높기 때문이다.

지도자의 권력이 크고 높으면 부패와 비리는 당연히 함께 커진다. 그 자리를 차지하기 위한 권력투쟁도 뜨거워지고 덩달아 불법을 저지를 가능성도 높다. 단순히 범죄 차원에서만 문제가 일어나는 것이 아니다. 국정 운영을 할 때도 비합리성과 불투명성이 높아지게 된다. 고귀하고 존엄한 분들이 자존심이 상하지 않도록 '심기 경호'를 하려 하기 때문이다.

우리 사회 내에서 봉건적 문화의 잔재는 만만치 않다. 배울 만큼 배운 이들조차도 "대통령은 옛날로 치면 나라님이다."라는 말을 서슴없이 내뱉는다. 국민이 주인이 된다는 것의 의미를 제대로 인식하지 못하는 것이다. 왕 하나를 없애기 위해 동서고금의 수많은 대중들이 흘린 엄청난 피를 생각하면 그런 말을 입 밖에 내는 것은 둘째 치고 생각만으로도 불온한 것이 된다.

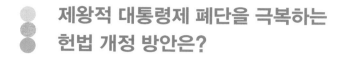

제왕적 대통령제 폐단을 극복하는 헌법 개정 방안은?

대통령제의 장점은 큰 틀에서 군주제가 가지는 장점과 유사하다. 실제 군주가 선하고 유능하다면 논리적으로는 대통령보다 더 큰 일을 할 수 있다. 선거가 없다면 인기에 연연치 않고 크고 올바른 정책을 꾸준히 밀고 나갈 수도 있다. 물론 군주제는 잘못되면 나라를 거덜낸다.

대통령은 국민만 바라보고 가서는 안 돼

그런 의미에서 인류의 역사는 민주주의를 택했다 할 수 있다. 군주제를 닮은 대통령제 역시 그 위험이 다르지는 않다. 강한 만큼 역설적으로 위험하다는 것이 숱한 역사가 증언하는 쓰디쓴 교훈이다. 현행 헌법에서 정하고 있는 대통령제는 독재 권력이 민주화 운동과 서로 타협해서 만들어진 제도라고 볼 수 있다. 대통령의 권한을 지나치게 약화시킬 수도 없고, 무소불위의 대통령의 권한을 그대로 둘 수도 없어서 만들어진 부분이 많다는 얘기이다.

현행 헌법을 만들 때 가장 걱정했던 것은 물론 장기 집권이었다. 그에 대한 우려로 직선제를 택하고 선진국에서는 드문 5년 단임제를 채택했다. 그렇지만 대통령의 권한은 막강한 채로 놔두고 말았다. 법률안의 제안권과 거부권을 다 갖게 했을 뿐 아니라 국회의 동의 없이도 장관을 임명하는 권한도 주어진 것이다. 우리나라의 대통령은 미국의 엽관제처럼 법적으로 세세한 공직까지 임명할 권리는 없지만 사실상 대통령과 청와대가 임명할 수 있는 각종 힘 있는 자리들은 이루 헤아릴 수 없을 만큼 많다. 또 대법원과 헌법재판소 구성까지 관여하도록 되어 있다. 현재 대통령은 자신을 견제할 수 있는 사법부의 수장에 대해서도 임명권으로 영향력을 행사할 수 있어서 더욱 제왕적인 위치에 군림할 수 있다.

제도적 차원에서 볼 때 직선제로 선출되는 제왕적 대통령이 해서는 안 될 것이 있다. 하나는 대통령이 대중을 바라보고 정치하는 것이고, 또 다른 하나는 비서실이 정부를 움직이는 것이다.

"국민만 바라보고 가겠다."는 대통령의 말이 멋있을 수도 있다. 그러나 이런 발언은 취임 연설문의 수사일 뿐 좋은 결과로 이어지지 않는 게 다반사이다. 국민이 일어서야 대통령이 개혁한다는 말도 설득력이 없다. 결국은 제도와 법치의 장벽을 넘지 못해 개혁에 실패하기 마련이기 때문이다. 미운 엘리트들을 짓밟아 좋은 나라를 만든 예도 별로 없다. 사람을 없애서 좋은 세상을 만들 수는 없다는 것이 패망한 구공산권이 전하는 교훈이다.

적폐는 관행이자 문화이지 사람일 수가 없다

대통령 임기 5년은 크게 보면 금방 지나가는 시간이다. 대통령 지지도가 어느덧 내려가면 국민만 보고 간다던 다짐이 무색해지면서 결국 광팬들만 남게 된다. 만일 대통령 지지도가 떨어지고 난 후 국민을 외면한 채 '역사와 대화하겠다'는 식의 대응을 하게 되면 그 결과는 참담해질 공산이 크다. 그것은 제도민주주의를 포기한 것이기 때문이다.

현대 민주주의 제도는 기본적으로 대의 민주주의를 기초로 한다. 국회를 비롯해 다양한 제도를 통해 또는 이익집단이나 반대 집단 등과도 대화를 통해 타협과 협력을 도출해내는 것이 지도자의 몫이다. 원로 정치학자 최장집 교수가 "직접 민주주의 방식을 선호하는 것에 대해 조심스러웠으면 좋겠다."고 말하는 이유이다.

디지털 소통혁명이 민주주의의 새로운 가능성을 열어주더라도 그것이 제도화를 거친 이후에 작동되는 것이 타당하다. 적폐를 청산하려면 국민만 바라보고 가야 한다고 하지만, 현실에서는 기득권 없는 국민이 많지가 않다. 다들 누군가에게는 '갑'이라는 얘기이다. 남자는 여자에게, 경상도는 전라도에, 수도권은 지방 사람들에게 갑이다. 개혁 작업 과정에서 불거지는 을을 갈등이 이런 맥락에서 파악될 수 있다는 점은 시사하는 바가 적지 않다. 적폐를 특정한 사람으로 보는 순간 개혁은 험로를 자처하게 되면서 방향을 잃을 수가 있다. 많은 대중들이 공감하지 않기 때문이다. 적폐는 관행이자 문화이지 사람일 수가 없다. 사람의 목과 피로 빵과 포도주를 대신할 수는 없다는 사실을 되짚어볼 필요가 있는 대목이다.

본업에서 벗어나는 제왕적 대통령 비서실의 문제

또 제왕적 대통령제는 현실적으로 비서실 중심 정치와도 동의어가 된다. 대통령의 참모들이 모인 비서실이 정부 전체를 지휘하게 된다는 것이다. 물론 여당도 거수기나 들러리 역할을 하며 장단을 맞추곤 한다. 정치학자이자 정치발전소를 이끌고 있는 박상훈 소장은 최근 자신의 저서 『청와대 정부』를 통해 이를 비판했다. 즉 비서실이 단순히 대통령의 업무를 보조하고 조정하는 역할을 벗어나 정부 위에 또 다른 정부가 있는 격이 된다고 지적한 것이다. 비서실 중심의 정치는 내각의 장관들과 수많은 공무원들의 생기 잃은 업무로 이어진다. 심지어는 청와대의 하명을 받는 심부름 조직으로 전락하게 된다. 이처럼 청와대가 모든 법과 가치의 척도가 되면서 정부 조직을 무력화시키고 여당의 수많은 의원들을 쇼맨으로 전락시키는 폐해가 속출하게 된다. 앞서 최장집 교수와 박상훈 소장이 비판한 문재인 정부의 문제점은 정도의 차이만 있을 뿐 역대 정부에서 나타났던 고질적인 문제점이다.

게다가 우리나라의 경우 대통령의 존엄한 권위가 제도의 힘에서만 나오는 것도 아니다. 앞서 지적한 대로 봉건적인 '나라님' 정서가 남아 초법적 권위를 행사하기가 쉽다. 당장 많은 공직자들이나 민간 기업들조차 청와대의 존재 자체에 얼어붙는다. 문제는 '초법적'이라는 말이

'불법적'이라는 말이기도 하다는 것이다. 대통령을 갖다 붙이면 안 될 것도 되다 보니 탈이 나기 일쑤이다. 초법적 지시에 따른 공무원들은 물론 대통령도 결국 범죄자가 되기 쉽다. 보수 정권과 관련해서 수사 대상인 상당수의 권력 남용 혐의들이 대통령의 신성한 권위가 없었으면 애초부터 일어나지 않았을 범죄들이다. 그런 점에서 문재인 정부가 법원과 군대 등 성역도 두지 않고, 관행도 인정하지 않고 적폐 청산을 시도하는 것은 대단한 성과라고 할 수 있다. 그 어느 정부도 못한 일이기에 제대로 정착되면 불행한 대통령과 공무원이 줄어드는 미래상을 마련하는 데 큰 도움이 될 것이다. 그리고 제도적인 문제도 전향적으로 고민해야 하는 게 시대적 요청이기도 하다. 착한 대통령이라 해도 구조적 문제점을 이길 수는 없기 때문이다. 낡은 제도와 구조를 그대로 두면 적폐 중의 적폐인 '높은 분의 뜻'이 다음 정권에서 언제든지 부활할 수도 있다. 불행한 대통령의 출현을 막기 위해선 제도의 개선이 절대적으로 전제되어야 할 것이다.

대통령 4년 중임제인가, 내각책임제인가?

최근 더불어민주당과 자유한국당을 제외한 나머지 정당들은 국회의원 선거제도를 개정하기 위해 부심하고 있다. 헌법 개정에 대해서도 의지가 강하지만 선거제도 개혁에 영향을 미칠 것을 염려해 적극적인 의지 표현을 자제하는 모양새이다. 그만큼 국회의원 선거제도의 개정이 현실적으로는 난맥상을 보일 가능성이 농후하다는 방증이기도 하다.

사실 선거제도의 변경은 개헌과 함께 추진해야 동력을 얻을 가능성이 높다. 그리고 개헌의 필요성에 대한 이견은 없다. 여론도 과거에 비해 더 좋아졌다. 역대 국회는 물론 대통령들은 대부분 개헌이 필요하다는 데 동의해왔다. 낡기도 했지만 뭔가 문제가 있는 것이 분명하기 때문이다.

개헌 내용 중 가장 핵심은 권력구조 문제이다. 문재인 정부에서 대통령이 마련했던 개헌안은 4년 중임제를 선택했다. 우리 국민의 정서에 맞고 대통령이 책임지고 일을 더 잘할 수 있는 제도라는 것이 취지이다. 실제 중임제가 도입되면 대통령이 정책 실현의 지속성을 확보할 수 있는 장치를 마련할 수 있다는 점에서 장점으로 작용할 가능성이 높다. 또 국민의 신임을 받지 못하면 현행 5년보다도 짧은 임기를 보내고 떠나야 한다.

한 번 더 대통령을 하기 위해 최선을 다해 국정을 운영할 것이라는 것이 4년 중임제에 대한 쏠린 기대감이다. 문재인 대통령이 내놓았던 중임제 개헌안에는 제왕적 대통령의 문제를 보완하기 위한 방향이 여러 군데에서 제시되고 있다. 실제 그동안 문제가 되었던 감사원의 독립과 사면권과 인사권 등을 축소하는 내용도 그 안에 포함돼 있다.

하지만 야당은 대통령 권한이 여전히 막강하며 결국 제왕적 대통령 연임제가 될 것이라며 반발했다. 4년 중임제를 반대하는 이들 중에는 차라리 지금의 5년 단임제가 낫다고 말하는 사람들도 있다. 한국 같은 정치 문화에서는 연임을 위해 온갖 초법적, 불법적 활동들이 난무할 것이라는 이유에서이다. 공무원들을 부추겨 국민들을 어르고 달래게 되리라는 것이다. 어떤 대통령이 4년 만에 나가려 하겠느냐는 것이 그들

주장의 요지이다.

한편 정치학자나 전문가들을 중심으로 내각책임제를 해야 한다는 주장도 만만치 않다. 의회중심제는 가장 많은 의석수를 가진 정당의 대표가 수상 또는 총리가 되어 나라를 운영하는 것이다. 의회중심제의 장점은 교과서적으로 말하자면 책임정치의 강화이다. 내각이 국민의 지지를 못 받는다고 판단될 때 내각은 총선을 다시 해서 국민의 뜻을 수렴해야 하기 때문이다.

집권 내각이 연립정부인 경우 수상의 정책이 잘못되어간다고 판단하면 작은 당이라도 연정을 허물 수 있다. 그러나 우리 정치에서 내각책임제에 대한 반대가 상당하다. SNS를 통해 나타나는 가장 많은 지적은 "멍청하고 썩어빠진 국회의원들에게 어떻게 나라를 맡기느냐?"는 것이다.

개헌과 선거제도 개정은 함께 이뤄져야

대통령의 권한을 줄인 4년 중임제나 내각책임제 모두 장단점이 있다. 그리고 대통령제와 내각책임제 요소를 섞은 혼합형 권력구조도 검토될 수 있다. 무엇인 더 옳은지는 학자들과 전문가들의 더 많은 토론이 필요하다. 다만 앞서 말한 3가지 고질병을 고치기 위한 노력들은 반드시 전제되어야 할 것이다. 무엇보다 제왕적 대통령의 폐해를 막기 위해서는 반드시 검찰과 경찰에 대한 대통령의 통제력을 약화시켜야 한다는 것이다. 대통령이 검경을 지휘하는 것은 결국 '폭군의 칼'이 되기 쉽다. 한국의 현실에서는 사법권이 정치적 탄압으로 이용되거나 정치적 보복으로 이용되는 문화가 뿌리 깊기 때문이다.

사실 유럽은 검찰이 막강해도 의원내각제인 이유로 수상 등이 사법권을 정치적으로 이용하기가 쉽지 않은 구조이다. 반면 미국은 권한이 대통령제라도 영미법 전통에 영향을 받아 법원의 힘이 상대적으로 강한 편이다. 그렇기에 대통령이 사심을 가진 '칼'을 쥐기 어려운 시스템이라 할 수 있다. 이런 견제 장치가 우리 정치조직에 안정적으로 작동하게 되면 후임 대통령이 검경을 움직여 전임 대통령에게 정치 보복을 하는 등의 비극은 원천적으로 막을 수 있어 보인다. 대통령이 임기를 마치면서 '칼' 대신 '마이크'를 잡고서 나라를 움직이는 지도자로 거듭나는 그 날이 언제일지?

다원주의 정치 요구를 수용하는 제도적 장치의 필요성

여소야대의 반복을 최소화하기 위해서 대통령과 국회의원의 선거 시기나 임기 등을 일정 수준으로 조정할 필요가 있다. 가능하다면 대통령과 국회의원이 같은 시기에 선출되는 것이 바람직하다. 서로 완전히 엇갈리면 자칫 모든 정권이 여소야대의 수렁에 빠질 수도 있다. 의원내각제의 경우 애초부터 의회선거가 총리선거나 마찬가지이므로 이런 문제는 고려할 것이 없다.

마지막으로 좀 더 역동적 정치를 위해서 다당제가 가능한 선거제도를 함께 도입하는 게 합리적으로 보인다. 지난 대선에서 나타난 정치 지형이 가리키는 대목은 '내 표가 사표가 돼도 내가 좋아하는 정당을 찍겠다'는 것이었다. 이후의 여론조사에서도 상대적으로 작은 정당들의 지지도는 좀처럼 큰 정당에 흡수되고 있지 않다는 것이 이를 웅변하는 방증이다. 최근의 정치 지형과 국민들의 요구를 고려한다면 다원주의 정치 요구를 수용하는 제도적 장치가 절실해 보인다. 선거제도 보완에 의해 다당제가 만들어지면 결선투표제를 도입해 사실상의 연정 효과를 보는 것도 긍정적인 방향으로 여겨진다. 앞서 정리한 우리 정치의 고질병을 고치려면 선거제도를 바꾸고 개헌까지 한꺼번에 하는 것이 효율적이다. 법률과 헌법이 엄연히 다르다고 하지만 정치 개혁의 과제가 서로 밀접하게 연결되어 있다는 사실에 주목해야 할 것이다. 대통령제나 내각책임제 그리고 혼합형 권력구조 무엇이든 각기 장단점을 가진다. 이때 단점을 반드시 보완할 필요가 있는데, 이는 국회의원 선거제도의 개혁을 통해 이뤄져야 한다.

디지털 소통혁명은 근본적으로 다양한 이해를 가진 대중들 간의 소통을 촉진하고 연결시킨다. 과거라면 입 다물고 있을 사람도 이제 SNS 등의 힘을 빌려 말을 하고 함께 모여 싸울 수 있다. 초소통 정치혁명이 의미하는 또 다른 함의는 그래서 다원주의 정치 그 자체라 해도 과언이 아니다. 선거제도 개혁이든 개헌이든 어떤 형태로든 다원화되고 다양한 계층, 집단들의 이해를 수렴하는 방향으로 정치제도가 바뀌는 것이 강한 시대적 요청임에 틀림없다.

13

#한반도 평화 체제

한반도 70년 만의 대격변,
평화냐 통일이냐?

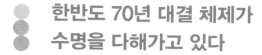

한반도 70년 대결 체제가
수명을 다해가고 있다

한반도 정세가 격랑 그 자체이다. 대통령과 외교안보팀의 동선은 물론 미국과 북한의 분위기도 매일 뉴스에 오른다. 2017년 북한이 핵무기 완성을 선언한 후 한반도는 휴전 이후 가장 위험한 상황으로 빠져들었다. 북한은 중장거리 미사일로 미국 본토와 괌을 공격하겠다고 위협했다. 이에 미국은 북한을 완전히 파괴하겠다고 장담했다.

북한의 핵무기 완성에서부터 촉발된 전쟁 위기

이후에 드러난 몇 가지 정황을 보면 당시의 말들은 허언이 아니었다. 코피작전, 참수작전 등 살벌한 용어들은 실제로 검토되었던 것들이다. 미국의 북한에 대한 군사적 공격 가능성은 한국 사람들의 마음을 공포로 얼어붙게 만들었다. 한반도 전쟁의 가능성을 국민들이 진짜 현실로 느낀 것이다. 벼랑 끝까지 갔던 한반도 긴장은 평창 동계올림픽에서부터 대화 국면으로 급변했다. 판문점 남북정상회담 이후 숨 가쁘게 반전에 반전을 거듭하며 새로운 한반도 체제를 모색하는 움직임이 분주하게 이어졌다. 그럼에도 불구하고 북핵을 둘러싸고 미국과 북한의 입장이 팽팽히 맞서면서 좀처럼 돌파구가 열리지 않고 있다. 국민들도 과거 어느 때보다 북한 문제에 관심을 가지고 지켜보고 있다. 하락하던 대통령 지지도도 남북 관련 빅 이벤트가 생기면 금방 다시 올라간다. 동시에 북한에 대한 문재인 정부의 정책을 두고 남남 갈등이 수면 위로 떠오르고 있다. 한반도에 평화가 올 수 있을까?

한반도 정세가 갑자기 출렁인 것은 우연이 아니다. 격변의 시작은 북한이 핵무기 완성을 선언하면서부터이다. 북이 핵무기를 보유했다고 선언한 순간 미국은 그냥 넘어갈 수가 없게 됐다. 미국이 국제 안보 질서의 핵심 축으로 삼아온 핵확산금지조약^{Nuclear Non-Proliferation Treaty, NPT} 을 북한이 건드렸기 때문이다. NPT는 1969년 당시 핵무기를 보유한 다섯 강대국(미, 러, 중, 영, 프) 이외에는 이후 어느 나라도 핵을 가지거나 양도해서는 안 된다는 국제조약이다. 유엔 회원국이 193개국인데 NPT 가입국이 189개국이니 사실상 어지간한 모든 나라가 가입한 국제조약이다. 가입국 숫자가 세계 무역 질서를 총괄하는 기구인 WTO 가입국보다 훨씬 많다. 인도와 파키스탄 등 일부 주요 국가들은 애초부터 NPT 체제로 들어오지 않았다. 현재 북한과 이란만 이에 대한 이의를 제기하는 상황으로 볼 수 있다. UN에서 북한과 관련해 사사건건 미국과 충돌했던 중국과 러시아조차도 북의 핵무기와 관련한 제재에는 보조를 맞추고 있다. 중국과 러시아라고 해서 인접한 나라인 북한의 핵무기가 반가운 것은 아니기 때문이다.

전 세계의 이목이 집중됐던 김정은과 트럼프의 만남

이런 측면에서만 보면 북한은 미국은 물론 전 세계적 합의가 만들어진 국제 안보 질서의 기본 축을 건드려 한반도에서의 전쟁 가능성을 만든 셈이다. 트럼프 대통령의 "전쟁이 나더라도 한반도에서 나는 것"이라는 말은 북의 핵무기를 둘러싼 한반도 위기의 본질을 단적으로 보여준다.

반면 핵 완성은 북한의 입장에서 보면 회심의 일격이었다. 미국은 물론 한미동맹 체제에 제대로 한 방을 먹인 것이다. 재래식 군사력의 열세도 한 번에 만회한 셈이 됐다. 한국민들은 북한이 한미동맹에 의한 북침을 두려워한다는 말이 선뜻 와닿지 않을 수도 있다. 하지만 북한의 위기감은 상상을 초월할 정도이다. 북한 체제가 한미동맹의 북침으로 일시에 무너질지 모른다는 위기감은 극단적 공포 수준이라는 것이 전문가들의 일반적인 진단이다. 그랬던 북한이 핵무기 보유를 전 세계에 알리며 주민들에게 이제는 안심하라고 말할 수 있게 됐다. 북이 안팎으로 득의양양한 이유이다.

북의 성과는 여기까지가 아니다. 한국전쟁 이후 도대체 맞상대를 안 해주던 미국과 직접 협상할 기회까지 얻었다. 미국 대통령 트럼프가 오직 김정은 위원장 한 명을 만나러 싱가포르까지 달려갔다. 전 세계 이목을 끌며 붉은 양탄자를 함께 걸어 나와 당당하게 악수를 했다. 미국과의 협상을 제대로 이끌기만 하면 북의 앞날은 활짝 열릴 수 있는 상황이 마련되는 순간이었다.

오랜 시간 동안 남한의 입장은 다급했다. 정말 위기를 맞은 것은 사실 우리였다. 당장 북미 간에 일어날 수 있는 군사적 충돌을 막아야 했다. 2017년 광복절에 문재인 대통령은 "누구도 대한민국의 동의 없이 군사행동을 결정할 수 없다."고 결기 어린 선언을 했다. 당연히 미국보고 들으라는 얘기이다.

사실 미국이 혼자서라도 북한을 치겠다고 나선 것은 이번이 처음도 아니다. 그런데 미국은 주한미군을 못 움직이면 사실상 태평양 지역 미군을 동원하겠다고 으름장을 놓았다. 한국에 거주하는 미국인들을 대피시키는 훈련(비전투원 소개 훈련^{NEO})도 보란듯이 진행시켰다. 우드워드 Bob Woodward 는 그의 저서 『공포 Fear: Trump in the White House 』에서 트럼프 대통령이 주한미군 가족 수천 명에게 한국을 떠나라는 트위터 명령을 내릴 것을 검토했음을 밝혔다. 우드워드에 의하면 당시 대통령 참모들이 그 트위터 명령이 북한에 대한 사실상의 선전포고가 될 수 있다고 말려 중지되었다고 한다.

예측 가능한 문재인 정부가 있었다는 것은 축복

이 대목에서 문재인 정부의 기민하고 치밀했던 외교정책을 살필 필요가 있다. 두 개의 예측불허, 즉 핵을 완성한 북한과 트럼프 정부가 충돌하는 시점에서 한국에 예측 가능한 문재인 정부가 있었다는 것은 여러모로 축복이 아닐 수 없다. 북의 핵 완성 선언에 즈음해 보수 정권이었다면 어떻게 됐을까? 보수 정권의 지도자와 관료들이 미국으로 달려가 북핵을 응징해야 한다며 목소리를 높이고 함께 코피작전과 참수작전을 의논했다면 실제 결과가 어찌되었을지 알 수는 없다. 물론 '우리 집에 빨리 불을 꺼야 한다'는 식의 눈물 흘리며 우기는 보수 정권의 입장과는 별개로 최종적으로는 미국 정부 스스로 판단했을 가능성은 높다. 그 사이에 대중의 불안은 물론 경제 혼란으로 인한 생활고는 극대화되었을 가능성이 농후하다.

게다가 권위주의 정권의 타성을 생각해보면, 그 기회에 그리 좋아하는 '빨갱이 잡도리'를 안 했을 것 같지도 않다. 이 기회에 온 나라 기강을 잡겠다며 입 닥치고 엎드리게 하는 '국민 얼차려'를 시켰을지 모른다. 이에 장단을 맞춰 언론과 공안 당국까지 동원하며 희생물 찾기에 나섰을 수도 있다. 생각만 해도 끔찍한 일이다.

그런 의미에서 문재인 정부가 미북 간 충돌 위기를 몸을 던져서라도 진정시킨 것은 어쩔 수 없는 선택인 동시에 올바른 판단이라고 할 수 있다. 무엇보다 이에 대한 준비된 콘텐츠가 자칫 군사적 충돌로 치달을 수도 있었던 국면을 전혀 다른 방향으로 전환시킨 근간이었다 할 수 있다. 문재인 대통령이 북한의 손을 꼭 쥔 채 '이제 정말 안 그럴 것'이라며 미국과 국제사회에 부드럽고도 분명한 입장을 설명하는 제스처 역시 상황을 반전시키려는 준비된 노력이라 할 수 있다. 여론조사 결과에서도 알 수 있듯이 문재인 정부의 평화에 대한 노력 그 자체는 매우 긍정적인 것으로 평가되고 있고, 이에 대한 국민들의 기대치도 상당한 것으로 조사되고 있다.

70년 만의 막다른 길, 세계 경찰과 평양자본주의

트럼프 대통령은 2018년 11월 중간선거가 끝난 이후 한 언론과의 인터뷰에서 취임 이후 북한 문제가 가장 힘든 일이었다고 밝혔다. 그 이유는 전쟁 직전까지 갔기 때문이었다. 논리적으로 보면 북미 간의 협상이 틀어져 돌발 상황이 벌어진다면 결과적으로 한반도에는 큰 위기가 닥친다고도 볼 수 있다. 북미 핵 대결은 결코 남의 일이 아닌 이유이다.

중요한 것은 이제 남북이 과거처럼 서로 대치만 하는 시절로 돌아가기조차 어려워졌다는 점이다. 차라리 과거처럼 서로 으르렁거리며 대치하는 것이 차선이라 생각할 수도 있지만 불가능하다는 얘기이다. 미국은 북한의 핵무기를 놔두고 모르는 척 그냥 지날 수가 없다. 북의 핵무기를 인정하면 미국은 세계 경찰 완장을 떼어야 할 수도 있다. 또 한국과 일본에 미군을 주둔시킨 채 동아시아의 안보를 지켜준다는 말도 어색해진다. 혹시라도 일본까지 핵무장을 하겠다고 나서면 동아시아에서 미국의 군사적 영향력은 사실상 무효가 되는 것이나 다름없다.

이 지점에서 생각해볼 부분은 왜 북한이 미국과의 협상 테이블에 앉았냐는 것이다. 사실 북한은 '우리를 건드리면 죽인다'고 선언하고 핵무기를 가슴에 꼭 안은 채 계속 버틸 수도 있었다. 전문가들은 북한이 경제 때문에 나올 수밖에 없었다고 진단한다. 북한은 이미 1990년대부터 '나라가 밥 먹여주는' 사회주의체제가 제대로 작동이 안 되기 시작했다고 알려져 있다. 이미 북한 경제가 시장화되고 있다는 진단이다. 언론에 등장하는 북한의 장마당은 누추한 골목이나 공터에 서는 낡은 재래시장이 아니다. 과거에는 불가능했던 상가와 쇼핑센터가 북한 곳곳에 등장했다. 북한의 종합시장이 2017년 기준으로 이미 400개가 넘었다고 추산된다. 또 이동통신사를 설립했고, 스마트폰 역시 300만 대가 보급되었다고 전해진다.

최근 들어 가장 관심을 끄는 단어 중 하나가 '평양자본주의'이다. 예전과 달리 우리처럼 북한 주민들도 점차 각자 알아서 먹고 살아가는 경제활동에 익숙해지고 있다. 이를 감안하면 북한의 경제가 나빠지면 북한의 여론이 악화될 수밖에 없다는 것을 어렵지 않게 짐작할 수 있다.

남한의 경제 위기를 불러올 수 있는 한반도 정세 악화

미국과 UN은 북한에 대한 강도 높은 경제 제재를 실시하고 있다. 만일 북한 경제를 제재하는 UN안보리의 결의안 2397호(2017년)를 풀지 못하면 북한 경제는 점점 더 곤경에 빠지게 될 수밖에 없다. 2016년까지 우리나라보다도 높은 성장률을 보였던 북한 경제가 이 경제 제재 이후에는 마이너스 성장으로 바뀌었다는 통계 추정치도 이미 나왔다. 경제난이 계속되면 불만에 찬 인민들이 북 정권에 가장 큰 위협이 될 수도 있는 상황이 된 것이다.

바야흐로 과거처럼 북한이 '우리끼리 잘살겠다'며 버틸 수가 없게 된 것이다. 사실 북 입장에서는 핵무기를 특별히 쓸 데가 있는 게 아닐 수도 있다. 방어용으로 쓸 수는 있지만 먼저 핵을 쏘면 지구상에서 정말 없어질 판이다. 미국이든 남한이든 일본이든 어디든 먼저 쏘면 자신들 역시 죽어야 한다. 북 입장에서는 쏠 수 없는 핵무기를 끌어안은 채 그대로 굶어 죽을 수는 없는 노릇이다.

그런 점에서 북미 간 핵 협상은 북 정부 수립 이후 최대의 기회이자 도전이다. 북으로서는 핵 협상을 잘해내 이참에 경제를 발전시켜야 하는 입장이다. 협상만 잘되면 핵무기 동결이나 폐기 카드를 가지고 한국을 포함한 여러 나라의 벼락 지원을 받아낼 수도 있다.

북과 미국이 핵 담판을 짓는 사이 문재인 정부는 이를 중재하기 위해 노력하고 있다. 사실 최근의 구도를 단순화시켜 보면 북핵 대 NPT 간의 대결이 본질이다. 따라서 협상의 차원에서만 보면 한국은 당사자가 아닌 셈이 됐다. 그럼에도 한국 정부는 사태가 악화되지 않도록 또는 양자 간의 협상이 중단되지 않도록 중재할 수밖에 없는 상황이다.

냉정하게 따지자면 진행 중인 북미 협상이 깨지면 한반도는 위기로 치닫는다고 봐야 한다. 꼭 전쟁이 안 나더라도 그에 맞먹는 극도의 긴장이 고조될 수 있다. 한반도 정세 악화는 남한의 경제 위기를 불러올 수도 있다. 주가가 폭락하고 금융 대란이 오면 그렇지 않아도 어려운 경제가 더욱 나빠질 것은 불을 보듯 명확하다.

한반도는 지금 막다른 갈림길에 접어들고 있다

또 북미 협상이 정말 깨지면 북한이 본격적으로 심술을 부릴 수도 있다. 그렇게 되면 그동안 북을 끌어안아줬던 문재인 정부는 큰 곤욕을 치를 수밖에 없다. 사실 국제 여론도 별로 우호적인 상황이 아니라고 봐야 한다. 문재인 정부는 남북 교류를 앞세우고 국제사회에 나가 더 이상 한반도에 전쟁이 없다고 말하고 있다. 그러나 이러한 설득에 대한 국제사회의 분위기는 대체로 냉랭한 편이다. 한국 정부의 말을 안 믿는

게 아니라 북한을 신뢰하지 않기 때문이다.

　한국 입장에서 보면 북한이 핵무기를 포기하지 않으면 할 수 있는 일이 별로 없게 된다. 북미 간 협상 중재에 실패하게 된다면 한반도에는 안팎으로 큰 혼란이 올 가능성이 높아진다. 한반도는 막다른 갈림길에 접어들고 있다고 봐야 한다. 뒤로 갈 수도 없고 옆길로 샐 방법도 별로 없다. 한반도에서 전쟁과 변란이 일어날지 아니면 평화 체제의 교두보가 마련될지에 대한 예측은 대단히 복잡한 해법만큼이나 어지럽다. 다만 70년 대결 체제가 어쨌든 수명을 다해가고 있는 것만큼은 분명해 보인다.

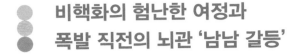

비핵화의 험난한 여정과
폭발 직전의 뇌관 '남남 갈등'

현재 한반도 핵 위기의 본질은 북한이 과연 핵무기를 버릴 것이냐는 문제로 압축된다. 미국도 마찬가지이고 국제사회도 그것만 지켜보고 있다. 북은 핵무기를 버리고 경제 발전에 집중한다고 했지만 국제사회는 북이 정말 핵 폐기를 할지에 대해서는 믿지 않는 눈치이다.

북에 대해 여전히 부정적인 SNS 국제 여론

만일 북한이 먼저 확실하게 핵무기를 포기하지 않는다면 경제 제재를 풀어주지도 않을 형국이다. 투자를 하거나 지원하는 것은 더더욱 말이 안 된다. 한국 역시 북한에 대한 경제 제재를 혼자 깰 수 없는 상황이다.

북한에 대한 불신을 두고 미국과 북한 중 누가 더 잘못했는지 논쟁하기도 하지만, 현실적으로 북한을 믿는 나라는 거의 없다. 북한이 미국을 더 못 믿겠다고 아무리 주장해도 이에 귀 기울이는 나라는 찾아보기 쉽지 않다. 사실 우리 국민 역시 마찬가지이다. 여론조사에서 나타나는 민심은 문재인 정부의 한반도 평화를 위한 노력을 높게 평가한다. 실제 남북이 만나면 문 대통령의 지지도가 상승한다. 그렇다고 한국 대중이 북한을 믿는 것은 아니다. 의구심은 여전하다. '확실한 비핵화까지는 종전선언도 하지 말라'는 여론이 더 높게 나타난다. 평화는 지지하지만 북한은 믿지 않는다는 것이다.

또 다른 문제는 국제 여론이다. SNS시대에는 전 세계 네티즌들 간의 논쟁을 통해 국제 여론이 만들어질 수 있다. 디지털 소통혁명이 보여주는 또 다른 현상은 세계 여론의 형성이다. 북핵 문제에 대해서도 당연히 디지털 여론이 만들어졌다.

한반도 문제 전문가들이나 미국과 서방의 전문 기자들은 자신들만의 팔로워를 거느리며 미국 내뿐만 아니라 전 세계적으로 한반도에 대한 여론을 확산시킨다. 사실 한국민들은 전쟁 없는 한반도, 남북 간의 화해에 관심을 가지느라 비핵화 문제 자체에는 상대적으로 무딘 편이다. 반면 디지털 공간에 표출되는 세계 여론은 사뭇 다르다. 국제 SNS 흐름에서는 대체로 북한에 대한 부정적 평가가 넘친다. 북한 정권을 믿을 수 없다, 또 속지 말라는 내용이 대부분이다. 게다가 북한의 열악한 인권 문제를 걸고넘어지는 사람도 적지 않다. 지구촌 전체의 비핵화를 요구하는 민간단체들도 당연히 북한에 대해 곱지 않은 시선을 보낸다. 유튜브에 올라오는 북한과 관련한 해외 동영상의 다수는 북한이 얼마나 기괴한 사회인지를 보여주는 것이다. 아니면 그들의 심각한 인권 문제를 다룬다. 일부 한국 네티즌들이 "한반도에서 최상의 인권은 평화"라고 항변해도 싸늘한 반응이 대세인 게 사실이다. 디지털 국제 여론만을 놓고 보면 북한은 물론 한국조차 수세에 몰려 있다고 할 수 있다. 그런 의미에서 최근 문재인 정부가 고전을 하는 것은 한반도가 아닌 국제사회의 압력이라는 것임을 상기할 필요가 있다. 글로벌 SNS 여론의 흐름을 문재인 정부가 놓쳐서는 안 될 것이다. SNS 여론을 통하지 않고 한국 정치의 큰 흐름을 가늠하기 어렵듯이, 이러한 SNS 선도의 법칙은 글로벌 차원에서도 적용될 수 있다. 글로벌 SNS에서 만들어지는 한국에 대한 여론이 좋아져야 한반도 평화 체제의 실현 가능성이 더 높아질 것이기 때문이다.

자발적 비핵화가 아니라면 비핵화는 없다?

북이 핵을 버릴 가능성이 없는 것은 아니다. 그런데 심각한 문제는 북한이 언제 핵을 버릴지는 모른다는 데 있다. 또 버린다 해도 긴 시간이 걸릴 수도 있다. 저명한 북핵 전문가로 알려진 해커Siegfried S. Hecker 박사는 비핵화가 최소 10년 이상 걸린다고 본다. 문제는 이 세월이면 트럼프 대통령도 문재인 정부도 모두 임기가 지나간다는 데 있다. 한마디로 최근의 협상이 미국과 한국의 다음 정권에서 유효할지는 불투명하다는 것이다. 당장 평양선언에 대한 대통령 비준조차 정권이 바뀌고 나면 어떻게 될지 알 수 없다. 그런 점에서 최종적 비핵화가 이뤄질 가능성을 지금 상황에서 예상하는 것은 쉬운 일이 아니다.

문재인 정부의 대미 특사이기도 했고 평양 방문 특별수행원이었던 한반도평화만들기재단의 홍석현 이사장은 최근 저서 『한반도 평화오디세이』에서 이와 관련한 자신만의 독특한 입장을 제시한다. 그는 북이 자발적으로 비핵화를 하기 전까지는 진짜 비핵화는 사실상 없다고본다. 그는 언어철학자 비트겐슈타인 Ludwig Wittgenstein 의 "문제는 해결되는것이 아니라 사라지는 것"이라는 말을 인용해, 실제 북한 경제가 좋아져 김정은 정권 스스로 붕괴와 몰락에 대한 불안감이 해소되어야 완전한 비핵화가 달성될 것으로 전망했다.

사실 북한은 핵물질과 핵 기술 그리고 기술자를 자체적으로 가진 나라이다. 굳이 따지면 현재의 모든 핵무기를 다 폐기해도 마음먹으면 다시 핵을 보유할 수 있다. 미국이 북과의 비핵화 협상 초기에 "북한은 자국의 핵 기술자 수천 명을 해외로 이주시켜야 한다."고 강경하게 발언한 것은 엄밀한 의미에서의 비핵화는 없다는 것임을 보여준다. 홍 이사장은 그럼에도 불구하고 북한이 미국과 국제사회를 향해 비핵화를 확실하게 공식화해주고 상응하는 실무 조치를 취해야 한다고 촉구한다. 무엇보다 북의 비핵화 조치가 경제 제재를 해제하고 발전하는 데 있어반드시 필요하기 때문이다. 그리고 북한의 경제가 좋아져야만 사실상김정은 정권도 핵을 포기할 수 있게 된다는 것이다.

자꾸 엇갈리는 우리 사회 내부의 여론

북미 간 핵 협상을 성사시키는 것은 우리나라 입장에서 보면 이미 '발등에 떨어진 불'이라 할 수 있다. 북한과 미국의 교류마저 끊어지고 우리마저 수수방관할 경우 심각한 교착 상태에 빠질 수 있다. 한반도 정세 악화의 여파는 고스란히 한국의 부담으로 돌아오게 되어 있다. SNS 국제 여론도 날이 갈수록 나빠지고 있다. 미국은 우리 정부가 남북 관계를 먼저 진전시키려는 것을 고운 눈으로 보지 않는다. 게다가 중간 선거에서 상원을 지킨 트럼프 대통령이 북핵 문제에 대해 과거와 달리 적극적이지 않고 느긋한 입장을 보이는 것도 문제이다. 미국의 상원은 대통령의 탄핵 여부를 결정짓는 곳이다. 그동안 탄핵 압박을 받아온 트럼프 대통령으로서는 한 고비를 넘긴 것이다. 한동안은 급할 것이 없다는 얘기이다. 문제는 외부 상황도 좋지 않지만 정작 우리 사회 내부의 여론도 자꾸 엇갈리는 것이다.

북한에 대한 입장을 둘러싼 정치적 대립과 충돌, 즉 남남 갈등은 사실 심각한 상황이다. 1차 정상회담인 판문점선언 국회 비준 문제 그리고 2차 정상회담에서 이뤄진 평양공동선언 비준과 관련하여 여야 간 입장이 충돌했다.

문재인 정부는 판문점선언의 국회 비준을 요청한 반면, 평양공동선언의 경우 대통령이 직접 비준했다. 이러한 모양새가 일관성과 타당성이 결여되었다는 주장이 야권으로부터 제기됐다. 이를 둘러싸고 청와대부터 말이 꼬였다. 남과 북이 맺은 합의에 대한 비준 기준이 달라진 것이다.

이러한 논란은 사실 '북한은 우리에게 무엇인가'라는 질문과 연결되어 있다. 북한에 대한 관점은 크게 두 가지이다. 하나는 헌법에 의거해 북한을 한반도 북쪽의 대한민국 영토를 점령한 불법 단체로 보는 것이다. 또 다른 것은 북한을 실질적으로 다른 나라로 보는 것이다. 물론 관런 법을 통해 남북 간의 특수한 관계가 인정되지 않는 것은 아니지만 현실적으로는 자꾸 입장이 꼬인다. 사실 북한이 불법 단체라면 또는 특수 관계라면 북한과의 조약을 국회가 비준하는 것은 적절치 않다. 반대로 북한을 현실적으로 다른 나라로 전제한다면 사실 북과의 모든 조약은 국회의 비준을 받아야 한다.

너무 뜨거운 감자, 북한은 우리에게 무엇인가?

정책을 추진하는 정부와 여당의 입장에서는 상황에 따라 다른 잣대를 들이댈 수 있지만, 야당들은 그것을 문제 삼는다. 사실 북과의 비준을 국회가 강력히 요구하면 북한을 다른 나라로 간주하는 것이 되는 셈이다. 이는 보수 입장에서는 북한을 정부로 인정하는 꼴이 돼서 탐탁지 않게 받아들일 수 있다. 만일 북한을 국가로 인정하지 않는 경우 불법 단체로 규정하게 되는데, 이 경우는 국회의 비준이 필요하지 않게 된다. 대신 행정부의 결정을 견제하는 국회의 권능이 손상될 수 있다. 어쩌면 가까운 미래에 생난리가 날 수도 있는 이 사안은 남북 관계가 가지는 근본적 모순성을 담고 있다.

또 다른 우려는 문제가 이제부터 시작이라는 데 있다. 아무리 남북 관계를 정치적으로 승화시켜 초법적 권위를 부여하려 해도 결국 초법이 불법으로 변하는 것은 시간문제가 된다. 당장 국회가 아닌 대통령이 비준한 합의는 사실 정권이 바뀌면 다음 대통령의 뜻에 의해 얼마든지 번복될 수 있다. 이후 북미 간 협상 또는 남북 교류가 진전될수록 이 점은 계속 문제를 일으킬 수 있다.

아직 일반 국민이나 SNS상의 여론으로 확산된 것은 아니지만 이 문제는 이후 한반도 상황의 전개에 따라 언제든지 핵심 갈등으로 떠오를 수 있다.

한편 '북한이 우리에게 무엇인가'라는 문제는 현실에서는 우리의 목표가 평화냐 혹은 통일이냐 하는 문제와도 직접 연결된다. 남북이 같은 민족이라도 엄연히 다른 나라라면 평화에 우선순위가 매겨지게 된다. 같은 민족 혹은 같은 나라로 봐야 한다면 통일에 강조점이 찍힌다.

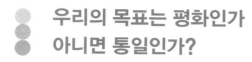

우리의 목표는 평화인가 아니면 통일인가?

최장집 교수와 박명림 교수 등 일단의 학자들은 남북은 사실상 다른 나라임을 강조한다. 그들은 현실적, 합리적 접근을 중시하면서 선*평화 체제론을 주창했다. 이들은 남북은 실질적으로 다른 나라이며, 통일의 문제는 현 시점에서 사실상 별 의미가 없다고 본다.

평화와 통일 중 무엇이 중요한가?

따라서 같은 민족이지만 다른 나라인 북한과 당장 평화 체제를 맺는 것이 중요하다고 본다. '통일에서 평화로'라는 제목으로 심포지엄을 개최한 한반도평화만들기재단 홍석현 이사장 역시 한반도 평화 체제론을 주창한다. 그 역시 우리 발등에 떨어진 불은 미북 간 핵 갈등이지, 통일을 논할 때가 아니라고 주장한다. 나아가 남북 간의 경제 격차가 줄혀지지 않는 한 연방제이든 통일이든 불가능하다고 지적한다. 대신 북핵 문제가 해결되고 한반도 평화 체제가 만들어지면, 남북이 서로 도우며 경제가 자연스럽게 발전하고 그 결과 통일의 길목으로 다다르게 될 것이라 말한다.

반면 백낙청 등 진보 진영의 또 다른 학자들은 민족적 대의를 강조하면서 남과 북이 한 민족, 한 묶음이라는 입장을 분명히 한다. 이 같은 관점은 영구 분단론 또는 분단 고착화론에 대한 경계이다. 즉 남북 양국 체제를 인정하는 순간 현재의 분단을 인정함으로써 결국 영구히 두 나라가 될 가능성이 높다고 보는 것이다. 특히 백낙청 서울대 명예교수는 남과 북이 국가연합의 형태로라도 서로를 묶어둬야 한다고 주장한다. 동시에 앞서 한반도평화만들기재단이 내세운 '통일에서 평화로'라는 선평화 체제론을 비판했다. 더 나아가 국가연합이 되어야 비핵화가 실현될 것이라는 게 그의 지론이다. 즉 "연합의 과정이 비핵화를 요하듯이, 비핵화 또한 남북연합 건설 작업의 진전 없이 달성되기 힘들다."는 것이다.

사실 통일이냐 평화 체제냐 하는 논쟁은 대중에게 다소 생소하다. 또 감성적으로 '우리의 소원은 통일' 대신 '우리의 소원은 평화'로 바꾸는 것이 편하지만은 않다. 실제 여론조사상으로도 상당 부분 갈리는 것으로 드러난다. 남과 북이 당분간은 평화롭게 지내고 반드시 근시일 내에 통일을 해야 할 필요가 없다는 여론이 높다. 물론 반대로 최근에는 통일의 가능성 자체를 높게 전망하는 비율이 높아지기도 한다. 즉 평화냐 통일이냐는 구도와 관련, 대중들에게서 현실과 희망이 교차하는 복잡한 여론 흐름이 나타나고 있다고 보는 것이 적절해 보인다.

이후의 남북 관계가 진전되는 상황에서 이런 논쟁은 국회와 정당 차원에서 북한에 대한 정치적 태도와 함께 헌법적 문제 등으로 인해 반드시 논란이 거세질 수밖에 없는 사안이다. 만약 비핵화 협상 국면이 깨져 파국으로 치달으면 이런 논쟁은 별 소용이 없다. 반면 조금이라도 진전이 생겨 평화 체제를 설계하려고 하면 곧바로 화약고처럼 터질 수 있는 논쟁이 바로 이 논쟁이다.

본격적인 남남 갈등은 보혁의 정치 갈등으로 점화

통일 대 평화와 같은 대립 구도는 법적 제도적 문제인 동시에 학술적인 이념 논쟁이다. 더 현실적인 본격적 남남 갈등은 정치 갈등이다. 보수와 진보 간의 양보할 수 없는 대결인 것이다. 보수와 진보 간에는 북핵 위기를 보는 시각이 일찍부터 달랐다. 보수는 미국과 함께 제재를 강화해 북한이 비핵화 압박에 굴복하도록 목을 조여야 한다는 입장이다. 반면 진보는 북한을 만나고 설득해 비핵화를 통한 한반도 평화 체제를 함께 만들어야 한다는 입장이다.

결국 평창 동계올림픽 이후 북한은 먼저 남한과 대화의 물꼬를 텄다. 그리고 미국과 협상을 하겠다는 의사를 밝혔다. 북미 간 핵 대결의 핵심은 북이 핵무기를 버릴 테니 미국은 북한을 인정하고 경제 제재를 풀라는 것이다. 문제는 미국은 북한이 먼저 핵을 버리라 하고, 북한은 미국보고 먼저 선의를 보이라고 팽팽히 맞서는 데 있다. 아직까지는 그 누구도 먼저 양보할 생각이 없어 보인다.

이렇게 북미 간의 협상이 좀처럼 속도를 내지 못하는 사이 문재인 정부는 남북 협력이라도 속도를 내고자 했다. 무엇보다 판문점에서부터 만난 남북 지도자는 정상 간의 만남 행보를 이어서 추진했다. 또 남북 간의 다양한 비정치적 교류를 촉진하는 행보를 보이고 있다. 철도나 도로와 같은 SOC 관련 조사에 돌입했고 북쪽의 산림 녹화와 관련한 협의를 진행해나갔다. 북미 관계가 곧잘 교착 상태에 빠지는 것을 주의 깊게 지켜보면서 문재인 정부는 남북 간의 지속적인 교류와 이벤트 등을 진행하면서 협상 촉진을 위한 다각적 노력을 경주하고 있는 중이다.

현 정부의 대처에 대해 보수 정당인 자유한국당과 반공 대중들의 반발은 거센 편이다. 핵무기를 버릴 리 없는 북한에 문재인 정부가 놀아난다는 것이다. 또 남북 간 군사대결 완화 조치는 결국 우리의 안보만 약화시킬 것이라는 것이 요지이다. 또 국회에서는 자유한국당과 바른미래당 등이 국회 비준을 해주지 않고 있다. 이후 문재인 정부가 남북 간 교류 및 협력에 필요한 돈을 쓰는 것과 관련, 이를 확실히 검증하겠다며 눈에 불을 켜고 있다. 북미는 북미대로, 한미는 한미대로, 남남은 남남대로 발을 맞추기가 어려운 상황이다.

홍석현과 태영호의 담론, 북 체제 유지 대 체제 붕괴

한편 보수의 논리 중 태영호 담론을 주목할 필요가 있다. 전 영국 주재 북한 공사였던 태영호 씨는 2016년 한국으로 망명한 인물이다. 그는 최근 자신의 저서 『3층 서기실의 암호』를 출판했고 나오자마자 베스트셀러의 반열에 올랐다. 그의 주장은 "노예제 국가인 북한을 남측이 해방시켜야 한다."는 것이다. 그는 북한 주민에게 인간으로서의 고유한 권리를 찾아주는 것이 통일이라고 주장한다. 북한에 대한 경제 제재를 강화해 북의 시장화를 계속 촉진해야 한다는 것이 그의 전반적 입장이다. 나아가 북한 주민들의 탈북을 최대한 가속화해 북 정권의 붕괴를 촉발시켜야 한다고 강조했다.

결론적으로 말하자면 태영호 전 공사의 주장은 김일성 주석에서 김정은 위원장으로 이어진 북의 현 정치체제를 전복시켜 한반도의 평화와 통일을 만든다는 입장이다. 태영호 담론은 앞서 제기한 홍석현 담론과는 완전히 대척점에 있는 발언이다. 태영호 담론은 사실상 북 체제 붕괴론인 반면 홍석현 담론은 북 체제 유지론이기 때문이다.

태영호 담론의 문제는 현 한반도 정세에 대한 정책적 측면이 약하다. 근시일 내에 북한의 핵 보유를 인정할 수 없는 미국과 북한 간에 벌어질 수 있는 물리적 긴장과 충돌에 대한 입장은 빠뜨리고 있다. 또 한반도 긴장 고조로 인한 경제 혼란 등 당장 눈앞에 닥친 현실적 문제에 대한 해결책을 담고 있는 것도 아니다.

또 정말 김정은 정권이 제재하고 압박한다고 얼마 안 있어 붕괴할지 알 수 없다. 또 만일 중장기적으로 김정은 정권에 대한 지속적 경제 제재를 해도 조중 국경을 통한 이른바 '뒷문경제'로 인해 상당히 긴 시간을 버틸 수도 있다. 이렇게 어려운 경제 상황에서 체제는 계속 유지될 경우, 이로 인한 대다수 북한 주민들의 고통은 심각한 상황으로 치달을 수도 있다.

또 다른 최악의 상황은 북한의 현 정권이 붕괴된 이후 그것이 통일

체제로 이어지지 않고 친중 정권의 형태로 연장되는 경우이다. 이 경우에는 북에 세워진 새 정권이 핵무기를 없애 평화 체제가 구축된다면 분단 고착화가 더 강해질 수도 있다. 북한의 중국화가 진행되어 한반도 전체에서의 한국 주도권이 약화되는 것이다. 이러한 우려는 사실 진보 진영뿐 아니라 일부 보수 쪽에서도 이뤄지는 문제 제기이기도 하다.

한편, 민족적 감수성에 입각해 통일을 강조할 수도 있다. 이 경우 북의 핵무기 보유가 북의 생존을 위한 불가피한 선택이라며 문제를 삼지 않는 경향이 있다. 이러한 입장은 국제 정세에 맞지 않으며 대중성 차원에서도 확산되기 어렵다. 당장 통일을 얘기하면 곧바로 정치체제 논쟁이 붙어 남남 갈등이 극대화될 수 있다. 또 한국의 대중들이 지금으로서는 필요 없는 통일 한국의 정치체제, 즉 민주주의 대 사회주의 체제 등을 놓고 소모적 논쟁을 벌이게 된다. 비핵화 문제는 국제 현안이므로 우리끼리 이해한다고 될 일도 아니다.

한반도 평화 체제, 벽을 허물지 않고는 방법이 없다

한반도에 평화가 사라진 지는 이미 100년이 넘었다. 일제강점기와 해방 이후의 분단 그리고 한국전쟁을 거친 이후 지금까지 엄밀한 의미에서 한반도에는 평화가 없었다. 너무 오래 식민 지배와 분단에 익숙해져 평화로운 시대도 있었다는 사실조차 망각했을 수도 있다. 평화가 무엇인지, 왜 필요한지조차 아득하다. 하지만 이제 평화의 기억을 다시 불러낼 때이다. 중요한 점은 우리 스스로의 자각과 순수한 열망과 별개로 가장 시급한 것은 냉철한 정세 분석과 전략이다.

우리는 지난 미국 대선 기간 중에 당시 트럼프 후보가 "한국도 일본도 핵무기를 가지도록 하겠다."고 말한 것에 주목할 필요가 있다. 물론 후보 시절 얘기이므로 크게 신경을 쓸 필요는 없다고 할 수도 있다. 그렇지만 미국이 동아시아 안보에서 한국을 배제하거나 이른바 민족자결주의를 내세워 동아시아를 방치한 경우가 처음 있는 일이 아님을 주목해야 할 것이다.

미국은 물론 한국 안팎의 전문가들이 우리의 핵무기 보유에 대해 펄쩍 뛰는 것은 그것이 한국 안보에 별로 도움이 안 된다고 보기 때문이다. 즉 한국과 일본이 핵무기를 가지면, 북한은 물론 중국과 러시아 역시 동아시아에서 핵 전력을 크게 높일 것이 뻔하기 때문이다. 특히 일본의 핵무장과 군사 대국화는 한국 입장에서 안보에 직접적으로 위협이 될 수 있다.

특히 미국이 한국도 핵무기를 가지라고 말하는 것의 의미는 미국이 한반도 및 동아시아의 병력을 철수시킨다는 논리와 연결된다. 당장 상당수 국민들이 이에 대해 우려할 가능성이 높고 또 이 같은 상황이 안보라는 측면에서 한국에 어떤 영향을 미치게 될지 판단하기 어렵다. 외견상으로는 동아시아가 100년 전 한반도의 상황, 즉 중·일·러 등 주변 강대국들이 한반도를 둘러싸고 이해관계가 충돌하는 상황이 그대로 재연되는 것이다.

물론 미국이 빠진 후 남북이 통일이 되고 중국과 일본이 사이좋게 동아시아의 질서를 만들어내는 그림이 될 수도 있다. 그러나 일본이 중국과 대결하고 남북 역시 핵 대결을 벌이게 될 수도 있다. 다만 나쁜 쪽으로 갈 경우 동아시아는 확실히 군사적 긴장이 높아지고 이로 인한 경제적 타격도 만만치 않을 수 있다.

엄중한 시기, 남남이 갈등할 때가 아니다

또 미국과 중국 간의 유례없는 무역 전쟁이 벌어지고 있는 것도 주목할 필요가 있다. 실제 한반도의 남쪽은 미국과의 동맹을, 북쪽은 중국과의 우의를 중시한다는 점에서 현재 한반도의 지형 그 자체가 미중 대결의 현장이기도 하다. 이른바 해양 세력과 대륙 세력의 대결이 벌어지는 곳이 한반도이다.

앞서 홍 이사장은 미중 패권시대에 동아시아 정세의 불안정성을 지적하며, 투키디데스의 함정^{Tuchididdes Trap}을 경고한 바 있다. 투키디데스의 함정은 특정한 나라가 지역의 패권을 차지하고 있는 상황에서 새로운 세력이 그 패권을 위협할 정도로 커지게 되면 전쟁이 일어날 가능성이 높아진다는 것을 의미한다. 앨리슨^{Graham Allison}은 저서 『예정된 전쟁^{Destined for War}』에서 미중 간의 세력 충돌을 경고했다. 남북은 이와 같은 미중 패권의 흐름에서 현명한 선택을 해야 한다.

지금은 100년 전 열강들이 한반도에서 충돌하던 시대를 생각하며 가장 현명하고 현실적 판단이 필요한 때이다. 분단은 우리가 원해서 한 것이 아니다. 그렇다고 우리끼리 하려고 한다 해서 통일이 될 수는 없다. 우리끼리 안 되니 옆의 사람들을 설득해 통일에 성공한 것이 브란트 수상이 물꼬를 튼 독일 통일이다. 어차피 국제 관계에서 좋은 나라는 없다. 게다가 세계 네티즌들이 만들어내는 국제 여론 역시 한반도의 뜨거운 민족애에 신경 쓰는 눈치가 아니다. 한반도에 대한 세계민의 여론이 나쁘다면 각국 지도자들이 남북을 도와줄 리 없다. 그것이 디지털 초소통 여론이다. 더더욱 냉정해져야 하는 이유이다. 한반도 위기를 풀어가는 과정에서 민족적 감수성에 의거한 열정보다는 철저하게 냉혹한 국제문제로 인식하고 현실적 접근을 하는 것이 필요하다. 지난 100년 동안 순수한 의기義氣에 나라를 맡겨 고생을 참 많이도 한 것 같기 때문이다. 또 분단의 이유도 생각해볼 필요가 있다. 분단은 약해서 강점되고 자력만으로 해방되지 못한 우리의 한계와 연관된다. 남남이 갈등할 때가 아니라는 얘기이다.

에필로그

디지털 소통은
'주인의 무능'을 폭로하는 데
가장 유능하다

촛불혁명은 분노한 대중이 '반드시 내보내야 하는 말(자크 라캉^Jacques Lacan, 『에크리^Ecrit』)'이었다. "힘들다"는 말, "어렵다"는 말, "억울하다"는 말, "슬프다"는 말, "고통스럽다"는 말 그리고 "이게 나라냐?" 하는 말. 아렌트의 말을 빌리자면 "더 이상 그 운동을 중단시키는 것이 인간의 능력을 벗어난" 혁명은 일어나게 마련이었다. 다만 지금으로서는 지젝이 『까다로운 주체^The ticklish subject』에서 말한 진짜 혁명, 즉 행위로의 이행 passage to act 이 될지는 알 수 없다. 유아적 취향의 단어로 바꿔 말하자면 '새로운 세상'이 언제 올지 아는 사람은 없다.

분노한 대중들이 무한대의 소통을 시작한다면 어떤 일이 생길까? 또 가능한 것일까? 초소통혁명이 그것을 가능하게 만들기 시작했다고 본다. 초소통혁명의 중심에는 외부 세계의 정보와 디지털을 통해 합체

된 '새로운 몸'이 있다. 몸이 욕망을 상징한다면 초소통혁명의 본질은 욕망과 소통의 디지털적 융·결합이다. 우리가 진정 원하는 것이 '타자 other로부터 욕망되는 것(자크 라캉, 『자크 라캉 세미나 5 The Seminar of Jacques Lacan, Book V』)'이라면 소통의 증폭은 곧 욕망의 증폭을 함께 불러온다. 이는 정치에 대한 대중의 요구가 수확체증의 법칙Increasing returns of scale으로 폭발할 수 있음을 의미한다. 반면 그 요구를 충족시키는 영역이 수확체감의 법칙을 따를 것이라고 가정한다면 주체의 좌절은 더욱 커진다고 가정해볼 수 있다.

이 책은 편재하는 자본주의 가치와 디지털 소통이 결합하면서 등장하는 여러 정치적 계기들과 현상들을 포착하고 이해하기 위한 것이다. 문제는 정치가 할 수 있는 일은 줄어가는데, 정치에 대한 요구는 날로 커진다는 데 있다. 대중이 느끼는 불안과 갈망을 누구에게 하소연할지 모르는 것이 바로 엘리트 정치의 붕괴이다. 대의정치representative politics가 이성과 진리 위에 축조된 근대 정치의 결과물이라면, 포퓰리즘은 부전 imperfection의 근대 정치체제에 대한 히스테리hysteria이다. 이제 더 이상 엘리트 중심의 진리정치가 나를 행복하게 하지 못한다면 나의 진짜 욕망을 드러내지 못할 바가 아니라는 것이다.

그런 점에서 민익民益주의의 정치라고 바꿔 불러볼 만한 포퓰리즘은 너도 나도 자신의 욕망을 부끄러워하지 않고 드러내는 정치이다. 자신의 이익을 직접 쟁취하려는 포퓰리즘을 등장시킨 것은 물론 대중이 아니다. 당연히 부도덕하고 탐욕스러운 엘리트들이다. 대중에게 수탁받은 제도적 권한으로 스스로의 욕망을 충족시키느라, 대중의 권익을 챙기는 데는 무능한 그들 말이다. 그들이 부끄러워하지 않으므로 대중들도 부끄러워하지 않는 것이다.

포퓰리즘은 디지털 소통혁명 그 자체이기도 하다. 이성의 실현체로서, 욕망의 여과망으로서의 법과 제도 그리고 대의정치 체제는 이제 디지털 포퓰리즘에 의해 내려앉고 있다. 이것을 다시 고쳐서 쓰게 될지, 결국 버리게 될지는 알 수가 없다. 대중의 욕망에 부응해 그들의 욕망을 달래는 정치, 즉 포퓰리즘 정치가 등장한 것은 마르크스적 관점에서도 필연적인 것으로 봐야 한다. 디지털 산업혁명에 의한 노동 없는 이윤이 인류의 주된 생산양식이자 그 특징이 된다면 말이다.

진리가 인간을 해방시킨다는 근대의 진리정치는 애초부터 과잉 진리였다. 새로운 세상을 만드는 구원자의 도래 역시 오랫동안 지속된 사피엔스 종들의 생물학적 과잉 갈망이다. 무한 복제와 실시간 전달, 과잉된 상호 연결을 전제로 한 초소통혁명은 진리가 범람하고 갈망이 이내 광기가 되는 아수라장을 만들 수도 있다. 망상의 대량생산은 디지털 정보통신의 주요한 속성이자 결과이기 때문이다.

문제는 '진리 중개상'들이다. 대중에게 필요한 것을 가져다주는 도매상은 반갑다. 그러나 필요 없는 것을 사게 만드는 상인은 위험하다. 이들은 진리를 증폭시켜 욕망을 과잉시키며 결국 자신들이 필요로 하는 세속의 권력을 탈취한다. 이들 디지털 마기^{Magi}들은 사이버 공간에서 끊임없이 악을 없애면 선이 나타난다고 메시지를 전한다. 그래서 디지털 정치공간은 수천 년 전 배화교^{Zoroastrianism}의 세상이 펼쳐진 채 그대로이다. '디지털 차라투스트라'들은 "자신들의 피로 쓴 글을 통해(니체$^{Friedrich\ W.\ Nietzsche}$)"각자의 추종자들을 거느리고 선과 악의 전쟁을 지휘한다.

이들의 유일무이한 상승^{常勝} 전략은 파사현정^{破邪顯正}, 즉 세상을 둘로 갈라 사람들을 분열시키는 것이다. "사회적, 정치적 투쟁은 지옥과 천국, 저주와 구원, 타락과 구원이라는 이분법으로 상징화되어 정치공간의 단순화를 가져오며 의미의 계열체 축의 확장을 가져온다(스타브라카키스$^{Yannis\ Stavrakakis}$)."는 말을 상기해볼 필요가 있다.

우리는 악을 소제하면 천국이 도래한다고 했던 역사 속의 선지자들을 많이 알고 있다. 십자군에서 히틀러, 스탈린과 모택동, 박정희에서 전두환까지 마찬가지이다. 십자군의 악은 이슬람이었으며, 히틀러의 악은 유태인이었다. 스탈린과 모택동의 악은 반동 부르주아지들과 수정주의자들이었나? 박정희와 전두환의 악은 확실히 전라도와 빨갱이였다. 물론 당시의 대중들도 '새날을 위한 살육'에 동조하고 침묵했다.

이들 진리 중개상들이 사랑과 관용, 타협을 제안하는 경우는 없다. 이들의 신탁 말씀은 대개 디지털 살인, 폭력, 방화이다. 대중은 그들로부터 새날을 약속받은 한 입술을 굳게 깨문다. 멸사봉공의 자세로 말이다. 사실 이들의 가장 큰 문제는 이들이 '구원자의 재림'을 판다는 데 있다. 물론 훗날 자신들이 십자가에 못 박을 구원자이다. 약속했던 새날이 오지 않으면 누군가는 대가를 치러야 한다. 적어도 구원자의 자리에 초빙된 '그'는 그렇게 생각하지 않았을까?

"대중이 열망하는 것은 자신들의 주인이며, 그들은 반드시 가지게 된다(자크 라캉)." 그들에 의하면 이 고통을 끝내줄 숭고하고 존엄한 분의 재림은 언제나 임박해 있다. 재림이 임박할수록 대중의 분노는 더욱 강해지며 갈증은 더 커진다. 물론 현실은 진리의 세계도, 그분의 세계도 아니다. 세상이 선과 악으로 이뤄졌을 리도 없고 천사와 악마의 싸움도 아니다. 그것은 갈망하는 몸이 만든 환상이다. 현실에서의 삶은 물과 공기와 흙과 바람의 세계이다. 물론 그것을 상기시킨 마르크스는 신도들의 공적이 되어 지금도 부관참시의 벌을 받고 있지만.

중요한 것은 환상 역시 육체, 직접적으로는 육체의 기억장치의 구조에 영향을 받으며 생물학적 전달 물질을 통해 이뤄진다는 것이다. 환상을 만드는 대상으로서의 그분은 구원자이다. 엄밀히 말하면 그분을 만나지 못한다는 것을 우리는 알지만.

"주체들은 잘 모르지만 주체는 환상 안에 있다. 그것이 꿈이든 몽상에서이든 간에 마찬가지이다(자크 라캉, 『자크 라캉 세미나 5』)". 그래서 대중의 구원자도 자신을 갈망하는 사람들이 자신을 원한다고 믿으면 안 된다. 그것은 명백한 착각이다. 현실에서는 존재하지 않으면서 우리의 모든 열망을 투사한 육화된 타자가 바로 구원자이기 때문이다. "충동의 대상에 관한 한, 분명한 것은 그 대상 자체는 엄밀히 말해 중요하지 않다(자크 라캉, 『자크 라캉 세미나 5』)." 다시 말해, 대중은 스스로의 욕망을 유지할 대상을 찾는 것뿐이다.

완전한 사회는 다름 아닌 욕망이 빚어낸 환상이다. 나라다운 나라가 어느 나라인지도 알 수 없다. 악마라는 말, 마녀라는 말, 구세주라는 말, 진리라는 말을 하는 사람을 전적으로 믿을 필요는 없다. 그가 말하는 그것이 해결돼도 우리가 행복해질 가능성은 거의 없기 때문이다. 나아져도 조금 나아질 것이고, 겨우 조금 나아질 것이면서 선과 악을 말하는 사람을 전적으로 따를 일은 아니다.

기실 선과 악이 적대하는 세상은 악마의 영토이다. "적대antagonism는 주어진 질서의 한계일 뿐이기 때문이다(에르네스토 라클라우Ernesto Laclau와 샹탈 무페Chantal Mouffe)". 악마를 만드는 것은 신의 무능이고, 구세주를 부르는 이유는 인간의 무능 때문이라는 얘기이다. 애초에 만들어진 질서를 지키는 자들, 즉 보수가 무능해졌을 때 그것에 이의를 제기하는 것이 진보이다. 보수와 진보조차 언제나 한 몸이다.

무엇보다 디지털 소통공간에는 언제나 망상이 북돋아주는 잉여 진리의 세계가 펼쳐진다. 물질적 관계나 생물학적 욕구needs에 바탕을 두지 않고 출현하는 잉여 진리가 편집증paranoia을 유발할 수 있다. 디지털 세계에서는 자신이 욕망하는 모든 관계가 또 모든 진실이 상상적으로 무한히 연결된다. 그곳에는 언제나 자신을 위협하는 악마가 존재한다. 그 악마의 또 다른 이름이 '자아의 방어 본능'이라는 것은 물론 그는 모른다. 더 중요한 것은 그 악마가 없으면 그 역시 그곳에 있을 이유가 없다는 것이다. 그분의 재림을 막는 그 악마 말이다.

디지털 소통은 분노와 갈등을 극대화시킨다. 디지털 산업혁명이 부의 집중과 양극화를 가져왔다면, 욕망과 소통의 디지털 소통혁명은 잉여 진리와 잉여 갈망의 세계를 창조한다. 무한대의 갈망은 당연히 무한대의 광기를 만든다. 언어와 실제의 간극을 극대화시키는, 즉 초과잉 결정ultra over-determination 현상이다.

그런 점에서 정치예능주의와 팬덤은 대중의 격정과 갈망을 증폭시키는 증폭기^{amplifier} 이다. 중요한 것은 필요한 만큼의 증폭인지 잉여 증폭인지가 문제이겠지만. 가짜뉴스는 그러한 점에서 의도적인 왜곡일 수도 있지만, 현실을 부정하는 자들의 바람이 투영된 광기의 결과이기도 하다.

이와 반대로 초소통혁명이 해방의 기회를 제공할 수도 있다. 남들이 강요하는 진리를 집어 던지고, 자신의 진짜 욕망을 드러내는 계기가 되는 것이다. 결혼도, 가족도, 출산도, 노력도, 노동도 나의 삶을 억눌러서는 안 된다. 남자는 여자의 주인이 아니며, 가족의 생계가 내 삶의 목표가 될 필요도 없다. 여자와 여자끼리, 남자와 남자끼리 함께 미래를 설계하는 것도 좋다. 필요하면 해도 되지만, 필요하지 않으면 안 해도 된다. 내 몸이 원하지 않으면 사실 애초부터 내 것인 것도 아니다.

이제 누구나 자신의 자리에서 스마트폰으로 근대의 모든 관습과 진리들이 정말 나를 위한 것인지 질문할 수 있다. 흉포한 상식의 칼날을 피해 디지털을 통해 센 자들과 큰 자들에게 문제를 제기하고 두려우면 함께 모여 답하라고 몰아붙일 수도 있다.

그런 점에서 디지털 소통이야말로 광야에 흩어진 피억압자들을 서로 연통토록 해서 대항의 군대를 조직하고, 모세가 홍해를 가르고 나아가듯이 해방을 찾아 나설 수 있도록 해줄 수 있다. 디지털 소통은 '주인과 노예의 관계를 전복시키는(게오르크 헤겔^{Georg W. F. Hegel})' 유일무이한 통로이자, 라캉이 그의 히스테리 담론^{discourse of hysteria}에서 말한 것처럼 주인의 무능을 폭로하는 데 가장 유능하기 때문이다.

사실 사회가 나에게 요구하는 책무, 모두가 신봉하는 진리라 해도 내 몸을 간섭할 권리는 없다. 여성은 더 이상 가부장의 착한 종이 될 필요나 이유가 없다. 남자 역시 가족의 팀장이 되어 노동을 짊어질 필요도 물론 없다. 알량한 종족 번식의 사명 때문에 돈을 갖다 바칠 필요도 없으며, 돈 가져다는 주는 사람을 위해 굽실거리거나 맞고 있지 않아도 된다. 또 내 몸이 원하는 것을 네가 싫다고 해서 안 할 이유는 손톱만치도 없다. 1퍼센트만이 누리는 특권을 위해 99퍼센트가 과로할 필요 역시 없다. 그런 점에서 사회라는 이름으로 나를 압제하는 것이 나한테 필요한 만큼인지를 물어야 한다. 필요한 압제는 견딜 만할 것이되, 필요 없는 압제는 끊어야 한다.

내가 필요한 만큼 적당히 남과 사회를 이용하면 그만이다. '저들을 위한 사기'라면 배척하는 것이 좋다. 필요한 만큼 벌고 적당하게 쓰면 그만이다. YOLO! 게다가 이제 과학기술이 노동을 종식시켰을 때post-work 우리가 무엇을 해야 할지도 생각해둘 때가 왔다. 로컬리즘은 물리적 공간 안에서 내 삶을 바꾸는 생활정치라는 점에서 확실히 디지털 포퓰리즘의 대척점에 있다. 유럽의 오성운동Movimento 5 Stelle(수도, 교통, 개발, 통신, 환경)과 포데모스Podemos가 내건 반反진리 좌파 포퓰리즘은 이런 배경에서 등장했다.

디지털 소통과 결합해 등장한 이기적 민주주의, 즉 포퓰리즘 정치인이 정말 인간과 사회를 구원할 리는 없다. 다만 내 사정이 좀 더 좋아지고 날 괴롭히고 걱정시키는 것들의 입을 막으면 그만이다. 돈이 좀 필요하면 돈을 요구하고(기본소득), 가부장의 폭력 없이 출산을 원하면 복지를 요구하고(출산 복지), 동성과 살고 싶으면 차별의 금지를 요구하면 된다(차별 금지법). 내 정당을 가지고 싶으면 선거법 개정(연동형 비례대표제)을 외치고, 미사일에 죽기 싫은 사람은 평화 체제를 요구하면 된다(평화협정). 총체적으로 새로운 세상을 갈망하며 구원자를 기다리는 것은 그래서 코믹하다. 성인이 나타나서 이런 것들을 줄 리도 없고 국회 앞에서 버티는 공룡 두 마리는 자신들이 먹을 것도 항상 부족하다. 그래서 당장의 내 문제를 해결함으로써 해방을 꿈꾸고 다양한 사람들이 함께 손을 잡는 것이 급진 민주주의의 기획이다. '사회적인 것의 다원성 그리고 비결정성에 대한 수용(에르네스토 라클라우와 샹탈 무페)'을 말한다.

언제나 문제는 잉여이다. 마르크스는 잉여가치, 라캉은 잉여 향락에 천착했다. 이 글은 푸코와 마르크스 사이를 오가며 쓴 것이 아니다. 말과 몸이 둘이 될 수가 없으므로 라캉을 참조했다. 사회의 물질적 관계와 생물학적 결핍까지는 마르크스가, 생물학적 욕구 충족 이후의 광기 어린 정신세계에 대한 설명은 라캉이 유용했다.

초소통사회 대한민국 키워드

초판 1쇄 발행 2018년 12월 26일

지은이 김헌태
펴낸이 김영곤 **펴낸곳** (주)북이십일 21세기북스

기획위원 권무혁 **편집** 강지은 김항열 홍성광 **교정교열** 서동환
출판마케팅 최상호 한경화
홍보팀 이혜연 최수아 박혜림 문소라 전효은 염진아 김선아
디자인 정은경디자인
제작팀 이영민
출판등록 2000년 5월 6일 제406-2003-061호
주소 (10881) 경기도 파주시 회동길 201(문발동)
대표전화 031-955-2100 **팩스** 031-955-2151 **이메일** book21@book21.co.kr

(주)북이십일 경계를 허무는 콘텐츠 리더

21세기북스 채널에서 도서 정보와 다양한 영상자료, 이벤트를 만나세요!
페이스북 facebook.com/21cbooks 블로그 b.book21.com
인스타그램 instagram.com/book_twentyone 홈페이지 www.book21.com
서울대 가지 않아도 들을 수 있는 명강의! 〈서가명강〉
네이버 오디오클립, 팟빵, 팟캐스트에서 '서가명강'을 검색해보세요!

ⓒ 김헌태, 2018

ISBN 978-89-509-7884-6 03300